디자인 전공생이 알아야 할

디자인분쟁

서경대학교 부설
디자인연구소

도서출판
청람

이 책은 2019년 대한민국 교육부와 한국연구재단의 지원을 받아 수행된 연구임
(NRF-2019S1A5C2A04081320).

머리말

오늘날의 생활에서 디자인은 산업 전반 모든 영역에 관여하고 있으며 디자인의 중요성이 높아지는 만큼 디자인 관련 분쟁은 끊이지 않고 있다. 해마다 많은 수의 디자이너가 정규 교육과정을 거쳐 기업에서, 혹은 창업을 통해 디자이너로서 활약하고 있지만 지식재산에 대한 이해 부족으로 인해 디자인분쟁에 휘말리는 경우를 왕왕 볼 수 있다. 디자인분쟁이 발생해 소송이 거듭되면 본인의 문제에서 그치지 않고, 막대한 기업의 손실, 나아가 사회적 손실로 이어진다. 그러나 디자인을 전공하는 학생 입장에서 이와 관련된 내용을 학습할 기회는 많지 않다. 이미 시중에 훌륭한 지식재산 관련 저서와 다양한 분쟁사례 자료집이 있기는 하지만 디자인 전공 대학생들에게는 다소 방대하고 어려운 내용과 생소한 법률 용어들로 인해 다소 접근성이 떨어지는 측면이 있다.

이 책은 디자인을 전공하는 학생들이 본인의 전공과 관련된 분야에서 주로 어떠한 문제로 디자인분쟁이 일어나고 있는지를 살펴볼 수 있도록 함으로써 타인의 지식재산을 침해하는 행위가 무엇인지에 대해 알고, 나아가 본인의 디자인 권리를 보호하기 위한 지식을 습득할 수 있도록 기획되었다.

본문은 크게 네 챕터로 구성되었다. 첫 번째 챕터 '일러두기: 알고 보면 쉬워요!'는 지식재산권에 대한 이해와 용어 정리로 구성되어있다. 먼저 '지식재산권에 대한 이해'는 대학생들이 지식재산권에 대해 알아야 할 기본적인 내용으로 최대한 쉽고 간략하게 서술하였다. 용어 정리는 뒷부분에 부록으로 구성되는 것이 일반적이지만 관련 법률용어에 대한 이해가 선행되는 편이 이어지는 분쟁사례 내용을 이해하는 데 도움이 되므로 일러두기 편에 포함시켰다. 가능하면 용어들은 한번 전체적으로 읽어보길 권한다. 두 번째 챕터 '디자인 분쟁사례표'는 세 번째 챕터에 실려 있는 분쟁사례를 한눈에 파악할 수 있도록 관련 법률 및 법률적 쟁점을 사건번호와 함께 기재해 놓았다. 세 번째 챕터 '디자인 관련 분쟁사례'의 전반부는 각 전공분야와 관련해 발생하는 분쟁을 종합하고, 이와 같은 일을 방지하기 위해 혹은 발생했을 때 어떻게 준비하고 대처하는 것이 좋

을지에 대해 서술했다. 이어지는 디자인 분쟁사례는 최근 10년간 대법원판결까지 이루어진 디자인 분쟁사례를 수집하여 디자인 전공 대학생이 본인이 앞으로 진출할 분야에서 주로 어떤 분쟁이 발생하는지 흥미를 가지고 볼 수 있도록 했다. 마지막 챕터는 디자인보호법, 상표법, 저작권법, 부정경쟁방지 및 영업비밀보호에 관한 법률에서 학생들에게 필요한 항목을 선별하여 내용을 구성하였다. 각 법령의 전문이 궁금한 경우 법제처의 국가법령정보센터에서 확인할 수 있으니 참고 바란다.

이 책은 디자인 전공을 하는 대학생들이 졸업 후 활약할 분야에서 지식재산권과 관련해 어떠한 문제들이 발생해 왔는지를 알려주는 안내서 역할을 하기 위해 기획되었다. 따라서 학생들이 앞으로 종사할 업무와 관련성이 높은 사례 중심으로 흥미를 가지고 읽어 볼 수 있도록 전공 관련성을 기준으로 사례를 분류했으며 법률에 대한 지식이 전혀 없는 대학생들도 이해할 수 있도록 어려운 법률 용어 사용을 가능한 피하고 최대한 쉽게 서술하였다. 이러한 분류와 서술이 다소 적확하지 않아 보일 수 있겠으나 이 책의 취지를 생각해 너그러운 시선으로 봐주시길 바라며, 덧붙여 대부분 판결문에 사용된 이미지들을 사용했기 때문에 충분히 선명한 이미지를 제공하지 못하는 점에 대한 양해도 부탁드린다. 이 책을 통해 디자인을 전공하는 학생들이 지식재산권에 대한 관심과 경각심을 가질 수 있는 계기가 되기를 희망한다.

서경대학교 디자인연구소가 한국연구재단 지원과제인 ‘인문사회연구소 지원사업’에 선정되었기에 이 책의 출판이 가능했다. 먼저 한국연구재단에 감사의 마음을 표한다. 이 책이 나오기까지 많은 사람들의 도움이 있었다. 코로나로 인해 쉽지 않은 여건 속에서 디자인연구소에서 함께 애써준 오지현, 박해란, 이지원, 이혜진, 김민우 학생이 있었기에 출판이 가능했다. 특히 이 일의 시작부터 마무리 단계까지 자료 수집 및 정리를 책임지고 이끌어준 김서현 학생에게 특별한 감사의 마음을 표한다. 마지막으로 출판을 흔쾌히 허락해주신 도서출판 청람의 이수영 대표님, 감수를 맡아주신 김기훈 변리사님에게도 사의를 표하고 싶다.

2021년 1월

저자 일동

차례

Contents

Chapter 01
일러두기: 알고 보면 쉬워요!

Chapter 02
분쟁사례표

Contents

Chapter 1

일러두기:
알고 보면 쉬워요!

- 지식재산권에 대한 이해
- 용어 정리

1 지식재산권에 대한 이해

지식재산권의 종류

'지식재산'이란 인간의 창조적 활동 또는 경험 등에 의하여 창출되거나 발견된 지식, 정보, 기술, 사상이나 감정의 표현, 영업이나 물건의 표시, 생물의 품종이나 유전자원, 그 밖에 무형적인 것으로 재산적 가치가 실현될 수 있는 것을 의미한다. 일반적으로 지식재산권은 산업재산권(특허권, 실용신안권, 상표권, 디자인권), 저작권(저작재산권, 저작인격권), 신지식재산권(현대사회에서 새롭게 보호의 필요성이 제기되는 권리)으로 구분하여 각 권리에 대한 보호가 이루어지고 있다.

특허권과 실용신안권은 기술적 사상을 보호하는 권리를 의미하며, 상표권은 제품(또는 서비스)의 출처 및 제품 판매자(또는 서비스 제공자)의 신용을 보호하고, 소비자의

출처혼동 방지를 위한 권리를 말한다. 상표는 일반적으로 제품의 '브랜드'로 이해하면 된다. 또한, 디자인권은 공업제품의 외형에서 느껴지는 미적 감각을 보호하기 위한 권리며, 만약 공업제품의 외형에 기능적인 특징이 있는 경우에는 원칙적으로 특허권이나 실용신안권으로 보호할 수 있다.

저작권은 인간의 사상이나 감정이 표현된 창작물, 즉, 저작물을 보호하는 권리이며, 소설, 수필, 문제집 등의 어문저작물, 수채화 등의 미술저작물, 가요, 국악 등의 음악저작물, 컴퓨터프로그램저작물 등이 저작물로서 보호된다. 산업재산권(특허, 실용신안, 상표, 디자인)이 특허청에 등록되어야 권리가 발생하는 것에 반하여 저작권은 창작되는 순간 권리가 발생한다.

특허권

1. 특허제도와 특허권

특허제도는 발명을 보호하기 위하여 출원인에게 일정기간 독점배타적인 특허권을 부여하는 제도다. 특허권자는 특허를 받은 발명(특허발명)을 독점적으로 실시할 수 있고, 타인이 특허권의 보호범위 내 기술을 무단으로 실시하는 것을 배제할 수 있다.

특허권의 존속기간이란 특허권자가 특허발명을 독점적으로 실시할 수 있는 기간을 의미하며, 특허권을 설정등록한 날부터 특허출원일 후 20년이 되는 날까지다. 따라서 특허권의 존속기간이 지나면 특허권은 소멸하며, 특허권에 따른 기술은 누구나 사용할 수 있는 기술(자유기술)이 된다.

2. 특허등록을 위한 요건

우선 자신의 기술이 특허법상의 발명에 해당한다면 특허법 제29조에서 규정하고 있는 특허요건, 즉, 등록을 받을 수 있는 발명으로서의 요건을 갖추어야 한다.

(1) 특허법상의 발명

특허법상의 발명이란?

자연법칙을 이용한 기술적 사상의 창작으로서 고도한 것을 의미한다. 즉, 특허를 등록받기 위한 발명은 ① 자연법칙을 이용해야 하며, ② 기술적 사상이어야 하며, ③ 창작의 정도가 고도해야 한다.

① **자연법칙의 이용** : 자연계에 존재하는 원리, 원칙, 법칙 등을 의미하는 것으로 특허법상 발명은 자연법칙을 '이용'하는 것으로 자연법칙 자체는 발명에 해당할 수 없고, 자연법칙에 위배되는 영구운동장치도 발명에 해당할 수 없다.

② **기술적 사상** : 어떤 목적을 달성하기 위한 구체적인 수단의 추상적 또는 개념적인 착상을 의미하는 것으로 특허법상 발명은 반드시 기술 자체일 필요는 없으며, 기술의 사상이면 충분하다. 따라서 반드시 시제품과 같이 형태가 만들어져 있어야 하는 것은 아니며, 장차 기술로 실현, 구현될 가능성만 있어도 된다.

③ **창작의 고도성** : 특허법상 발명은 기술적 사상이 고도한 것으로 기술의 정도가 높아야 한다.

(2) 특허등록을 받을 수 있는 발명

특허등록을 받을 수 있는 발명은 산업상 이용가능성과 신규성, 진보성이 인정되어야 한다.

① **산업상 이용가능성** : 발명이 산업에서 실제로 실시될 수 있는 것인지 의미하는 것으로 동일결과를 반복하여 실시할 수 있는 것이다.

② **신규성** : 발명의 내용이 알려지지 않은 새로운 것으로 특허출원 전에 국내외에서

공지 및 공연히 실시되거나 반포된 간행물에 게재되거나 전기통신회선을 통하여 공중이 이용할 수 있는 발명과 동일한 발명은 신규성이 부정된다.

③ **진보성** : 해당 발명이 속하는 기술 분야에서 통상의 지식을 가진 사람이 이미 공개된 기술을 이용하여 쉽게 발명할 수 없는 것을 의미하는 것으로 공개된 기술보다 진보한 발명에 대하여 특허를 인정한다.

(3) 등록을 받을 수 없는 발명

특허법 제32조는 특허요건을 갖추고 있더라도 공공의 질서 또는 선량한 풍속에 어긋나거나 공중의 위생을 해칠 우려가 있는 발명에 대하여 특허를 받을 수 없도록 규정하고 있다.

3. 선출원주의

동일한 발명에 대하여 다른 날에 둘 이상의 특허출원이 있는 경우에는 먼저 특허출원한 자만이 그 발명에 대하여 특허를 받을 수 있는 규정을 선출원주의라고 한다. 만약 같은 날에 출원한 경우에는 협의에 의하고, 협의가 성립하지 않거나 협의를 할 수 없는 경우에는 누구도 특허등록을 받을 수 없다.

4. 실용신안권과의 차이

실용신안제도는 유용한 물건을 개발하였으나 특허로 등록되기에는 기술적 진보성을 갖지 못한 소발명(small invention)을 보호하기 위한 제도다. 특허권보다는 짧은 기간인 10년의 보호기간이 주어지지만, 역시 독점배타적인 권리를 부여하여 적은 비용으로 낮은 수준의 기술개발을 유인, 촉진할 수 있게 하는 제도다.

상표권

1. 상표제도와 상표권

상표제도는 상표를 선택하고 사용하는 자에게 독점배타적인 상표권을 부여하여 출처의 오인·혼동을 방지하고, 상표권의 보호범위 내에서 상표를 무단으로 사용하는 것을 배타적으로 배제할 수 있다.

상표권의 존속기간은 설정등록이 있는 날부터 10년 동안 유지되며, 이 기간에 상표권에 대한 보호는 업무상의 신용유지를 도모하고 수요자의 이익을 함께 보호하여 산업질서를 유지한다. 참고로 다른 산업재산권(특허, 실용신안, 디자인)과는 다르게 10년 단위로 계속 연장하여 영구적으로 사용할 수 있다.

2. 상표등록을 위한 요건

(1) 상표의 등록요건

상표를 등록받기 위한 요건으로는 해당 상표가 식별력을 갖추어야 하며, 상표법 제33조에서 규정하는 식별력 없는 상표에 해당하지 않아야 한다.

① **식별력** : 상표의 식별력이란 사용된 상표가 자기의 상품과 타인의 상품을 구별할 수 있게 하는 것을 의미한다. 상표는 식별력이 있어야 상표로서 기능을 발휘할 수 있어, 식별력이 없는 상표는 상표등록을 받을 수 없다.

② **식별력이 없는 상표** : 상표법 제33조 제1항은 식별력이 없는 상표로서 다음과 같은 상표는 등록을 받을 수 없는 것으로 명시하고 있다.

1. 그 상품의 보통명칭을 보통으로 사용하는 방법으로 표시한 표장만으로 된 상표
2. 그 상품에 대하여 관용(慣用)하는 상표
3. 그 상품의 산지(産地)·품질·원재료·효능·용도·수량·형상·가격·생산방법·가

공방법 · 사용방법 또는 시기를 보통으로 사용하는 방법으로 표시한 표장만으로 된 상표
4. 현저한 지리적 명칭이나 그 약어(略語) 또는 지도만으로 된 상표
5. 흔히 있는 성(姓) 또는 명칭을 보통으로 사용하는 방법으로 표시한 표장만으로 된 상표
6. 간단하고 흔히 있는 표장만으로 된 상표
7. 제1호부터 제6호까지에 해당하는 상표 외에 수요자가 누구의 업무에 관련된 상품을 표시하는 것인가를 식별할 수 없는 상표

③ **사용에 의한 식별력** : 상표법 제33조 제2항은 사용에 의한 식별력을 취득한 예외로 상표등록출원 전부터 상표를 사용한 결과 수요자 간에 특정인의 상품에 관한 출처를 표시하는 것으로 식별할 수 있게 된 경우에는 그 상표를 사용한 상품에 한정하여 상표등록을 받을 수 있도록 규정하고 있다.

④ **지리적 표시 단체표장** : 식별력 없는 상표에 대한 또 하나의 예외로 상표법 제33조 제3항은 표장이 특정 상품에 대한 지리적 표시인 경우에는 그 지리적 표시를 사용한 상품을 지정상품으로 하여 지리적 표시 단체표장등록을 받을 수 있도록 규정하고 있다.

(2) 등록받을 수 없는 상표

상표법 제34조는 상표등록의 요건을 갖추었더라도 상표의 이용형태나 목적 등에 비추어 상표등록이 불가한 경우를 명시하고 있다.

1. 국가의 국기(國旗) 및 국제기구의 기장(記章) 등에 해당하는 상표
2. 국가 · 인종 · 민족 · 공공단체 · 종교 또는 저명한 고인(故人)과의 관계를 거짓으로 표시하거나 이들을 비방 또는 모욕하거나 이들에 대한 평판을 나쁘게 할 우려가 있는 상표
3. 국가 · 공공단체 또는 이들의 기관과 공익법인의 비영리 업무나 공익사업을 표시하는 표장으로서 저명한 것과 동일 · 유사한 상표. 다만, 그 국가 등이 자기의 표장을 상표등록출원한 경우에는 상표등록을 받을 수 있다.
4. 상표 그 자체 또는 상표가 상품에 사용되는 경우 수요자에게 주는 의미와 내용 등이 일반인의 통상적인 도덕관념인 선량한 풍속에 어긋나는 등 공공의 질서를 해칠 우려가 있는 상표
5. 정부가 개최하거나 정부의 승인을 받아 개최하는 박람회 또는 외국정부가 개최하거나

외국정부의 승인을 받아 개최하는 박람회의 상패 · 상장 또는 포장과 동일 · 유사한 표장이 있는 상표. 다만, 그 박람회에서 수상한 자가 그 수상한 상품에 관하여 상표의 일부로서 그 표장을 사용하는 경우에는 상표등록을 받을 수 있다.

6. 저명한 타인의 성명 · 명칭 또는 상호 · 초상 · 서명 · 인장 · 아호(雅號) · 예명(藝名) · 필명(筆名) 또는 이들의 약칭을 포함하는 상표. 다만, 그 타인의 승낙을 받은 경우에는 상표등록을 받을 수 있다.
7. 선출원(先出願)에 의한 타인의 등록상표(등록된 지리적 표시 단체표장은 제외한다)와 동일 · 유사한 상표로서 그 지정상품과 동일 · 유사한 상품에 사용하는 상표
8. 선출원에 의한 타인의 등록된 지리적 표시 단체표장과 동일 · 유사한 상표로서 그 지정상품과 동일하다고 인식되어 있는 상품에 사용하는 상표
9. 타인의 상품을 표시하는 것이라고 수요자들에게 널리 인식되어 있는 상표(지리적 표시는 제외한다)와 동일 · 유사한 상표로서 그 타인의 상품과 동일 · 유사한 상품에 사용하는 상표
10. 특정 지역의 상품을 표시하는 것이라고 수요자들에게 널리 인식되어 있는 타인의 지리적 표시와 동일 · 유사한 상표로서 그 지리적 표시를 사용하는 상품과 동일하다고 인정되어 있는 상품에 사용하는 상표
11. 수요자들에게 현저하게 인식되어 있는 타인의 상품이나 영업과 혼동을 일으키게 하거나 그 식별력 또는 명성을 손상시킬 염려가 있는 상표
12. 상품의 품질을 오인하게 하거나 수요자를 기만할 염려가 있는 상표
13. 국내 또는 외국의 수요자들에게 특정인의 상품을 표시하는 것이라고 인식되어 있는 상표(지리적 표시는 제외한다)와 동일 · 유사한 상표로서 부당한 이익을 얻으려 하거나 그 특정인에게 손해를 입히려고 하는 등 부정한 목적으로 사용하는 상표
14. 국내 또는 외국의 수요자들에게 특정 지역의 상품을 표시하는 것이라고 인식되어 있는 지리적 표시와 동일 · 유사한 상표로서 부당한 이익을 얻으려 하거나 그 지리적 표시의 정당한 사용자에게 손해를 입히려고 하는 등 부정한 목적으로 사용하는 상표
15. 상표등록을 받으려는 상품 또는 그 상품의 포장의 기능을 확보하는 데 꼭 필요한(서비스의 경우에는 그 이용과 목적에 꼭 필요한 경우를 말한다) 입체적 형상, 색채, 색채의 조합, 소리 또는 냄새만으로 된 상표
16. 세계무역기구 회원국 내의 포도주 또는 증류주의 산지에 관한 지리적 표시로서 구성되거나 그 지리적 표시를 포함하는 상표로서 포도주 또는 증류주에 사용하려는 상표. 다만, 지리적 표시의 정당한 사용자가 해당 상품을 지정상품으로 하여 제36조 제5항에 따른 지리적 표시 단체표장등록출원을 한 경우에는 상표등록을 받을 수 있다.
17. 「식물신품종 보호법」 제109조에 따라 등록된 품종명칭과 동일 · 유사한 상표로서 그 품종명칭과 동일 · 유사한 상품에 대하여 사용하는 상표

18. 「농수산물 품질관리법」 제32조에 따라 등록된 타인의 지리적 표시와 동일 · 유사한 상표로서 그 지리적 표시를 사용하는 상품과 동일하다고 인정되는 상품에 사용하는 상표
19. 대한민국이 외국과 양자간(兩者間) 또는 다자간(多者間)으로 체결하여 발효된 자유무역협정에 따라 보호하는 타인의 지리적 표시와 동일 · 유사한 상표 또는 그 지리적 표시로 구성되거나 그 지리적 표시를 포함하는 상표로서 지리적 표시를 사용하는 상품과 동일하다고 인정되는 상품에 사용하는 상표
20. 동업 · 고용 등 계약관계나 업무상 거래관계 또는 그 밖의 관계를 통하여 타인이 사용하거나 사용을 준비 중인 상표임을 알면서 그 상표와 동일 · 유사한 상표를 동일 · 유사한 상품에 등록출원한 상표
21. 조약당사국에 등록된 상표와 동일 · 유사한 상표로서 그 등록된 상표에 관한 권리를 가진 자와의 동업 · 고용 등 계약관계나 업무상 거래관계 또는 그 밖의 관계에 있거나 있었던 자가 그 상표에 관한 권리를 가진 자의 동의를 받지 아니하고 그 상표의 지정상품과 동일 · 유사한 상품을 지정상품으로 하여 등록출원한 상표

3. 선출원주의

동일 · 유사한 상품에 사용할 동일 · 유사한 상표에 대하여 다른 날에 둘 이상의 상표등록출원이 있는 경우에는 먼저 출원한 자만이 상표를 등록받을 수 있다. 만약 같은 날에 출원한 경우에는 협의에 의하고, 협의가 성립하지 않거나 협의를 할 수 없는 경우에는 특허청장의 추첨에 의하여 하나의 상표만이 등록될 수 있다.

4. 상표등록의 취소

상표에 거절이유가 없어 적법하게 등록되더라도 적절하게 사용되지 않는 경우 해당 상표권은 취소될 수 있다. 상표의 취소사유에는 여러 가지가 있으나, 일반적으로 가장 문제가 되는 것은 상표권자가 등록상표를 일정기간 이상 사용하지 않거나 상표권자가 등록상표를 부정하게 사용하는 경우다.

(1) 상표권자가 등록상표를 일정기간 이상 사용하지 않은 경우

상표권자, 전용사용권자, 통상사용권자 중 누구도 정당한 이유 없이 등록상표를 지정상품에 대하여 취소심판청구일 전 계속하여 3년 이상 국내에서 사용하고 있지 않은 경우에는 상표등록이 취소될 수 있다.

참고로 상표 불사용에 의한 취소심판제도는 사용되지 않고 선점된 상표를 취소하여 타인에게 상표 선택의 기회를 주기 위한 것이다.

(2) 상표권자가 등록상표를 부정하게 사용하는 경우

상표권자가 고의로 등록상표의 전용범위를 넘어 유사범위에 대하여 사용함으로 수요자에게 상품 품질의 오인 또는 타인의 업무에 관련된 상품과의 혼동을 생기게 하는 행위를 하는 경우 상표등록이 취소될 수 있다.

이런 부정사용의 경우 역시 상표제도의 목적에 반하여 취소심판제도를 통하여 등록된 상표가 취소될 수 있도록 하고 있다.

디자인권

1. 디자인제도와 디자인권

디자인제도는 공업제품(물품)의 미적 외관이 보호될 수 있도록 출원인에게 일정기간 독점배타적인 권리를 부여하여 디자인 창작을 장려하고 산업발전을 도모하는 데 취지가 있다. 따라서 디자인권은 디자인이라는 공업제품의 외관에 대하여 부여된 독점배타적인 권리로 디자인권자는 디자인을 독점적으로 실시할 수 있고 타인의 무단실시를 배타적으로 배제할 수 있다.

디자인권의 존속기간은 디자인권을 설정등록한 날부터 디자인출원일 후 20년이 되는 날까지며, 20년이 지나면 해당 디자인권은 소멸되어 자유디자인이 된다.

2. 디자인등록을 위한 요건

우리가 흔히 생각하는 디자인과는 달리 디자인보호법상의 디자인은 물품성을 요구하고 있어, 디자인등록을 받기 위하여 우선 물품성을 갖춘 디자인에 해당하여야 하고, 디자인보호법 제33조에서 규정하고 있는 등록요건을 갖추어야 한다.

(1) 디자인보호법상의 디자인

디자인보호법상 디자인이란 물품의 형상 · 모양 · 색채 또는 이들을 결합한 것으로 시각을 통하여 미감을 일으키는 것을 의미한다. 다시 말해, 디자인보호법의 보호대상이 될 수 있는 디자인은 ① 물품성, ② 형태성, ③ 시각성, ④ 심미성의 요건을 구비한 것이어야 한다.

물품의 형상 · 모양 · 색채 또는 이들을 결합한 것으로서
물품성 / 형태성

시각을 통하여 미감을 일으키게 하는 것
시각성 / 심미성

① **물품성** : 디자인보호법상의 디자인은 물품과 불가분의 관계로 물품 없이 존재할 수 없다. 여기서 물품이란 독립성이 있는 구체적인 물품으로 대량생산 및 운반을 할 수 있으며, 수요증대를 위한 독립거래의 대상이 되는 유체동산을 의미한다.

② **형태성** : 디자인보호법상의 디자인은 형상 · 모양 · 색채 또는 이들의 결합이라는 형태성을 요구한다. 여기서 형상은 물품이 공간을 점유하는 윤곽을 의미하며, 모양은 물품을 장식하기 위하여 물품의 외관에 나타난 선, 색 구분, 선염을 의미하고, 색채는 물품에서 반사되는 빛에 의하여 인간의 망막을 자극하는 물체의 성질 중 하나로 무채색과 유채색으로 구분되는 것을 의미한다.

③ **시각성** : 디자인등록의 대상이 되는 물품은 육안으로 파악할 수 있어야 하여, 시각 이외의 감각에 의하여 파악되는 것이나 외부에서 볼 수 없는 부분 등은 디자

인등록 대상이 되는 물품에서 제외된다.

④ **심미성** : 심미성은 형상·모양·색채로 구체화한 디자인이 시각을 통하여 미감을 느끼게 하는 것을 의미하는데, 심미성 요구의 목적은 디자인 제도가 물품의 상품가치를 높여 수요를 증대하여 산업발전에 이바지하기 때문이다. 심사 실무상 심미감의 판단은 고도의 심미성이 아닌 아름다움을 느낄 수 있을 정도의 형태적 처리가 된 것이면 심미성이 있는 것으로 판단한다.

(2) 디자인의 등록요건

① **공업상 이용가능성** : 공업적 기술을 이용하여 동일물을 반복하여 양산할 수 있는 것을 의미한다.

② **신규성** : 디자인의 내용이 대외적으로 알려지지 않은 것을 의미하는 것으로 디자인보호법은 디자인출원 전에 국내외에서 공지 및 공연히 실시되거나 반포된 간행물에 게재되거나 전기통신회선을 통하여 공중이 이용할 수 있는 디자인과 동일한 디자인은 신규성을 상실한 것으로 본다.

③ **창작비용이성** : 등록을 위한 디자인의 창작성은 종래의 디자인에 비하여 창작이 용이하지 않은 디자인에 대하여 인정되어, 디자인이 속하는 분야에서 통상의 지식을 가진 사람이 공지된 디자인 등으로부터 쉽게 창작할 수 있는 디자인은 등록이 불가하다.

(3) 등록받을 수 없는 디자인

디자인보호법 제34조는 해당 디자인이 등록요건을 갖추었더라도 다음과 같은 디자인에 해당하는 경우 등록할 수 없도록 규정하고 있다.

1. 국기, 국장(國章), 군기(軍旗), 훈장, 포장, 기장(記章), 그 밖의 공공기관 등의 표장과 외국의 국기, 국장 또는 국제기관 등의 문자나 표지와 동일하거나 유사한 디자인
2. 디자인이 주는 의미나 내용 등이 일반인의 통상적인 도덕관념이나 선량한 풍속에 어긋나거나 공공질서를 해칠 우려가 있는 디자인

3. 타인의 업무와 관련된 물품과 혼동을 가져올 우려가 있는 디자인
4. 물품의 기능을 확보하는 데에 불가결한 형상만으로 된 디자인

3. 선출원주의

동일 · 유사한 디자인에 대하여 다른 날에 둘 이상의 디자인등록출원이 있는 경우에는 먼저 출원한 자만이 그 디자인에 관하여 디자인등록을 받을 수 있다. 만약 같은 날에 출원한 경우에는 협의에 의하고, 협의가 성립하지 않거나 협의를 할 수 없는 경우에는 누구도 디자인등록을 받을 수 없다.

저작권

1. 저작권제도와 저작권

저작권제도는 저작물을 창작한 저작자에게 권리를 부여함과 동시에 저작물의 공정한 이용을 보장하여 '저작물의 보호와 이용'이라는 이익의 균형을 이루고 문화산업의 발전을 도모하는 데 취지가 있다.

저작권의 경우 다른 산업재산권(특허, 실용신안, 상표, 디자인)과는 달리 등록을 요건으로 하지 않아 창작한 때부터 권리가 발생하지만, 저작권을 등록할 경우 다음과 같은 효과가 있다는 점을 참고할 수 있다.

- **추정력** : 저작자로 성명이 등록된 자는 그 등록 저작물의 저작자로 추정한다.
- **대항력** : 당사자가 아닌 제3자에 대하여 권리의 변동행위가 있었음을 주장할 수 있다.

• **법정 손해배상제도** : 침해행위가 일어나기 전에 미리 저작물을 등록할 경우 실손해를 입증하지 않더라도 저작권법에서 정하고 있는 법정 손해배상제도를 이용할 수 있다.

2. 저작물의 개념과 종류

(1) 저작권법상의 저작물

저작권법상의 저작물이란 '인간의 사상과 감정을 표현한 창작물'로 단순한 사실을 나열한 것에 불과하거나 창작성이 인정되기 어려운 경우에는 저작권법상의 저작물에 해당하지 않는다. 또한, 사상과 감정을 표현한 것으로 사상과 감정이 담긴 아이디어 자체가 아니라 언어, 소리, 영상 등을 통하여 외부로 표현되어야 저작물로 보호될 수 있다.

(2) 저작물의 종류

저작권법은 저작물을 표현형식에 따라 분류하여 종류를 열거하고 있으나, 저작물의 종류는 예시에 불과하여 여기에 해당하지 않는 저작물이라도 인간의 사상과 감정을 표현한 창작물이라면 저작권법상의 저작물로 보호받을 수 있다.

저작물의 종류	특징
어문저작물	소설, 시, 논문, 강연, 연설, 각본 등 언어나 문자에 의해 표현된 저작물을 말한다. 일반적으로 카탈로그나 계약서식 등은 저작물로 인정되지 않으나 표현의 방법이 독창적인 경우에는 저작물로 인정될 수 있다.
음악저작물	클래식, 팝송, 가요, 오페라, 뮤지컬 등 음악에 속하는 모든 저작물을 말하며, 즉흥 음악 같이 악곡이나 가사가 고정되어 있지 않아도 독창성이 인정되면 저작물로 인정한다.
연극저작물	연극, 무용, 무언극 등과 같이 인간의 사상이나 감정을 신체의 동작으로 표현한 저작물을 말한다.
미술저작물	회화, 서예, 조각, 공예, 응용미술저작물 등과 같이 형상 또는 색채에 따라 미적으로 표현된 저작물을 말한다.

건축저작물	건축물을 건축하기 위한 설계도, 모형과 건축된 건축물 등에 미적 형상이 표현된 저작물을 말한다. 통상적인 형태의 건물이나 공장 등은 건축저작물에 포함되지 않으며, 사회통념상 미적인 가치가 인정되는 것만 저작물로서 보호될 수 있다.
사진저작물	사진가의 사상과 감정을 표현한 사진 및 이와 유사한 방법으로 제작된 저작물을 말하며, 독창적이면서도 미적인 요소를 갖추어야 한다.
영상저작물	음(소리)의 수반 여부와 관계없이 연속적인 영상이 수록된 창작물로서, 기계 또는 전자장치에 의해 재생하거나 볼 수 있는 저작물을 말한다.
도형저작물	지도, 도표, 설계도, 약도, 모형 그 밖의 도형 등에 사람의 사상 또는 감정이 표현된 저작물로 평면이나 공간에 선이나 형태로 표현된다.
컴퓨터프로그램 저작물	원시코드, 목적코드, 응용 프로그램, 운영체제 프로그램 등 컴퓨터에서 특정한 결과를 얻기 위해 직간접적으로 사용되는 일련의 지시, 명령으로 표현된 모든 창작물을 말한다.
편집저작물	편집물의 소재, 구성, 내용의 저작물성 여부와 관계없이 소재의 선택 또는 배열에 창작성이 있는 저작물을 말한다.
2차적저작물	기존의 원저작물을 번역, 각색, 영상 제작을 비롯해 그 밖의 방법으로 만들어진 창작물을 말한다.

3. 저작권의 종류

저작권은 크게 저작재산권과 저작인격권으로 구분되는데, 저작재산권은 저작자의 경제적 이익을 보전하여 주기 위한 권리로 양도나 상속 등이 가능한데, 저작인격권은 저작자의 명예와 인격적 이익을 보호하기 위한 권리로 양도 등이 불가능한 일신전속적 권리다.

저작재산권과 저작인격권은 각각 다음과 같은 권리로 이루어져 있다.

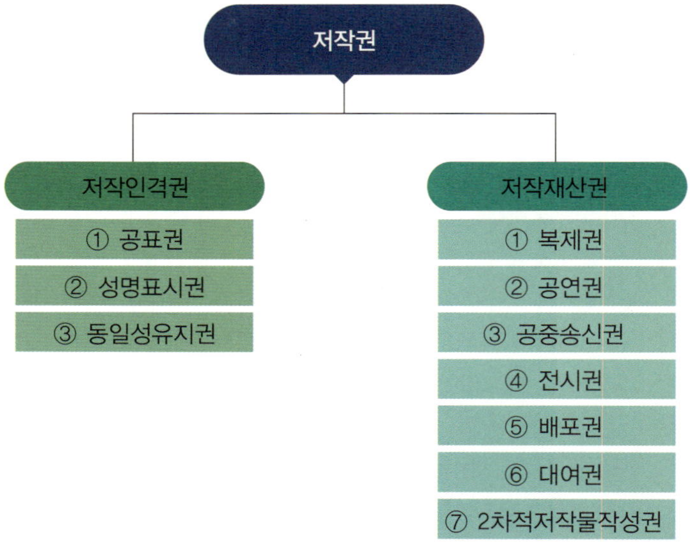

(1) 저작인격권

① **공표권** : 저작자가 저작물을 일반 공중에게 공표하거나 공표하지 않을 권리를 말한다.

② **성명표시권** : 저작자 자신이 저작물에 자신의 이름(실명, 예명 또는 이명)을 표시하거나 표시하지 않을 권리를 말한다.

③ **동일성유지권** : 저작물의 내용, 형식, 제호 등이 저작자의 의사와 달리 변경되지 않도록 금지할 수 있는 권리를 말한다.

(2) 저작재산권

① **복제권** : 저작물을 인쇄 · 사진촬영 · 복사 · 녹음 · 다운로드 등의 방법으로 유형물에 고정하거나 유형물로 다시 제작할 권리를 말한다.

② **공연권** : 저작물 또는 실연 · 음반 · 방송을 상연이나 연주 · 가창 · 구연 · 낭독 · 상영 · 재생 그 밖의 방법으로 공중에 공개하는 권리를 말한다.

③ **공중송신권** : 저작물 · 실연 · 음반 · 방송 또는 데이터베이스를 공중이 수신하거나 접근하게 할 목적으로 무선 또는 유선통신의 방법에 의하여 송신하거나 이용에

제공할 권리를 말한다.

④ **전시권** : 미술·사진·건축저작물의 원본이나 복제물을 일반 공중이 관람할 수 있도록 전시할 권리를 말한다.

⑤ **배포권** : 저작물의 원작품 혹은 복제물을 대가를 받거나 받지 않고 일반 공중에게 양도 혹은 대여할 권리를 말한다.

⑥ **대여권** : 영리를 목적으로 타인에게 저작물을 대여할 권리를 말한다.

⑦ **2차적저작물작성권** : 원저작물을 번역·편곡·변형·각색·영상제작 등의 방법으로 독창적인 저작물로 제작하고, 이를 이용할 권리를 말한다.

4. 저작권의 보호기간

저작재산권의 보호기간은 특별한 규정이 없는 한 저작자가 생존하는 동안과 사망 후 70년간 존속하여, 저작자가 사망한 후 70년이 지나면 해당 저작물은 누구나 자유롭게 이용 가능한 상태가 된다.

무명 또는 널리 알려지지 않은 이명저작물, 업무상저작물, 영상저작물의 경우에는 '공표한 때'로부터 70년간 존속하며, 공동저작물의 경우에는 맨 마지막으로 사망한 저작자의 사망 후 70년간 존속한다.

※ 업무상저작물과 영상저작물이 창작한 때부터 50년 이내에 공표되지 아니한 경우에는 창작한 때부터 70년간 존속

저작권법은 저작인격권의 보호기간을 별도로 규정하고 있지는 않으나, '저작자의 사망 후에 그의 저작물을 이용하는 자는 저작자가 생존하였더라면 그 저작인격권의 침해가 될 행위를 하여서는 아니 된다'라고 규정하여 저작자의 사망 후에도 저작인격권에 대한 침해가 이루어지지 않도록 하고 있다.

특허심판제도

특허심판은 산업재산권(특허, 실용신안, 상표, 디자인) 출원의 거절결정, 등록의 무효 · 취소 · 정정 · 권리범위 등에 관한 고도의 기술적 판단과 전문적 지식이 요구되는 분쟁을 해결하기 위하여 특허심판원에서 시행하는 특별행정심판을 말하며, 본서에서 다루는 분쟁사례와 관련한 심판은 다음과 같다.

1. 거절결정에 대한 불복심판

거절결정에 대한 불복심판이란 특허, 실용신안, 상표, 디자인에 대한 등록출원, 특허권 · 실용신안권의 존속기간 연장등록출원, 상품분류전환등록출원, 지정상품추가등록출원 등에 대한 거절결정을 받은 자가 이에 불복하여 제기하는 심판을 의미한다.

2. 등록무효심판

등록무효심판이란 일단 유효하게 설정등록된 권리(특허, 실용신안, 상표, 디자인)를 법에서 규정하고 있는 무효사유를 이유로 심판에 의하여 그 효력을 소급하여 또는 장래에 향하여 상실시키는 심판을 의미한다. 무효 심결이 확정되면 특별한 경우를 제외하고 그 권리는 처음부터 없었던 것으로 간주하는 소급 효과가 발생하게 된다.

3. 권리범위확인심판

권리범위확인심판이란 특허(실용신안, 디자인, 상표)권자, 전용실시권자, 이해관계인이 특허의 보호범위를 확인하기 위하여 청구하는 심판으로 청구의 취지에 따라 적극적 권리범위확인심판과 소극적 권리범위확인심판으로 구분된다.

적극적 권리범위확인심판은 일반적으로 특허권자 또는 전용실시권자가 청구하는 심판으로 제3자의 실시발명(실시고안, 실시디자인, 사용상표)이 자신의 특허발명의 권리범위에 속한다는 심결을 구하는 심판을 의미한다. 반면, 소극적 권리범위확인심판은 특허권자가 아닌 제3자가 특허권자를 상대로 청구하는 심판으로 자신의 실시발명이 상대방의 특허발명의 권리범위에 속하지 않는다는 심결을 구하는 심판을 의미한다.

4. 등록취소심판(상표권만 해당)

등록취소심판이란 일단 유효하게 설정등록된 상표가 일정한 법정사유에 해당함을 이유로 그 등록의 효력을 장래를 향하여 소멸시켜 줄 것을 요구하는 심판을 의미한다.

2 용어 정리

특허 · 실용신안

고도성 특허법상의 발명의 수준이나 정도가 매우 높거나 뛰어난 것을 의미

공동발명 2인 이상의 자가 실질적으로 협력하여 하나의 발명을 완성한 경우를 공동발명이라 하며, 발명자 전원은 공동발명자에 해당함

당업자에게 용이한 발명 그 발명이 속하는 기술분야에서 당업자가 통상적인 노력으로 창작 가능한 발명

당해 기술분야의 통상의 지식 발명과 관련된 기술 분야에서 보통의 평범한 엔지니어, 과학자 혹은 디자이너의 기술적 지식과 경험 및 전문성의 수준을 의미

무권리자 발명자가 아닌 자로서 특허를 받을 수 있는 권리의 승계인이 아닌 자

발명 자연법칙을 이용한 기술적 사상의 창작으로서 고도한 것을 의미

발명의 공개 특허를 출원하여 특허청에 의하여 공개되는 것을 의미

발명자 발명자란 진실로 발명을 한 자연인으로서 해당 발명의 창작행위에 직접 가담한 자를 말하며, 단순한 보조자 · 조언자 · 자금제공자는 발명자가 될 수 없음

선사용권 특허발명과 동일한 발명을 그 특허출원 시 일정조건으로 타인이 실시 등을 하고 있는 경우 그 실시자에게 인정되는 실시권을 의미

신규성 특허등록요건 중의 하나로 발명의 내용인 기술적 사항이 종래의 기술과 구별되는 신규사항이 있는 것을 의미

전용실시권 특허권자 이외의 자가 특허권자와의 계약에 의하여 정한 내용, 지역, 기간의 범위 내에서 해당 특허발명을 업으로써 독점적으로 실시할 수 있는 권리

진보성 특허등록요건 중의 하나로 발명의 창작수준이 그 발명이 속하는 기술 분야에서 통상의 지식을 가진 자가 공지발명으로부터 용이하게 발명할 수 없을 정도의 창작성이 있는 것을 의미

출원공개 특허청에 계류된 출원에 대하여 실질적인 심사의 진행 여부와 관계없이 출원인의 신청에 의하여 또는 소정의 법정의 기간 경과 후 그 발명 내용을 공개하는 것을 의미

통상실시권 특허권자 이외의 자가 특허권자 또는 전용실시권자와의 계약에 의하거나, 법률 또는 행정처분에 의하여 일정한 범위 내에서 해당 특허발명을 실시할 수 있는 권리를 의미

특허권의 효력범위 특허권은 설정등록에 의하여 발생하고 출원일로부터 20년이 지나면 소멸함

특허권자 특허권을 소유한 자

특허를 받을 수 없는 발명 공공의 질서 또는 선량한 풍속을 문란하게 하거나 공중의 위생을 해할 염려가 있는 발명

디자인

간행물에 게재된 디자인 공개를 목적으로 복제된 문서, 도면, 사진 등의 전달매체에 불특정 다수인이 볼 수 있는 상태로 놓인 디자인

공연히 실시된 디자인 불특정 다수인이 알 수 있는 상태에서 실시된 디자인

공지된 디자인 불특정 다수인이 알 수 있도록 공표된 디자인

관련디자인제도 디자인권자 또는 디자인등록출원인이 기본디자인의 유사디자인으로만 등록출원하는 제도

기본디자인 등록디자인 또는 등록출원한 디자인이 있는 자기 자신의 것과 유사한 디자인을 등록할 때 합쳐지게 되는 가장 주된 디자인(최초로 등록 · 출원한 디자인)을 의미함

단면도 물건의 내부 구조를 명료하게 나타내기 위하여 이것을 절단한 것으로 가정한 상태에서 그 단면을 그린 그림을 의미

등록디자인의 보호범위 디자인권자는 업으로서 등록디자인 또는 이와 유사한 디자인을 실시할 권리를 독점함

디자인 물품의 형상 · 모양 · 색채 또는 이들을 결합한 것으로서 시각을 통하여 미감을 일으키게 하는 것을 의미

디자인권 특허청에 등록된 디자인으로서 동일 · 유사한 디자인에 대하여 부여되는 독점배타적인 권리

디자인권자 업으로서 등록디자인 또는 이와 유사한 디자인을 독점배타적으로 실시할 수 있는 권리를 획득한 자

디자인도용 디자인권자 또는 전용실시권자, 통상실시권자 이외의 자가 정당한 권한 없이 디자인권자 등의 등록디자인 또는 이와 유사한 디자인을 무단으로 사용하는 행위

디자인의 유사성 디자인의 물품과 형상이 유사한 디자인을 의미

디자인출원 지정물품 출원인이 디자인의 출원 시 지정하는 디자인등록의 대상이 되는 물품

물품성 디자인보호법상의 디자인은 물품을 전제로 한 것으로 물품에 결합하여야만 디자인보호법상의 보호대상에 해당함

심미감 미를 느끼게 하는 것으로서, 미적 가치의 체험을 의미

배면도 물체의 뒤쪽 면을 수평으로 바라본 상태에서 그린 그림을 의미

부분디자인 물품의 부분에 대한 디자인을 말하며, 물품의 부분에 대하여도 디자인 등록이 가능함

비밀디자인 디자인등록출원인의 신청에 의하여 설정등록일로부터 일정 기간 그 디자인을 공개하지 않고 비밀로 하는 것을 의미

선행디자인 디자인을 등록출원하기 전에 해당 디자인보다 먼저 등록된 디자인

시각성 육안으로 디자인을 판단할 수 있는 것으로서 시각성이 없는 경우 디자인보호법상의 디자인에 해당하지 않음

용이창작 디자인 공지디자인 또는 이들의 결합에 의하거나, 국내외에서 널리 알려진 형상·모양·색채 또는 이들의 결합에 의하여 통상의 디자이너가 쉽게 창작할 수 있는 디자인

전용실시권 디자인권자 이외의 자가 디자인권자와의 계약에 의하여 설정한 범위 내에서 그 등록디자인 또는 이와 유사한 디자인을 업으로써 독점적으로 실시할 수 있는 권리를 의미

직물디자인 직물지의 무늬, 모양, 색채 등의 디자인

통상실시권 디자인권자 이외의 자가 디자인권자 또는 전용실시권자와의 계약에 의하거나, 법률 또는 행정처분에 의하여 일정한 범위 내에서 그 등록디자인 또는 이와 유사한 디자인을 실시할 수 있는 권리

평면디자인 벽지, 직물지, 망사지, 레이스지, 합성수지 등의 평면적인 것의 디자인

형상 디자인이나 상표에 있어 물품이나 해당표장의 외관을 말하는 것으로 디자인에선 물품의 공간을 점유하는 윤곽을 의미

형태성 형상·모양·색채 또는 이들의 결합에 의하여 파악되는 물품의 외관을 의미

상표

객관적 관찰 상표의 유사 여부를 판단하며 상표 자체의 구성을 기초로 하여 객관적으로 판단하고 상표에 나타나 있지 않은 상표 소유주의 의사나 희망과 같은 주관적인 요소 등을 고려하지 않는 관찰방법을 의미

견련관계 사물 상호 간에 연결된 의존성에 법률상의 의미가 부여된 것을 의미

결합상표 기호 · 문자 · 도형 또는 입체적 형상 중 두 개 이상이 하나로 결합하거나 이들 각각에 색채를 결합하여 구성된 상표

공서양속에 반하는 상표 상표의 구성 자체 또는 구 상표를 지정상품에 사용하는 경우에 일반 수요자에게 주는 의미가 사회 공공의 질서에 위반하거나 사회 일반인의 통상적인 도덕관념인 선량한 풍속에 반하는 상표

관념유사 두 개의 대비되는 상표의 의미나 관념이 서로 유사하여 상품 출처의 오인 · 혼동할 인지적 요인의 유사를 의미

관용표장 특정 종류에 속하는 상품에 관하여 동업자들 사이에 관용적으로 쓰이는 표장을 의미

기술적 표장 상품의 성질을 기술하거나 설명하는 용어로 이루어진 표장으로 그 상품의 산지, 품질, 형상, 가격, 생산방법, 가공방법, 사용방법, 또는 시기를 보통으로 사용하는 방법으로 표시한 표장

기호상표 대체로 문자나 도형을 간략히 한 것으로 기호상표는 이런 기호로 구성된 상표를 의미

다류출원 둘 이상의 상품류에 속하는 상품 및 서비스업 등을 지정상품으로 하여 하나로 출원하는 것을 의미

단체표장 조합이나 협회 등 일정한 단체의 회원에 의하여 사용되고 그 회원임을 나타내기 위하여 사용되는 상표 또는 서비스표

등록상표 출원 및 심사를 거쳐 등록된 상표

모방상표 정당한 권원 없이 원상표와 유사하게 모방하여 부착된 상표

보통명칭 당해 상품을 취급하는 거래사회에서 일반 수요자와 거래업계가 그 상품을 지칭하는 것으로 인식하고 현실로 그렇게 사용하고 있는 명칭

부정한 목적의 상표출원 국내 또는 외국에서 유명한 상표와 동일 · 유사한 상표를 동일 · 유사한 상품에 부정한 목적으로 출원하는 것을 의미

분리관찰 상표가 부수의 구성부분으로 되어 있어 식별력을 발휘하는 부분의 요부가 두 개 이상일 경우, 각각의 요부를 대비시킨 상표와 비교하여 유사 여부를 판단하는 방법

불사용 취소심판 상표의 사용권자, 전용사용권자, 통상사용권자 중 누구도 정당한 이유 없이 등록상표를 그 지정상품에 대하여 3년 이상 국내에서 사용하고 있지 않은 경우 상표등록을 취소할 수 있는 것을 의미

사용에 의한 식별력 식별력이 없는 상표더라도 일정 상표에 대하여 특정인이 오랜 기간에 걸쳐 자기의 상품표지로 사용하여 사후적으로 자타상품의 식별력을 취득할 경우 예외적으로 상표로의 등록 가능성을 인정하는 것을 의미

사용의무 상표권자 또는 사용권자가 등록상표를 지정상품 또는 지정서비스업에 대하여 정당하게 사용하여야 하는 책무

상표 자기의 상품과 타인의 상품을 식별하기 위하여 사용하는 표장

상표권침해행위금지청구 상표권자 또는 전용 사용권자가 상표권을 침해하는 자 또는 침해의 우려가 있는 자에 대하여 그 침해행위의 금지 또는 예방을 청구하는 것을 의미

상표등록 이의신청 출원공고 된 상표에 대하여 법정기간 내에 등록을 받을 수 없는 이유와 증거자료를 첨부하여 특허청장에게 그 등록을 거절할 것을 요청하는 제도

상표등록 취소결정 상표등록취소심판에서 취소사유가 인정될 때 그 상표를 취소하도록 하는 심판관의 결정

상표등록의 무효 일단 유효하게 성립된 상표등록을 일정한 법정사유로 인하여 심판절차에 의하여 등록일로 소급하여 그 효력을 상실시키는 것을 의미

상표등록의 취소 일단 유효하게 등록된 상표권이 사후의 일정한 사유에 의하여 그 등록의 효력을 장래에 대하여 상실시키는 것을 의미

상표등록출원 상표등록을 받고자 하는 자가 특허청에 상표등록을 원한다는 의사표시를 하는 것을 의미

상표의 사용 상표등록출원서에 기재한 상표 그대로 사용하는 것을 의미하며, 사회통념상 등록상표와 동일하다고 인정될 수 있는 형태의 사용도 등록상표의 사용으로 인정가능함

상표의 요부 통상 상표를 구성하는 기호 · 문자 · 도형 · 입체적 형상 또는 이들의 결합으로부터 부가적 부분을 제외한 나머지 부분으로 거래자나 일반 수요자의 주의를 환기하는 데 충분한 특징을 가지고 있는 부분

상표의 요부대비 관찰 상표의 유사 여부는 상표 전체에 대하여 관찰함이 원칙이지만 적절한 전체적 관찰의 결론을 유도하기 위하여 전체적 관찰과 병행하여 수요자의 주의를 끄는 식별력이 있는 요부를 추출하여 관찰하는 방법

상표의 이격적 관찰 두 개의 상표를 각각 때와 장소를 달리하여 접하는 경우를 전제로 그 유사 여부를 판단하는 방법

상품의 출처 어떤 상품의 제조 또는 유통자가 누구인지를 알 수 있게 하는 표지를 의미함

색채상표 기호 · 문자 · 도형 또는 입체적 형상 또는 이들을 결합한 것의 각각에 색채를 결합한 것뿐만 아니라 색채 자체만으로 이루어진 상표

수요자 기만 수요자가 상품 또는 상표를 외국 또는 다른 기업의 상품 또는 상표로 오인할 우려가 있는 경우를 의미

식별력 상표가 표창하는 지정상품과 다른 영업자의 상품을 구별하게 할 수 있는 힘을 의미

업무표장 국내에서 영리를 목적으로 하지 않는 업무를 영위하는 자가 그 업무를 나타내기 위하여 사용하는 표장

외관관찰 상표의 기호 · 문자 · 도형 · 입체적 형상 또는 구성상의 시각적 요인에 의하여 관찰하는 것을 의미

외관유사 두 개의 대비되는 상표의 기호 · 문자 · 도형 · 입체적 형상 또는 색채 등의 구성이 유사하여 상품출처의 오인 · 혼동할 시각적 요인의 유사함을 의미

유사상표 두 개의 상표가 동일한 것은 아니지만 외관, 칭호, 관념의 면에서 근사하여 이를 동일 · 유사상품에 사용할 경우 거래 통념상 상품출처의 혼동할 염려가 있는 상표

자유실시디자인 디자인등록출원 전에 그 디자인이 속하는 분야에서 통상의 지식을 가진 자가 공지 등이 된 디자인이나 국내에서 널리 알려진 형상 · 모양 · 색채 또는 이들의 결합에 의하여 용이하게 창작할 수 있는 디자인

저명상표 동일 · 유사상품뿐만 아니라 이종상품 및 영업에 이르기까지 특정인의 상표로 일반 수요자에게 현저하게 인식된 상표

전용사용권 상표권자 이외의 자가 상표권자와의 계약에 의하여 설정한 범위 내에서 지정상품에 관한 등록상표를 업으로써 독점적으로 사용할 수 있는 권리

전체적 관찰 상표구성의 일부분만을 추출하는 것이 아닌 전체로서 상표의 외관, 칭호, 관념을 비교하는 것을 의미

조어상표 사전적 의미를 갖지 않는 구성요소로 이루어진 신조어의 문자표장으로 새롭게 만들어진 상표

주지상표 타인의 상품을 표시하는 것이라고 수요자 사이에 현저하게 인식된 상표

증명표장 증명업자가 상품 자체에 관하여 일정한 품질 또는 성능을 갖추었음을 나타내는 표지를 의미

지정상품 상표등록을 하고자 하는 자가 당해 상표가 사용될 것으로 지정한 상품

출처혼동 사용권자가 등록상표 구성의 일부를 변경, 가감, 축소, 확대하여 변형 사용

함으로 타인이 사용하는 상표와 혼동을 일으키는 경우를 의미

통상사용권 상표권자 이외의 자가 상표권자 또는 전용사용권자와의 계약에 의하거나, 법률 또는 행정처분에 의하여 일정한 범위 내에서 지정상품에 관한 등록상표를 사용할 수 있는 권리

호칭유사 두 개의 대비되는 상표의 호칭이 유사하여 상품출처의 오인 · 혼동할 청각적 요인의 유사함을 의미

혼동가능성 타인의 유명상표를 경업관계 또는 경쟁 관계에 있는 상품이나 영업에 사용하는 경우, 상품출처의 혼동을 야기할 가능성을 의미

저작권

2차적저작물 원저작물을 번역 · 편곡 · 변형각색 · 영상제작 그 밖의 방법으로 작성한 저작물

건축저작물 실제의 건축물은 물론 건축을 위한 모형 또는 설계도면을 모두 포함하는 개념을 의미

공동저작물 2인 이상이 공동으로 창작한 저작물로서 각자의 기여부분을 분리하여 이용할 수 없는 저작물

대여권 상업적 음반이나 프로그램의 복제물이 영리목적으로 일정기간 대여되는 경우에 저작자나 기타 권리자에게 인정되는 권리

미술저작물 일정한 평면적 또는 입체적 공간에 형태나 색채로 표현되어 그것을 지각하는 사람의 미적 감각을 자극하기 위한 창작물

복제 저작물을 인쇄 · 사진촬영 · 복사 · 녹음 · 녹화 그 밖의 방법에 의하여 유형물에 고정하거나 유형물로 다시 제작하는 것을 의미

복제권 저작물의 복제를 허락하는 배타적 권리

사진저작물 빛이나 기타 방사선에 감응하는 표면 위에 제작된 실물의 영상으로서 선택 또는 포착방법 등에 있어서 독창성이 인정되는 것을 의미

성명표시권 저작자가 자신이 그 저작물의 창작자임을 주장할 수 있는 권리

실연 저작물을 연기 · 낭송 · 노래 · 춤 · 상영 등의 행위로 표현하는 것을 의미

실연자 실연에 대한 권리의 주체

어문저작물 말과 글로 이루어져 독창적으로 쓰인 저작물

음반 실연상의 소리나 기타의 소리를 오로지 청각적으로 고정한 것을 의미

음반제작자 단순히 음반을 제작한 사람을 뜻하는 것이 아닌 그 소리를 맨 처음으로 유형물에 고정한 사람을 의미

음악저작물 음에 의하여 표현된 저작물

응용미술저작물 수공예품이나 산업적으로 제작된 저작물과 같이 실용성이 있는 물건에 응용하기 위한 미술저작물

의거성 저작권 침해 판단 시 저작자가 저작물을 창작하는 과정에서 타인의 저작물을 보거나 접하여 이를 토대로 저작물을 작성하거나 제공 · 제시하는 등으로 이용하는 것을 의미

일신전속성 특정한 자에게만 귀속하며 타인에게는 양도되지 않는 속성

저작권 인간의 사상이나 감정을 창작적으로 표현한 저작물을 보호하기 위하여 그 저작자에게 부여한 권리

저작권자 저작물에 대한 저작권이 귀속되는 사람을 의미

저작물 원칙적으로 복제될 수 있는 형식으로 표현된 독창적인 지적 창작물

저작물의 배포 저작물을 이용하는 방법이자 저작물을 시장에 유통하는 방법을 의미함

저작물의 변형 저작물의 각색이나 기타 개작 등을 의미함

저작인접권 통상적으로 저작물의 공개사용, 모든 분야에서 예술가의 실연, 사건 · 정보 및 기타 소리나 영상의 공개전달에 있어서 실연자와 음반제작자 및 방송사업자의 활동과 관련하여 그들의 이익을 보호하기 위하여 부여한 권리를 의미

저작자 저작물을 창작한 자를 말함

창작성 저작권법상 보호를 받기 위한 요건으로 남의 것을 단순히 모방한 것이 아닌 저작자 자신의 독자적인 사상 또는 감정의 표현을 담고 있는 것을 의미

편집저작물 저작권이 발생하지 않는 소재를 수정 없이 모으고 배열한 저작물을 의미함

표절 다른 사람의 저작물의 전부나 일부를 그대로 또는 그 형태나 내용에 다소 변경을 기하여 자신의 것으로 제공 또는 제시하는 행위를 의미

Chapter 2

분쟁사례표

- 디자인 분야별 분쟁사례표

패션디자인 관련 분쟁사례표

해당 분쟁 관련 법률

시각디자인 관련 분쟁사례표

해당 분쟁 관련 법률

산업디자인 관련 분쟁사례표

해당 분쟁 관련 법률

기타 디자인 관련 분쟁사례표

해당 분쟁 관련 법률

Chapter 3

디자인 관련 분쟁사례

- 어떤 분쟁이 발생할까?
- 디자인 분야별 분쟁사례

1 패션디자인에서는 어떤 분쟁이 발생할까?

패션디자인

제품디자인, 시각디자인, 디지털/멀티미디어디자인, 공간디자인, 패션/텍스타일디자인, 서비스/경험디자인, 산업공예디자인, 디자인 인프라(디자인 기반 기술) 8개의 대분류로 분류한 2019 산업디자인 통계조사에서 패션/텍스타일디자인은 패션디자인, 기능성 패션디자인, 텍스타일디자인, 잡화디자인, 기타 패션 텍스타일디자인으로 중분류된다.[1)] 패션디자인은 패션을 인간의 행동이나 가치관이 플러스 된 상태로 받아들여 풍부한 발상과 창조력이 넘치는 디자인 능력을 육성하고, 패션으로서 새로운 조형이나 이론을 심도 있게 연구하는 학문으로 연구 분야로는 의류산업과 관련된 기초에서 전문적인 기획제작, 생산판매 분야 등이 있고, 관련 학과로는 의상디자인과, 패션디자인과, 패션산업디자인과, 슈즈디자인전공, 전통복식디자인과, 니트패션디자인과 등이 있다.[2)]

※ 본서에선 일반적인 의류 외에 직물, 패션잡화, 의류에 사용된 문양, 로고 및 마크 디자인을 패션디자인 분야로 포함

1) 한국디자인진흥원, 2019 산업디자인 통계조사 총괄보고서, p.4.
2) 한국교육개발원, 2019년 학과(전공)분류 자료집, p.43.

패션디자인 관련해서는 어떤 분쟁이 있었을까?

2010년부터 2019년까지 10년간 패션디자인 분야에서 발생한 총 17건의 분쟁을 살펴보면, 상표권 관련 분쟁 12건, 디자인보호법 관련 분쟁 4건, 부정경쟁방지법 관련 분쟁 1건으로 나누어진다.

아디다스의 3선이 상표가 될 수 있을까?

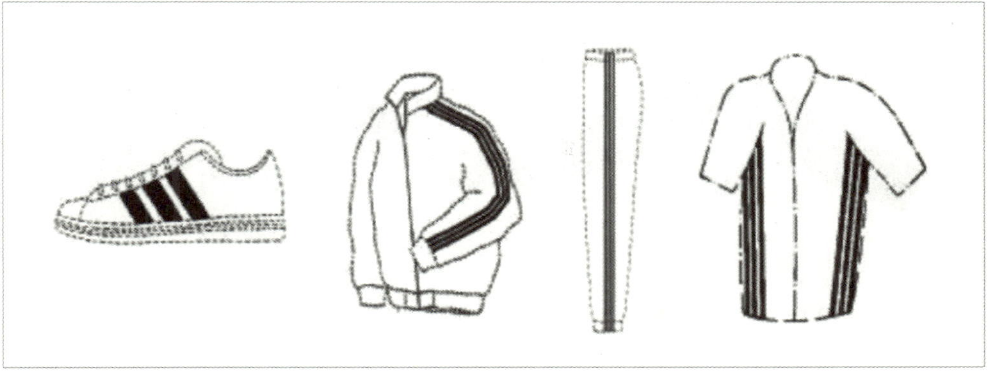

| 그림 1 | 아디다스의 등록 상표

2012년 대법원은 아디다스 스포츠 셔츠 옆구리에서 허리까지의 위치에 부착되는 3선은 위치상표로서 인정하여야 한다는 전원합의체 판결을 내렸다.[3] 위치상표란 특정한 문양은 아니지만, 제품의 특정 위치에 부착되어 제조회사를 식별할 수 있게 하는 표장을 말하는 것으로, 이 판결은 국내에서 위치상표의 식별력을 인정한 첫 판결이자, 기호 · 문자 · 도형 등이 특정 위치에 부착되어 출처표시 기능을 한다면 위치상표로 등록할 수 있다는 점을 명확히 하고 있다.

3) 대법원 2012. 12. 20. 선고 2010후2339 전원합의체 판결

이게 다르다고? 이 작업복 디자인 포인트가 뭔데?

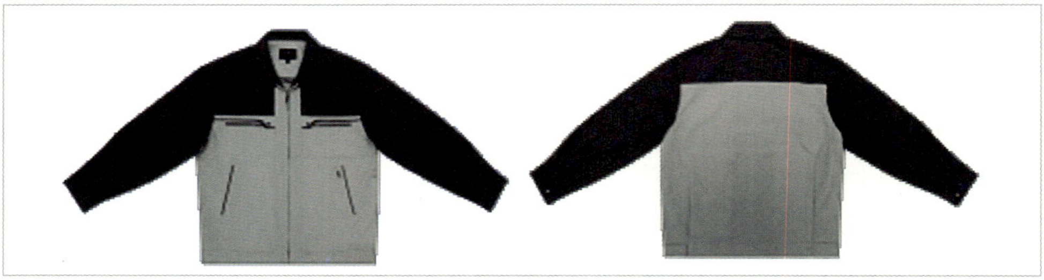

| 그림 2 | 등록디자인

| 그림 3 | 확인대상디자인

두 작업복의 디자인은 전체적인 디자인, 몸체 상부와 팔 부분은 어두운색, 몸체 하부는 밝은색 사용, 포켓과 지퍼의 위치 및 크기 등에 있어 유사하다고 볼 수 있지만, 이러한 부분은 기존의 디자인에서도 그대로 나타나 있는 것으로 중요도는 낮게 평가된다.

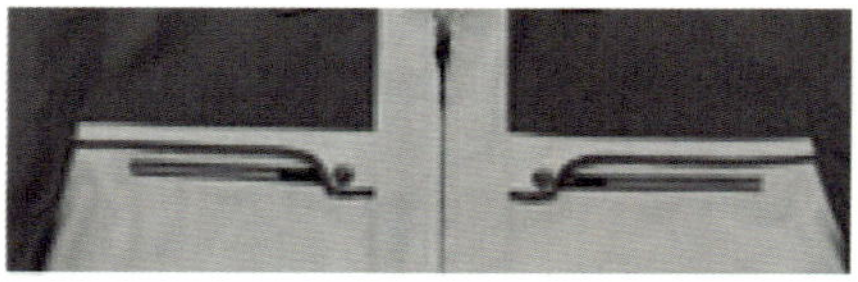

| 그림 4 | 등록디자인

| 그림 5 | 확인대상디자인

결과적으로 대법원은 두 디자인의 중요한 부분을 중심으로 대비 및 관찰하였을 때, 상이한 심미감을 느끼게 하므로 확인대상디자인은 등록디자인과 동일 · 유사하지 않고, 등록디자인의 권리범위에 포함되지 않는다고 판단하였다.[4)]

4) 대법원 2012. 4. 13. 선고 2011후3469 판결

어떻게 대처해야 할까?

내 디자인과 동일 · 유사한 디자인의 유무 확인을 위한 선행디자인 조사는 필수!

선행디자인 조사를 위한 방법으로 ① 특허청이 운영하는 디자인 정보 전문 사이트 '디자인맵(DESIGNMAP)'에서 '디자인권 검색' 메뉴를 통하여 다양한 분야별 물품을 검색할 수 있고, ② 한국특허정보원이 운영하는 대국민특허정보검색 서비스 '특허정보넷 키프리스(KIPRIS)'를 통하여 국내외 주요국에 출원, 등록된 디자인에 관한 상세한 정보를 얻을 수 있다.

패션
시각
산업
기타

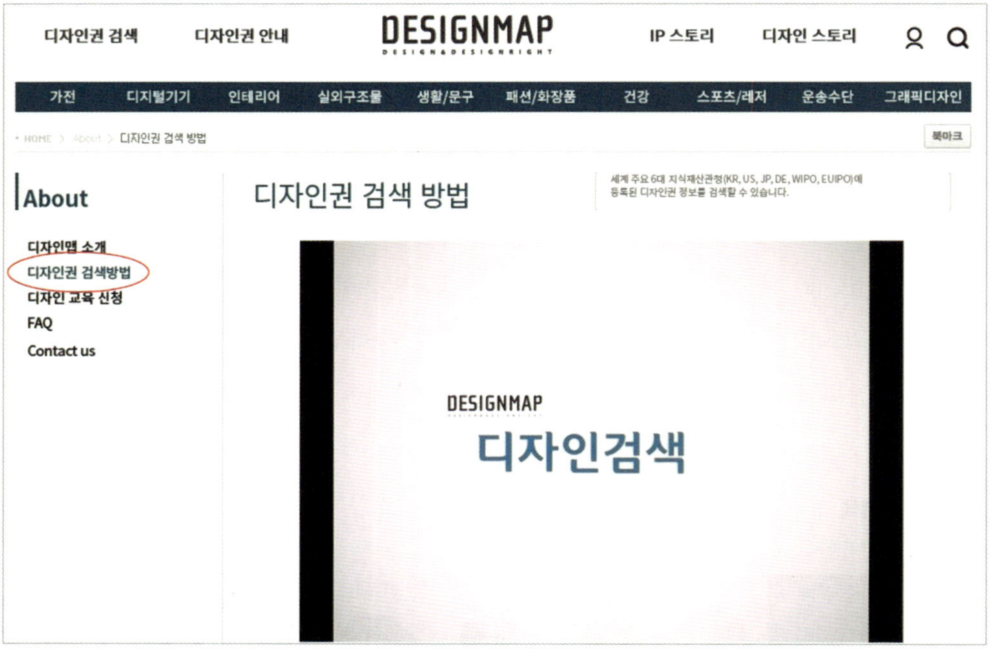
디자인권 검색
디자인권 안내
DESIGNMAP
IP 스토리
디자인 스토리
가전 디지털기기 인테리어 실외구조물 생활/문구 패션/화장품 건강 스포츠/레저 운송수단 그래픽디자인
디자인권 검색 방법
About
디자인권 검색 방법
세계 주요 6대 지식재산관청(KR, US, JP, DE, WIPO, EUIPO)에 등록된 디자인권 정보를 검색할 수 있습니다.
디자인맵 소개
디자인권 검색방법
디자인 교육 신청
FAQ
Contact us
DESIGNMAP
디자인검색

〈디자인맵〉

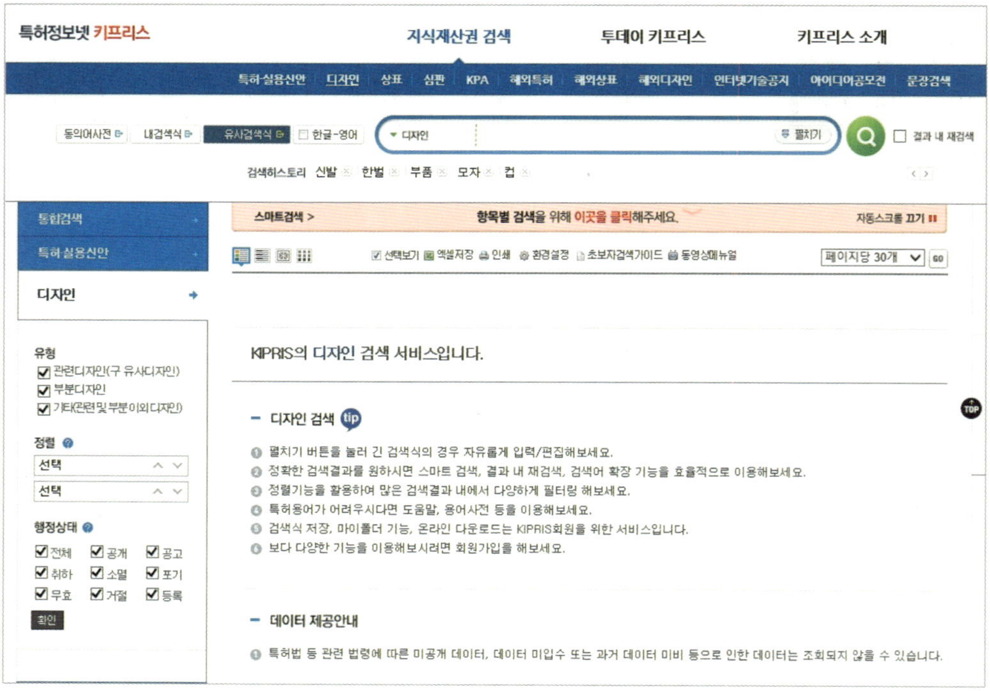
특허정보넷 키프리스
지식재산권 검색
투데이 키프리스
키프리스 소개
특허·실용신안 디자인 상표 심판 KPA 해외특허 해외상표 해외디자인 인터넷기술공지 아이디어공모전 문장검색
통합검색
특허·실용신안
디자인
KIPRIS의 디자인 검색 서비스입니다.
디자인 검색
펼치기 버튼을 눌러 긴 검색식의 경우 자유롭게 입력/편집해보세요.
정확한 검색결과를 원하시면 스마트 검색, 결과 내 재검색, 검색어 확장 기능을 효율적으로 이용해보세요.
정렬기능을 활용하여 많은 검색결과 내에서 다양하게 필터링 해보세요.
특허용어가 어려우시다면 도움말, 용어사전 등을 이용해보세요.
검색식 저장, 마이폴더 기능, 온라인 다운로드는 KIPRIS회원을 위한 서비스입니다.
보다 다양한 기능을 이용해보시려면 회원가입을 해보세요.
데이터 제공안내
특허법 등 관련 법령에 따른 미공개 데이터, 데이터 미입수 또는 과거 데이터 미비 등으로 인한 데이터는 조회되지 않을 수 있습니다.

〈특허정보넷 키프리스〉

검색은 어디에서 어떻게?

처음 이용이라면 디자인맵과 키프리스에서 각각 안내하는 이용방법을 참고할 것

- 디자인맵 홈페이지 하단 ➜ 디자인권 검색방법
- 특허정보넷 키프리스(www.kipris.or.kr)에서 검색 가이드 ➜ 초보자 검색가이드

1

패션디자인 분쟁사례

방한용 실내화

쟁점 디자인의 창작성 및 유사성 판단

사건개요

A와 B가 서로 유사한 방한용 실내화를 판매하는 것이 문제가 됨에 따라 A는 자신의 디자인이 B의 디자인과 동일 · 유사하지 않다는 주장과 동시에 B의 실내화 디자인 등록은 무효라는 주장을 한 사건

※ 이 사건은 각각 별개의 쟁송(소극적 권리범위확인심판과 등록무효심판)으로 다루어짐

A (캐이티무역 주식회사)	↔	B (주식회사 커밍)
 **확인대상디자인** (판례 이미지)		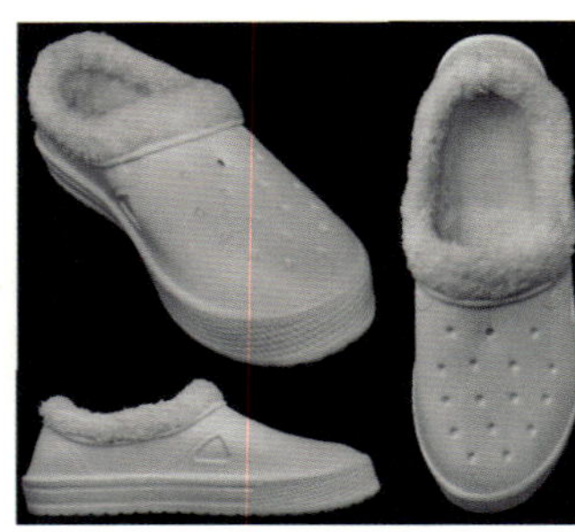 **등록디자인** (판례 이미지)

결과 A 승소 (B의 디자인 권리범위에 속하지 않음 / B의 디자인 등록무효)

법원의 판단

〈권리범위확인〉

선행디자인들은 B의 디자인등록출원 전에 이미 공지된 것이고, A의 디자인 일부 특징(구멍 뚫린 흰색 실내화의 형태)은 선행디자인들을 단순히 결합한 것에 불과함

A의 디자인 특징인 내피, 신발과 털을 구분하는 원형봉은 또 다른 선행디자인을 참작하여 창작할 동기가 인정되고, 공지된 디자인의 외관적 특징의 관련성 및 해당 디자인 분야의 일반적 경향 등에 비추어 볼 때 통상의 디자이너가 용이하게 선행디자

인들과의 결합에 이를 수 있음

따라서 A의 디자인은 '자유실시디자인'에 해당하여 B의 디자인 권리범위에 속하지 않음

〈등록무효〉

선행디자인들은 B의 디자인등록출원 전에 이미 공지된 것이고, B의 디자인 여러 특징은 선행디자인들에 포함되어 있음

이런 특징 중 일부는 선행디자인의 단순한 결합이자 해당 디자인 분야에서 통상의 지식을 가진 자라면 흔히 가할 수 있는 상업적 · 기능적 변형에 불과함

다른 특징(내피 및 신발과 털을 구분하는 원형봉)은 계절적 요인을 고려할 때 선행디자인을 참작하여 창작할 동기가 인정되고, 공지된 디자인의 외관적 특징과 관련성 및 해당 디자인 분야의 일반적 경향 등에 비추어 볼 때 통상의 디자이너가 선행디자인들과 결합하여 쉽게 창작할 수 있는 디자인이라고 보아야 함

따라서 B의 디자인은 등록요건에서 요구하는 창작성을 결여하여 등록무효에 해당함

시사점	'자유실시디자인'은 누구의 권리범위에도 포함되지 않는 것으로 자유로운 사용이 가능함

공지디자인 또는 이들의 결합에 따라 쉽게 실시할 수 있는 디자인은 '자유실시디자인'으로 누구의 권리범위에도 속하지 않는다는 점

공지디자인의 단순한 결합이나 해당 디자인 분야에서 흔한 창작수법, 표현방법으로 변경 및 조합하는 것과 같은 '용이창작디자인'은 디자인등록을 받을 수 없다는 점

판례번호	대법원 2019. 1. 17. 선고 2018후11643 판결 대법원 2019. 1. 17. 선고 2018후11636 판결

관련조문	디자인보호법 제33조 제1항

2

패션디자인 분쟁사례

패션잡화 상표

쟁점 상표의 유사성 판단

사건개요

B가 A의 등록서비스표가 자신의 선등록상표와 표장 및 지정서비스업이나 지정상품과 유사하다고 주장하며 A의 서비스표 지정서비스업 중 귀금속제 액세서리, 비귀금속제 액세서리, 가방, 의류, 풋웨어, 캡모자, 모자 소매업 부분에 대한 등록무효심판을 청구한 사건

A (빅토리아스 씨크릿 스토어즈 브랜드 매니지먼트 인코포레이티드) ↔	B
 등록서비스표 (판례 이미지)	 선등록상표 (판례 이미지)

결과 A 승소 (서비스표 등록유효)

법원의 판단

일반 수요자에게 상표에 관한 인상을 심어주거나 기억 및 연상하게 함으로 그 부분만으로 독립하여 상품의 출처표시기능을 수행하는 요부가 있는 경우, 그 부분을 가지고 상표의 유사 여부를 대비 및 판단하는 것이 필요하며, 상표의 구성 부분 중 식별력이 없거나 미약한 부분은 요부가 될 수 없음

결합상표는 둘 이상의 문자 또는 도형의 조합으로 이루어진 것으로 일부 구성 부분이 요부로 기능할 수 있는 식별력이 있는지를 판단할 때에는, ① 해당 부분을 포함하는 상표가 동일 · 유사한 상품에 관하여 다수 등록되어 있거나 출원 공고되어 있는지, ② 등록 또는 출원공고된 상표의 수나 출원인 또는 상표권자의 수, ③ 해당

구성 부분에 대한 본질적인 식별력 정도 및 지정상품과의 관계, ④ 공익상 특정인에게 독점시키는 것이 적당하지 않다고 보이는 사정의 유무 등을 종합적으로 고려하여 판단하여야 함

A의 서비스표와 B의 상표는 모두 '왼쪽을 바라보고 서 있는 개의 옆모습 형상'의 도형 부분을 포함하고 있는데, A의 서비스표 출원일인 2012. 9. 7. 이전에 이미 동일 · 유사한 서비스업에 있어 '왼쪽을 바라보고 서 있는 개의 옆모습 형상'과 유사한 형상의 도형을 포함하는 다수의 서비스표가 등록된 사정 등을 고려할 때, 해당 도형 부분의 식별력을 인정하기는 어려우며 이를 공익상 특정인에게 독점시키는 것도 적당하지 않음

따라서 개의 옆모습 형상 도형 부분은 독자적인 식별력을 발휘하는 요부로 볼 수 없어 A의 서비스표와 B의 상표는 서로 유사하다고 볼 수 없음

시사점	독립하여 상품의 출처표시기능을 수행하는 부분이 존재할 경우 상표의 유사성 여부 판단은 요부를 기준으로 함

두 상표의 유사 여부 판단 시 독립하여 상품의 출처표시기능을 수행하는 요부가 있으면, 식별력이 없는 부분은 제외하고 해당 부분(요부)을 기준으로 판단한다는 점

요부에 해당하는지 여부의 판단은 법원의 판단에 언급된 ①~④ 외에도 다양한 사정을 종합적으로 고려하여 판단한다는 점

판례번호	대법원 2018. 3. 29. 선고 2017후2697 판결

관련조문	상표법 제34조 제1항 제7호

3

패션디자인 분쟁사례

탁구용품 상표

쟁점 수요자를 기만할 염려가 있는 상표에 대한 판단

사건개요

탁구라켓, 스포츠용 가방 등에 선사용상표들을 사용하고 있던 B가 지정상품을 서류가방, 비귀금속제 지갑 등으로 한 A의 상표가 자신의 상표들과 출처의 오인·혼동을 불러일으켜 수요자를 기만할 염려가 있다며 등록무효심판을 청구한 사건

A ↔	B (가부시키가이샤 다마스)
등록상표 (판례 이미지)	선등록상표 (판례 이미지)

결과 A 승소 (상표 등록유효)

법원의 판단

어떤 상표가 수요자를 기만할 염려가 있는 상표에 해당하려면, ① 선사용상표나 사용상품이 국내 수요자에게 특정인의 상표나 상품이라고 인식될 수 있을 정도로는 알려져 있어야 하며, ② 선사용상표와 동일·유사한 상표가 사용상품과 동일·유사한 상품에 사용되고 있거나, ③ 선사용상표의 구체적인 사용실태나 비교되는 두 상표가 사용되는 상품 사이 경제적 견련 정도, 기타 일반적인 거래실정 등에 따라 선사용상표의 권리자에 의하여 사용되고 있다고 오인될 만한 특별한 사정이 있어야 함

B 상표들의 주된 사용상품인 탁구용품은 A 상표의 지정상품인 가방류나 지갑류와 경제적 견련관계가 미약하고, 스포츠용 가방과 관련하여 B의 상표들이 국내 수요자에게 그다지 알려져 있었다고 보기 어려우며, A 상표와 B 상표들의 유사성 또한 높다고 할 수 없음

A의 상표는 타원 안에 위치한 'MADAM BUTTERFLY', 'WEATHER FRIENDLY LEATHER'라는 영문자가 나비 형상을 둘러싸고 있는 모습으로 전체에서 도형 부분이 차지하는 비중이 문자 부분보다 훨씬 크지만, B의 상표들은 도형 부분인 외곽선 안에 'Butterfly'라는 영문자가 중앙에 크게 위치하거나 도형 부분이 'Butterfly'라는 문자 부분의 왼쪽에 상대적으로 작게 그려져 있어 선사용상표1, 선사용상표3에선 문자 부분이 더 큰 비중으로 강조되고, 선사용상표2는 아예 도형 없이 영문자로만 이루어져 있음

A의 상표는 나비 형상을 매우 사실적이고도 장식적으로 표현한 것인 반면에, B의 상표 중 선사용상표1, 선사용상표3은 나비 형상을 모티브로 하였다고 볼 수는 있으나 매우 단순하게 도안화되어 있다는 점에서 A와 B의 상표는 외관상의 차이점이 현저함

따라서 A의 상표가 탁구용품과 동일 · 유사한 상품에 사용되었다면 오인의 소지가 있을 수 있으나, 가방이나 지갑류에 사용될 경우에는 상품 오인의 소지가 없다는 점에서 A의 상표는 수요자를 기만할 염려가 있는 상표에 해당하지 않음

시사점 기만할 염려가 있는 상표 해당 여부 판단은 여러 사항을 종합적으로 고려하여 판단함

수요자를 기만할 염려가 있는 상표에 해당하는지 여부는 ① 선사용상표나 사용상품에 대한 수요자의 인식 정도, ② 동일 · 유사한 상표의 실제 사용 여부, ③ 선사용상표의 사용이라고 오인될 만한 사정에 따라 판단한다는 점

판례번호	대법원 2017. 1. 12. 선고 2014후1921 판결
관련조문	상표법 제34조 제1항 제12호

4

패션디자인 분쟁사례

운동화 로고

쟁점 상표의 유사성 판단과 식별력 판단 시점

사건개요

B는 자신이 사용하고 있는 표장이 A의 등록상표 권리범위에 속하지 않는다고 주장하며 권리범위확인 심판을 청구한 사건

A (뉴우바란스아스레틱슈우 인코포레이팃드) ⟷ B (유니스타 주식회사)

등록상표
(판례 이미지)

이해를 돕기 위한 실제 상표 이미지
(출처 : 뉴발란스 홈페이지)

확인대상표장
(판례 이미지)

결과 A 승소 (권리범위에 속함)

법원의 판단

상표의 유사성 판단은 수요자가 상표에 대하여 느끼는 직관적 인식을 기준으로 상품 출처의 오인·혼동을 일으키게 할 우려가 있는지에 따라 판단하여야 하고, 그 판단에선 자타상품을 구별할 수 있게 하는 식별력의 유무와 강약이 주요한 고려요소가 됨

상표의 식별력 판단은 상표의 유사 여부를 판단하는 기준시인 심결 시점이 기준으

로 등록상표의 전부 또는 일부 구성이 등록결정 당시에는 식별력이 없거나 미약하였더라도 권리범위확인심판 심결 시점에 이르러선 수요자 사이에 누구의 상품을 표시하는 것인지 현저하게 인식될 정도가 되어 중심적 식별력을 가지게 된 경우에는 이를 기초로 상표의 유사 여부를 판단함

A가 사용한 상표는 운동화에 관하여 적어도 2009년경부터는 수요자 사이에서 누구의 상품을 표시하는 것인지 현저하게 인식될 수 있을 정도가 되었고, 'N'부분이 다른 구성과 결합하더라도 운동화의 형상을 평범한 방법으로 표시한 것이라거나 'N' 부분의 식별력이 약하여지지 않는다는 점에서 A의 상표 구성 중 'N'부분은 수요자 사이에 상품 출처를 인식할 수 있게 하는 중심적 식별력을 가진 것임

B가 사용한 표장은 'N'을 보통의 서체로 약간 비스듬히 쓴 부분 하단에 보통의 서체로 작게 쓴 'UNISTAR'라는 문자 부분을 부가한 것에 불과하여 'N'부분이 훨씬 두드러져 보여, 운동화에 사용하고 있는 B의 상표 'N'부분 역시 수요자의 시선을 끄는 중요한 식별력을 가지는 부분임

따라서 A의 상표와 B의 표장이 운동화에 사용될 경우 각각 중심적 식별력을 가지는 'N'부분으로 불릴 수 있다는 점에서, A의 상표와 B의 표장은 호칭과 의미가 동일하여 일반 수요자가 운동화의 출처에 관하여 오인 · 혼동을 일으키게 할 우려가 있음

시사점 상표의 유사성 판단은 식별력을 가지는 부분을 대상으로 하고, 그 부분이 현저한 식별력을 가지는 시점을 기준으로 함

상표의 유사성 판단은 중심적 식별력을 가지는 부분을 비교 대상으로 하되, 그런 부분이 상표의 등록이 아닌 심결 시점에 현저한 식별력을 가지는 경우 그 시점을 기준으로 상표의 유사 여부를 판단한다는 점

판례번호	대법원 2014. 3. 20. 선고 2011후3698 전원합의체 판결
관련조문	상표법 제90조 제1항

5

패션디자인 분쟁사례

골프용 잡화 상표

쟁점 부정목적 사용의 상표에 대한 판단

사건개요

골프의류, 가방 및 액세서리 등에 상표를 사용하여 온 B가 자신의 상표와 동일한 문자 'LOUIS CASTEL'을 상표로 등록한 A를 상대로 등록무효심판을 청구한 사건

A	⟷	B
LOUIS CASTEL **등록상표** (판례 이미지)		LOUIS CASTEL **선사용상표** (판례 이미지) LOUIS CASTEL PARIS **이해를 돕기 위한 실제 상표 이미지** (출처 : 루이까스텔 홈페이지)

결과 A 패소 (상표 등록무효)

법원의 판단

상표 부등록 사유에 해당하려면, ① 출원 당시에 등록상표와 대비되는 선사용상표가 국내 또는 외국 수요자 사이에 특정인의 상표로 인식되어 있어야 하고, ② 등록상표의 출원인이 선사용상표와 동일·유사한 상표를 부정한 목적을 가지고 사용하여야 함

B의 상표가 사용된 골프의류, 가방 및 액세서리 등은 2007년 9월 출시되었으나, ① 그 전부터 B의 상표를 선전·광고하는 기사가 국내 패션잡지 또는 온라인 패션정보지에 실리고, 상품 출시 후에도 선전·광고 기사가 계속된 점, ② B의 상품은 2007년 9월부터 2008년 1월까지 방송 3사가 방영한 드라마나 시사교양프로그램

등에 소품으로 협찬 된 점, ③ 해당 상품의 출시 후부터 같은 해 12월까지 매출액은 약 63억 원으로 우리나라 골프의류 시장의 규모나 다른 골프의류 업체의 매출액을 고려하였을 때 상당한 정도에 이르는 금액인 점, ④ 2007년 말을 기준으로 해당 제품의 대리점 수가 20여 개에 이르고 대부분이 100㎡ 이상의 규모로 전국 주요 상권에 개설되었다는 점 등을 고려하면, B의 상표는 지정상품을 안경, 안경알, 콘택트렌즈 등으로 하는 A의 상표가 출원된 2008년 1월 무렵에는 이미 골프의류 등과 관련하여 국내 수요자 사이에 특정인의 표장으로 인식되었다고 할 수 있음

A와 B의 두 상표 모두는 영문자 'LOUIS CASTEL'로 동일하여 호칭이 동일하고, 글자체도 거의 동일한 표장에 해당함

아울러 ① A의 상표는 출원 당시 적어도 우리나라의 수요자 사이에서 의류, 액세서리 제품을 표시하는 것이라고 인식된 B의 상표와 표장이 동일한 점, ② A의 상표 지정상품인 시계류 중 손목시계는 B의 상표 사용상품인 의류, 액세서리와 경제적 견련관계가 있다는 점, ③ A의 출원상표가 타인의 저명한 상표를 다수 모방하여 출원하고 있다는 점 등에 비추어 보면, 선등록상표를 모방하여 그것이 가지는 양질의 이미지나 고객흡인력에 편승하여 부당한 이익을 얻거나 청구인에게 손해를 가하는 등의 부정한 목적을 가지고 있는 것으로 볼 수 있음

시사점 | **수요자에 대한 선사용상표 인식 여부는 상표의 사용기간, 방법, 태양 및 이용범위 등을 종합적으로 고려하여 판단함**

상표 부등록 사유에 해당하는 "국내 또는 외국의 수요자에게 특정인의 상품을 표시하는 것"이라고 인식된 상표와 동일

유사한 상표로 부당한 이익을 얻으려 하거나 특정인에게 손해를 입히려고 하는 등 부정한 목적으로 사용하는 상표의 판단 시, 선사용상표가 국내 또는 외국의 수요자 사이에 특정인의 상표로 인식되어 있는지는 상표의 사용기간, 방법, 태양 및 이용범위 등과 거래실정 또는 사회통념상 객관적으로 상당한 정도로 알려졌는지 등을 기준으로 판단한다는 점

판례번호	대법원 2014. 3. 13. 선고 2013후2859 판결
관련조문	상표법 제34조 제1항 제13호

6

패션디자인 분쟁사례

가죽공예품 상표

쟁점 문자 결합상표의 유사성 판단

사건개요

특허청이 A가 출원한 상표는 선등록상표와 동일 · 유사한 상표에 해당한다고 판단하여 등록거절하자, 이에 A가 거절결정불복심판을 청구한 사건

A (카밀레 포우르넷)	⟷	B (특허청장)
Camille Fournet 출원상표 (판례 이미지)		Camille Claudel 선등록상표 (판례 이미지)

결과 A 승소 (상표 등록인정)

법원의 판단

상표의 유사 여부는 판단 시 대비되는 상표 사이에 유사한 부분이 있더라도 그 부분만으로 분리되어 인식될 가능성이 희박하거나 전체적으로 관찰할 때 명확히 출처의 혼동을 피할 수 있는 경우에는 유사상표라고 할 수 없음

문자와 문자가 결합한 상표가 전체의 명칭이나 모양에 의하여 호칭 및 관념되지 않고 일부만으로 간략하게 호칭 및 관념되는 경우도 있으나, 각 구성 부분을 분리하는 것이 자연스럽지 못하거나 문자와 문자의 결합으로 독자적 의미가 형성되는 경우에는 이를 전체로 관찰하여 유사 여부를 판단하여야 함

A가 출원한 상표와 B의 상표가 각각 사용한 프랑스 태생 가죽세공기술의 장인 '까미유 포르넷(Camille Fournet)'의 성명과 프랑스의 여류 조각가 '까미유 끌로델(Camille Claudel)'의 성명은 ① 우리나라의 국제교류 정도 및 인터넷 사용의 보편화 등에 비추어 국내 수요자나 거래자는 이들 상표가 서양인의 이름과 성으로 구성된 것임을 쉽게 알 수 있을 것으로 보이는 점, ② 이들 상표의 지정상품인 핸드백

등에는 디자이너의 성명 전체로 된 상표의 사용이 일반화되는 추세로 일반 수요자나 거래자도 성과 이름이 포함된 상표 전체서 상품 출처를 인식하는 경향이 있는 점, ③ 이들 상표가 전체로 호칭하기에 불편할 정도로 음절 수가 많은 것은 아닌 점, ④ 이들 상표에서 특별히 'Camille' 부분만으로 호칭 및 관념될 가능성이 희박한 점, ⑤ A의 상표는 출원일 전후로 프랑스, 일본, 중국 등 외국에선 물론 국내에서도 항상 전체로 사용된 사실이 인정되는 점 등을 근거로 A의 상표와 B의 상표는 외관, 호칭, 관념이 상이하여 동일 · 유사한 상품에 함께 사용하더라도 일반 수요자나 거래자가 상품 출처에 관한 오인 · 혼동을 할 염려가 없어 동일 · 유사한 상표에 해당하지 않음

시사점 **상표의 유사성 판단 시, 문자로 이루어진 결합상표의 분리 판단 여부**

이름으로 이루어진 문자 결합상표의 일부가 유사하더라도 그 부분만으로 분리되어 불리거나 인식되는 것이 아니라면, 문자 전체를 관찰하여 출처의 혼동을 피할 수 있는지를 판단한다는 점

판례번호	대법원 2013. 5. 9. 선고 2013후327 판결
관련조문	상표법 제34조 제1항 제7호

7

패션디자인 분쟁사례

루이비똥 디자인

쟁점 디자인의 상표적 사용과 부정경쟁행위 여부 판단

사건개요

A가 특허청에 등록한 상표와 유사한 상표가 부착된 가방과 지갑 등을 B가 판매 및 판매를 목적으로 전시함에 따라 A의 상표권 침해와 부정경쟁방지법 위반이 문제 된 사건

A (루이비똥) ⟷	B
 **등록상표** (판례 이미지)  **이해를 돕기 위한 실제 상품 이미지** (출처 : 루이비똥 홈페이지)	 **사용표장** (판례 이미지)

결과 A 승소 (상표권 침해 인정, 부정경쟁방지법 위반 인정)

법원의 판단

상표의 유사 여부는 대비되는 상표를 외관, 호칭, 관념의 세 측면에서 객관적 · 전체적 · 이격적으로 관찰하고, 그 외관이 동일 · 유사하여 두 상표를 다 같이 동종상품에 사용하는 경우 일반 수요자로 하여금 상품의 출처에 관하여 오인 · 혼동을 일으킬 염려가 있다면 두 상표는 유사하다고 보아야 함

B의 상표를 구성하는 도형은 A의 상표를 구성하는 도형과 유사한 도형을 모티브로 하고, 도형의 전체적 구성, 배열 형태 및 표현 방법 등이 매우 유사하여, B의 상표는 일반 수요자가 오인 · 혼동할 수 있어 A의 상표와 유사함

디자인이 상표의 본질적인 기능이라고 할 수 있는 자타상품의 출처표시를 위하여 사용되는 경우에는 상표로 사용되는 것이라고 볼 수 있는데, A의 상표 고객흡인력 등에 편승하기 위한 의도로 사용된 B의 사용표장은 실제 거래사회에서 자타상품의 출처를 표시하기 위한 상표로 사용함

B가 사용표장의 문양에 대하여 디자인 등록을 받은 것은 디자인 보호를 위한 것이라기보다 해당 문양이 사용된 상품과 A의 상품을 일반 수요자의 혼동을 초래하여 이익을 얻을 목적으로 형식상 디자인권을 취득한 경우에 해당하여, 디자인 등록출원 자체가 부정경쟁행위를 목적으로 한 것임

B가 사용표장의 문양을 A의 상표 고객흡인력 등에 편승하려는 의도로 사용한 것으로 보이는 점, 사용표장을 구성하는 개별 도형에 대하여 각각 나누어 디자인 등록을 받았다는 점 등에서 고의성 및 위법성에 대한 인지를 인정할 수 있음

시사점 **디자인권은 디자인의 보호를 목적으로 할 때 인정되고, 디자인으로 등록된 도형이라도 타인의 상표권을 침해할 수 있음**

상표의 유사성 판단은 상표를 대하는 거래자나 일반 수요자가 상품 출처에 관하여 오인 · 혼동을 일으킬 우려가 있는지를 외관 · 호칭 · 관념 등에 의하여 거래자나 일반 수요자에게 주는 인상, 기억, 연상 등을 전체적으로 종합하여 판단한다는 점

디자인보호법의 보호 대상인 디자인이 상품의 출처표시 기능을 하는 경우에는 상표로 볼 수 있다는 점

디자인 등록의 목적이 디자인의 보호가 아닌 타 상품과의 혼동을 초래하여 얻을 이익이라면 형식상의 디자인권 취득으로 부정경쟁행위에 해당한다는 점

판례번호	대법원 2013. 3. 14. 선고 2010도15512 판결
관련조문	상표법 제108조 제1항 제1호, 부정경쟁방지법 제2조 (가)목, (다)목

8

패션디자인 분쟁사례

버버리 체크무늬

쟁점 디자인의 상표로서의 기능 판단

사건개요

B가 세계적으로 주지 · 저명성을 가지고 있는 A의 상표와 동일한 무늬의 셔츠를 수입 및 판매하자 A가 상표법 위반을 주장한 사건

A (버버리 리미티드) ⟷ **B**

A (버버리 리미티드)

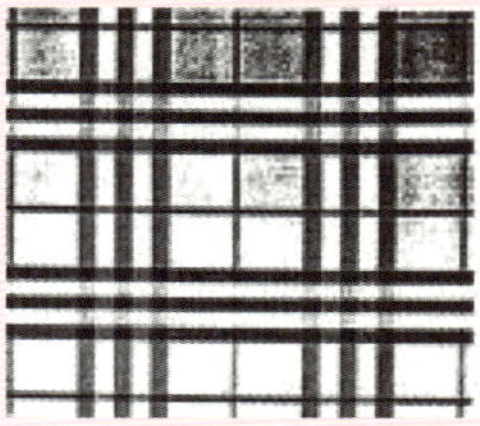

등록상표
(출처 : 특허정보넷)

이해를 돕기 위한 실제 제품 이미지
(출처 : 버버리 홈페이지)

B

이해를 돕기 위한 실제 제품 이미지
(출처 : 심비오즈 홈페이지)

결과 A 승소 (상표권 침해 인정)

법원의 판단

디자인이 될 수 있는 형상이나 모양이더라도 그것이 상표의 본질적 기능인 자타상품의 출처표시로 기능하는 경우에는 상표로 사용된 것으로 보아야 함

A의 상표는 격자무늬를 형성하는 선의 색상 및 개수 및 배열순서 등에 의하여 독특한 디자인적 특징을 가지고 있으며, 주로 의류 등에 있어 상품의 표면 또는 이면 상당 부분에 표시되는 형태로 사용되어 상품을 장식함과 동시에 출처도 함께 표시하는 기능을 수행하고 있음

B가 수입한 남방셔츠의 격자무늬는 A의 상표에 비하여 세로선의 폭이 가로선의 폭보다 약간 좁고 바탕색도 약간 옅지만, 격자무늬를 형성하는 선의 색상, 개수, 배열순서가 동일하여 전체적으로 A의 상표와 매우 유사하며 사용형태도 유사함

B가 A의 격자무늬 상표가 출처표시로 사용되고 있음을 알면서도 유사한 남방셔츠를 판매할 목적으로 수입한 점, 남방셔츠에 'SYMBIOSE'라는 별도의 상표가 표시되어 있으나 하나의 상품에 둘 이상의 상표가 표시될 수 있다는 점, 'SYMBIOSE' 표장의 표시 위치 및 크기 등을 고려할 때, B의 남방셔츠 격자무늬도 상품의 출처를 표시하기 위한 상표로 사용되었다고 보아야 함

시사점 상품의 디자인이 출처표시로 기능을 할 경우에는 상표에 해당함

디자인이더라도 단순히 장식용 목적으로만 사용된 것이 아니라 상품의 출처표시 기능을 하는 것이라면 상표로 사용되는 것으로 판단한다는 점

판례번호	대법원 2013. 2. 14. 선고 2011도13441 판결
관련조문	상표법 제2조 제1항 제11호

9

패션디자인 분쟁사례

강아지 형상

쟁점 디자인적으로 사용된 표장의 상표권 침해 여부 판단

사건개요

귀금속제 목걸이 등에 대하여 상표를 사용하는 A가 자신의 상표와 유사한 형상을 사용하여 목걸이용 펜던트를 판매하는 B를 상대로 상표권 침해를 주장한 사건

A (아가타 디퓨전) ⟷	B (주식회사 스와로브스키코리아)
 **등록상표** (판례 이미지)  **이해를 돕기 위한 실제 제품 이미지** (출처 : 아가타 홈페이지)	 **제품형상** (판례 이미지)

결과 A 패소 (상표권 침해 부정)

법원의 판단

타인의 등록상표와 동일 · 유사한 표장을 이용한 경우라도 출처표시를 위한 것이 아니라 순전히 디자인적으로만 사용되는 등 상표의 사용으로 인식될 수 없는 경우에는 등록상표의 상표권을 침해한 행위로 볼 수 없음

상표로 사용되고 있는지 판단하기 위하여 상품과의 관계, 당해 표장의 사용 태양, 등록상표의 주지 · 저명성, 사용자의 의도와 사용경위 등을 종합하여 실제 거래사회에서 표시된 표장이 상품의 식별표지로 사용되고 있는지 종합하여 판단함

A의 상표와 B의 제품 형상은 모두 강아지를 형상화한 도형으로 '강아지'로 관념되고 '강아지 표'로 불릴 수 있으나, 이미 동일 · 유사한 상품에 관하여 강아지를 주제로 한 다양한 모양의 도형상표가 다수 등록되어 있음

수많은 종류의 유사 또는 상이한 형상을 통칭하는 용어에 의하여 호칭 및 관념되는 도형상표의 경우에 외관의 유사와 관계없이 호칭 및 관념이 유사하다는 이유만으로 대비되는 양 상표가 전체적으로 유사한 상표라고 한다면, 상표의 유사 범위가 지나치게 확대되어 제3자의 상표선택 자유를 부당하게 제한하는 불합리한 결과를 가져오는 점 등에 비추어 볼 때, 통칭적인 호칭 및 관념이 유사하다는 점만으로 서로 유사하다고 단정할 수 없음

따라서 A의 상표와 B의 제품 형상은 전체적으로 상품 출처의 오인 · 혼동을 피할 수 있어 유사하지 않고, 목걸이용 펜던트의 특성 및 위 상품을 둘러싼 거래실정, A의 상표와 B의 상표 주지 · 저명의 정도, B의 의도와 회사 제품의 제조 · 판매 형태 및 경위 등을 종합하여 살펴보면, B의 제품 형상은 디자인으로만 사용된 것일 뿐 상품의 식별표지로 사용된 것이라고 볼 수 없음

시사점 **타인의 상표와 유사한 표장이 출처표시 기능이 아닌 디자인적 기능으로만 작용할 경우에는 상표권 침해에 해당하는 것으로 볼 수 없음**

타인의 등록상표와 동일 · 유사한 표장을 이용한 경우라도 출처표시를 위한 것이 아니라 순전히 디자인적으로만 사용되었다면 상표권 침해에 해당하지 않고, 해당 표장의 호칭과 관념이 유사하다는 것만으로도 유사성은 성립되지 않는다는 점

판례번호	대법원 2013. 1. 24. 선고 2011다18802 판결
관련조문	상표법 제10조 제1항

10

패션디자인 분쟁사례

위치상표

쟁점 위치상표의 인정 여부

사건개요

외국회사 A는 삼선 줄무늬를 운동화, 재킷, 팬츠, 셔츠에 부착하여 판매하며 해당 삼선 줄무늬가 그어진 운동화, 재킷, 팬츠, 셔츠에 대하여 상표출원을 하였으나, 4가지 중 셔츠에 대한 상표 등록이 거절되어 대법원에서까지 다루어진 사건

A (아디다스 악티엔게젤샤프트)

출원상표
(판례 이미지)

결과 A 승소 (상표 등록)

법원의 판단

기호 · 문자 · 도형 각각 또는 결합이 일정한 형상이나 모양을 이루고, 이런 일정한 형상이나 모양이 상품의 특정 위치에 부착되어 자타상품을 구별하는 표장도 상표의 한 가지로 인정될 수 있으며, 이런 표장을 '위치상표'라고 함

위치상표는 비록 일정한 형상이나 모양 등이 그 자체로는 식별력을 갖지 않더라도 지정상품의 특정 위치에 부착되어 사용하여 상품에 대한 거래자 및 수요자 대다수에게 특정인의 상품을 표시하는 것으로 인식되기에 이르렀다면, 사용에 의한 식별력을 취득한 것으로 인정받아 상표로 등록될 수 있음

위치상표에선 지정상품에 일정한 형상이나 모양 등이 부착되는 특정 위치를 설명하기 위하여 지정상품의 형상을 표시하는 부분을 필요로 하게 되는데, 이때 표장의 전체적인 구성, 각 부분에 사용된 선의 종류, 지정상품의 종류 및 특성 등에 비추어 출원인의 의사가 지정상품의 형상을 표시하는 부분에 대하여 설명의 의미를 부여한 것뿐임을 쉽사리 알 수 있는 한 이 부분은 위치상표의 표장 자체의 외형을 이루는 도형이 아니라고 파악하여야 함

A의 출원상표는 세 개의 굵은 선이 지정상품(셔츠)의 옆구리에서 허리까지의 위치에 부착되는 것에 의하여 자타상품을 식별하게 되는 위치상표며, 지정상품의 형상을 표시한 것은 세 개의 굵은 선이 부착되는 위치를 나타내기 위한 설명의 의미일 뿐 해당 출원상표의 표장 자체의 외형을 이루는 도형이 되는 것은 아님

시사점 **특정 위치에 부착된 디자인(기호 · 문자 · 도형 각각 또는 결합)이 사용에 의한 식별력을 갖추었다면 위치상표로 등록될 수 있음**

일정한 형상이나 모양을 이루는 기호 · 문자 · 도형 각각 또는 결합이 상품의 특정 위치에 부착되는 것에 의하여 자타상품을 식별하게 되면 위치상표로 인정 가능하다는 점

기존에는 위치상표를 출원할 경우 일정한 형상이나 모양 등이 부착되는 상품 자체의 외형을 출원상표로 파악하여 등록이 거절되었던 것과 달리, 본 판결을 통하여 위치상표 역시 등록가능한 상표로 인정되었다는 점

판례번호	대법원 2012. 12. 20. 선고 2010후2339 전원합의체 판결
관련조문	상표법 제2조 제1항 제1호

11

패션디자인 분쟁사례

골프화 상표

쟁점 사후 식별력 취득에 따른 상표권 효력의 범위 판단

사건개요

B가 골프화에 사용하는 표장 'SUPERIOR'는 등록상표 A의 상표 권리범위에 속하지 않는다는 이유로 소극적 권리범위확인심판을 청구한 사건

A (주식회사 슈페리어) ⟷	B
SGF SUPERIOR **등록상표** (판례 이미지)	SUPERIOR **확인대상표장** (판례 이미지)

결과 A 승소 (권리범위에 속함)

법원의 판단

상표 구성 중 식별력이 없거나 미약한 부분과 동일한 표장이 거래사회에서 오랜 기간 사용된 결과 상표등록 또는 지정상품 추가등록 전부터 수요자 간에 누구의 업무에 관련된 상품을 표시하는 것인가 현저하게 인식된 경우, 그 부분은 사용된 상품에 관하여 식별력 있는 요부로 상표 유사 여부를 판단할 수 있음

A는 골프화가 등록상표의 지정상품으로 추가 등록될 때까지 오랜 기간 'SUPERIOR'라는 영문자로만 구성된 상표, 월계관 도형과 'SUPERIOR' 문자가 결합한 상표 및 등록상표를 각종 골프 관련 상품의 상표로 사용하였음

상표들은 모두 동일성이 인정되는 'SUPERIOR' 문자 부분을 포함하고 있으며, 'SUPERIOR'라는 문자 부분에 의하여 불려 'SUPERIOR' 문자가 사용에 의한 식별력을 취득하는 데 도움이 되었을 것으로 보임

따라서 'SUPERIOR' 문자 부분은 이미 골프화에 관하여 국내 수요자나 거래자에게 누구의 업무에 관련된 상품을 표시하는 것으로 현저하게 인식되어서 독립하여 자타상품 식별기능을 하는 부분이 될 수 있다는 점에서 골프화와 동일 · 유사한 상품에 'SUPERIOR' 문자와 동일 · 유사한 표장을 사용하는 것은 A의 상표 권리범위에 속함

시사점 사용에 의한 식별력을 취득한 표장은 상표의 중요한 부분으로 인정될 수 있음

상표가 등록되어도 상표권의 효력을 주장할 수 없는 상표는 누구나 자유롭게 사용할 수 있지만, 사용에 의한 식별력을 취득하는 경우에는 달리보아 상표의 유사 여부 판단 시 식별력을 가지는 중요한 부분으로 판단한다는 점

판례번호	대법원 2012. 11. 29. 선고 2011후774 판결
관련조문	상표법 제90조 제1항 제2호

12

패션디자인 분쟁사례

남성의류 상표

쟁점 상표의 유사성 판단 시 문자 결합상표의 요부

사건개요

잠바, 신사복 등을 지정상품으로 하는 선등록상표의 상표권자인 A가 자신의 상표와 유사한 상표를 유사한 상품에 사용하는 B의 상표는 상품출처에 오인 · 혼동을 일으키게 할 염려가 있다며 B의 상표에 대한 무효심판을 청구한 사건

A (주식회사 한섬) ⟷	B
MINE 선등록상표 (판례 이미지)	MINE M HOMME 마인엠옴므 등록상표 (판례 이미지)

결과 A 승소 (상표 등록무효)

법원의 판단

둘 이상의 문자 조합으로 이루어진 결합상표는 상표를 구성하는 전체 문자에 의하여 생기는 외관 · 호칭 · 관념을 기준으로 하여 상표의 유사 여부를 판단하는 것이 원칙이나, 문자의 결합관계 등에 따라 독립하여 자타상품을 식별할 수 있는 구성 부분만으로도 거래될 수 있는 경우에는 요부를 분리 및 추출하여 그 부분에 의하여 생기는 호칭 또는 관념을 기준으로 상표 유사 여부를 판단함

B의 상표는 상단에 영문자 'MINE'과 'HOMME'가 영문자 'M'을 도안화한 표장을 중심으로 좌우로 외관상 명확하게 구분하여 표기되어 있고 하단에 상단 영문자의 한글발음인 '마인엠옴므'가 표기된 형태로 구성되어 있는데, 'MINE'과 '마인'이 의류상품에 관하여 사용되는 경우 일반 수요자나 거래자는 영어 단어가 의미하는 소유관계의 표시로 인식하는 것이 아니라 임의적인 것으로 인식할 것으로 'MINE'이나 '마인'은 이 사건 등록상표의 지정상품과의 관계에서 충분한 식별력을 가짐

반면 'HOMME'와 '옴므'는 남성이라는 등의 뜻을 가진 프랑스어 단어 및 한글발음으로 의류상품과 관련하여 '남성용'을 의미하는 용어로 일반적으로 사용되는 단어고, 표장에 사용된 도형이나 '엠'은 간단하고 흔한 영문 알파벳 한 글자 또는 한글발음으로 식별력이 없거나 미약한 부분에 해당함

따라서 두 등록상표에서 독립하여 자타상품을 식별할 수 있는 구성 부분은 'MINE' 및 '마인' 부분으로 각각의 상표는 'MINE' 또는 '마인'만으로 간략하게 호칭 및 관념될 수 있고, 이 경우 선등록상표인 'MINE'과 호칭 및 관념이 동일하여 A와 B의 상표를 동일 · 유사한 상품에 사용하는 경우 일반 수요자나 거래자가 상품 출처에 오인 · 혼동을 할 염려가 있다는 점에서 두 상표는 서로 유사함

시사점 **상표의 유사성 판단 시 문자로 이루어진 결합상표의 분리 판단 여부**

문자 결합상표의 유사성 판단 시 결합관계 등에 따라 독립하여 자타상품을 식별할 수 있는 구성 부분이 있는 경우, 해당 부분을 기준으로 유사성을 판단한다는 점

판례번호	대법원 2012. 7. 26. 선고 2012후702 판결
관련조문	상표법 제34조 제1항 제7호

13

패션디자인 분쟁사례

작업복

쟁점 디자인의 유사성 판단

사건개요

B는 작업복(유니폼) 상의를 제품으로 하는 등록디자인의 권리자로 A의 제품디자인이 자신의 디자인과 유사하다고 주장하며 권리범위확인심판을 청구한 사안에서 두 디자인의 공지된 부분 혹은 중요한 부분의 중심에서 느껴지는 심미감에 따라 판단이 달라지는 사건

A (주식회사 삼성라코스) ⟷	B (주식회사 새울흥업)
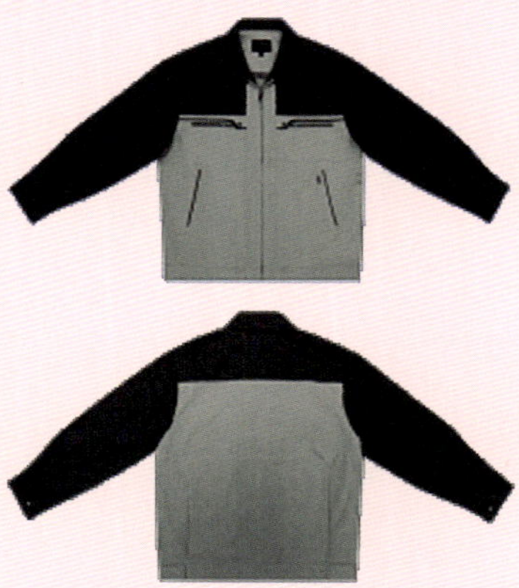 **등록디자인** (판례 이미지)	 **확인대상디자인** (판례 이미지)

결과 A 승소 (권리범위에 속하지 않음)

법원의 판단

대비되는 디자인이 서로 공지 부분에서 동일 · 유사하다고 하더라도 등록디자인에서 공지 부분을 제외한 나머지 특징적인 부분과 이에 대비되는 디자인의 해당 부분이 서로 유사하지 않다면 대비되는 디자인은 등록디자인의 권리범위에 속한다고 할 수 없음

양 디자인에 대한 정면도와 배면도를 대비하여 볼 때, 양 디자인은 일정 부분(앞뒷면의 몸체상부와 팔 부분은 짙은 색, 몸체하부는 밝은색으로 배치한 점, 지퍼의 좌우 양편 옷섶 부분에 넓고 긴 밝은색 천을 옷깃부터 허리 단까지 댄 점, 가슴부의 가로 덮개 하단과 좌우 옆 주머니의 단부가 짙은 색의 천으로 마감 처리된 점 등)에서 유사하나, 이와 같은 유사점은 이미 만들어진 다른 디자인에도 그대로 나타나 있는 것으로 중요도를 낮게 평가하여야 함

B의 디자인 중 가슴부위 절개선 등의 형상과 모양은 작업복 앞면에서 흔히 볼 수 있는 형상이 아니고 수요자에게도 잘 보여 보는 사람의 주의를 가장 끌기 쉬운 부분일 뿐만 아니라, 디자인에 대한 설명에서 "본 물품은 도면 대용 정면도 및 참고도에서 표현된 바와 같이 어깨 및 가슴부위에 절개로 모양을 나타내었으며, 지퍼를 사용하여 중요한 것을 보관할 수 있도록 한 것을 특징으로 하는 것임"이라고 기재되어 있어 해당 디자인의 중요 부분에 해당함

그러나 A의 디자인 중 가슴부위 절개선 등의 형상과 모양은 B의 디자인과 달라 디자인의 중요한 부분에서 현저한 차이가 있고, 이는 양 디자인의 전체적인 심미감에 큰 차이를 가져옴

따라서 양 디자인은 중요한 부분을 중심으로 대비 관찰하였을 때, 보는 사람이 상이한 심미감을 느껴 A의 디자인은 B의 디자인과 동일 · 유사하지 않음

시사점 **두 디자인의 유사 여부 판단 시, 공지된 부분은 제외하고 출원서에 기재된 범위가 해당 디자인의 중요한 부분으로 고려될 수 있음**

이미 알려진 형상과 모양을 포함한 디자인이 등록되었더라도 공지된 부분까지 독점적이고 배타적인 권리를 인정할 수는 없다는 점

이런 부분을 제외한 나머지 특징적인 부분에 있어 양 디자인이 서로 동일 · 유사하지 않다면, 양 디자인은 동일 · 유사한 것으로 볼 수 없다는 점

디자인등록출원 시 출원서에 기재된 내용이 해당 디자인의 특징적인 부분으로 고려된다는 점

판례번호	대법원 2012. 4. 13. 선고 2011후3469 판결
관련조문	디자인보호법 제33조 제1항 제3호

14

패션디자인 분쟁사례

패션잡화 상표

쟁점 디자인의 상표적 사용 및 등록상표와 실사용상표의 동일성 판단

사건개요

A가 판매하는 상품에 사용된 실사용표장들이 등록상표와는 다르다는 점에서 B가 상표의 미실시를 주장하며 상표 등록취소심판을 청구한 사건

A (빅토리아스 씨크릿 스토어즈 브랜드 매니지먼트 인코포레이티드)

등록상표
(판례 이미지)

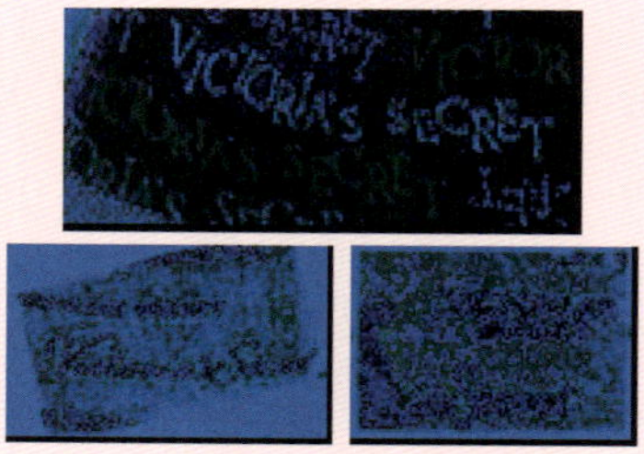

실사용상표
(판례 이미지)

이해를 돕기 위한 실제 제품 이미지
(출처 : 빅토리아 씨크릿 홈페이지)

결과 A 승소 (상표 등록유효)

법원의 판단

디자인이 될 수 있는 형상이나 모양이 자타상품의 출처표시를 위하여 사용되는 것으로 볼 수 있는 경우에는 상표로의 사용이라고 보아야 하며, 상표로 사용되고 있는지는 상품과의 관계, 당해 표장의 사용형태, 사용자의 의도와 사용 경위 등을 종합하여 판단함

A의 실사용표장들은 등록상표의 지정상품인 속셔츠, 콤비네이션 내의 등의 표면 전체에 걸쳐 반복적이고 상당한 크기의 문자('VICTORIA'S SECRET', 'Victoria's Secret', 'victoria's secret')로 표시되어 장식적 기능 외에도 내부 라벨 확인 없이 해당 상품의 출처를 쉽게 식별할 수 있음

A도 그런 의도로 실사용표장들을 의류의 표면에 표기한 것으로 보이며, 지정상품과의 관계, 실사용표장들이 사용된 위치와 크기 등에 비추어 볼 때 상품의 출처표시를 위하여 상표로 사용된 것으로 보아야 함

상표법에 따라 상표권자 · 전용사용권자 또는 통상사용권자가 정당한 이유 없이 등록상표를 그 지정상품에 3년 이상 국내에서 사용하지 않은 경우에는 심판에 의하여 상표 등록이 취소될 수 있고, 등록상표 그 자체뿐만 아니라 유사상표를 제외한 거래사회통념상 등록상표와 동일하게 볼 수 있는 형태의 상표 또한 포함함

A의 실사용표장들은 동일한 패턴으로 반복되어 있고 직물지의 특성까지 고려하여 볼 때, 'VICTORIA'S SECRET'이라는 영문자가 상하 2단의 유사한 크기로 서로 엇갈려 색채를 달리하는 등으로 이루어져 있거나, 'Victoria's Secret'과 'VICTORIA'S SECRET'이라는 영문자가 상하 2단으로 크기와 색채를 달리하는 등으로 이루어져 있음

따라서 A의 상표와 실사용표장들은 글자체, 영어 대소문자 및 색채 등에서 다소 차이가 있으나, 'VICTORIA'S SECRET'으로 된 영문자가 상하 2단으로 구성된 점에서 동일하여 실사용표장들과 등록상표가 거래통념상의 동일성을 상실한 것이라 볼 수 없음

시사점 **실사용상표가 출처표시로 사용되고 형태 등에 있어 등록상표와의 동일성을 유지하는 경우, 실사용상표의 사용은 등록상표의 사용과 같음**

실사용상표로 사용된 형상이나 모양 등이 자타상품의 출처표시를 위하여 사용되는 것으로 볼 수 있는 경우에 그 사용은 상표로의 사용이라 볼 수 있다는 점

등록상표와 동일하지 않더라도 사회통념상 등록상표와 동일한 것으로 볼 수 있는 정도의 실사용상표를 사용하는 것은 등록상표의 사용과 같다는 점

판례번호	대법원 2012. 1. 27. 선고 2011후3025 판결
관련조문	상표법 제119조 제1항 제3호

15

패션디자인 분쟁사례

악어 도형

쟁점 출처의 오인·혼동을 일으키는 상표에 대한 판단

사건개요

A의 상표와 B가 사용하는 실사용상표 사이에서 출처의 오인·혼동이 생길 우려가 있다며 A가 B의 상표에 대한 상표 등록취소심판을 청구한 사건

A (라꼬스떼) ⟷	B (크로코다일 인터내셔날 프라이비트 리미티드)
 **등록상표** (판례 이미지)	 **등록상표** (판례 이미지)
LACOSTE  **이해를 돕기 위한 실제 상표 이미지** (출처 : 라꼬스떼 홈페이지)	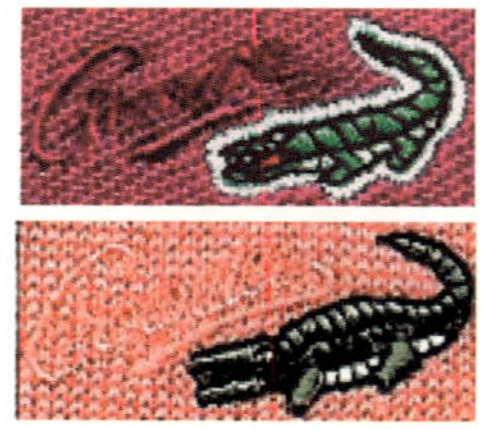 **실사용상표** (판례 이미지)

결과 A 승소 (상표 등록취소)

법원의 판단

상표 등록취소 사유의 하나로서 실사용상표와 혼동의 대상이 되는 타인의 상표 사이의 혼동 유무를 판단하는 것은 당해 실사용상표의 사용으로 타인 상표 상품과의 사이에 출처의 오인·혼동이 될 우려가 객관적으로 존재하는지 여부가 궁극적 기준임

B의 상표에 대한 통상사용권자가 사용하는 실사용상표는 악어 도형 부분은 옷감의 색상과 다른 연두색, 초록색 등으로, 문자 부분은 옷감의 색상과 동일·유사한 색으로 자수가 되어 있는 등 색채에서 등록상표인 B의 상표와 차이가 있어, 통상사용권자가 사용하는 실사용상표는 B의 상표와는 달리 전체적으로 악어 도형 부분만을 선명하게 보이도록 한 점 등을 고려할 때, 통상사용권자의 실사용상표는 B의 상표와 유사한 상표임

B의 상표에 대한 통상사용권자가 사용한 실사용상표와 A의 상표는 외관에서 차이가 있으나, ① 호칭 및 관념이 동일한 점, ② 사용된 상품과 부착 위치가 티셔츠의 왼쪽 가슴으로 동일한 점, ③ A의 상표는 통상사용권자가 실사용상표를 사용할 당시 적어도 국내의 일반 수요자에게 특정인의 상표라고 인식될 정도로 알려져 있었던 점, ④ 실제 거래사회에서 일부 수요자가 두 상표를 혼동하고 있는 점 등을 종합하면, 해당 실사용상표의 사용은 수요자가 상품 출처를 혼동할 우려가 객관적으로 존재함

상표법에 따르면 상표권자가 상당한 주의를 한 경우 상표 등록취소 사유에서 제외할 수 있도록 규정하고 있는데, 상당한 주의를 하였다고 하기 위하여선 사용실태를 정기적으로 감독하는 등의 방법으로 상표 사용에 관하여 전용사용권자·통상사용권자를 실질적으로 지배하에 두고 있다고 평가할 수 있는 정도가 되어야 함

따라서 B가 통상사용권자에게 브랜드 매뉴얼을 교부하고 준수 여부를 검사하여 시정을 요청하였다는 사정만으로는 상표 사용에 관하여 그들을 실질적으로 지배하에 두고 감독하였다고 보기 어려움

아울러 B가 별도로 등록한 도형상표(B의 상표에서 문자 부분이 빠져 있는 악어 모양)에 대한 통상사용권자라는 사실 역시 A와 B의 상표 사이에 출처 혼동이 없다고 보거나, B의 사용감독의무 이행 여부를 판단하는 데 고려요소가 되지 않아 B의 상표는 상표 등록취소 사유에 해당함

시사점 **상품의 오인·혼동 유무는 문제 발생 가능성의 객관적인 판단에 따르며, 상표 사용에 대한 상표권자의 실질적 지배가 이루어졌을 때 상표 등록취소 사유에서 제외됨**

타인의 업무와 관련된 상품과의 혼동 유무를 판단하는 것은 당해 실사용상표의 사용으로 출처의 오인·혼동이 될 우려가 객관적으로 존재하는지 여부가 기준이 된다는 점

상표권자가 상당한 주의를 한 경우는 상표의 사용에 있어 전용사용권자·통상사용권자를 실질적으로 지배하에 두고 있는 수준에 한하여 인정된다는 점

판례번호	대법원 2011. 5. 26. 선고 2010후3462 판결
관련조문	상표법 제119조 제1항 제2호

16

패션디자인 분쟁사례

직물지 무늬

쟁점 디자인의 유사성 판단

사건개요

A의 등록디자인은 좌우로 길쭉한 쐐기 무늬가 반복적으로 형성되어 있는 표면과 아무런 무늬가 없는 이면으로 구성되었고, B의 확인대상디자인은 좌우로 길쭉한 쐐기 무늬가 반복적으로 형성되어 있는 표면 및 이면으로 구성되었는데, A가 B의 디자인이 자신이 등록한 디자인의 권리범위에 속한다고 판단하여 주장하며 권리범위확인 심판을 청구한 사건

A	↔	B
 등록디자인 (판례 이미지)		 확인대상디자인 (판례 이미지)

결과 A 패소 (권리범위에 속하지 않음)

법원의 판단

디자인의 유사 여부는 그 외관을 전체적으로 대비 관찰하여 보는 사람으로 하여금 상이한 심미감을 느끼게 하는지의 여부에 따라 판단하여야 하고, 이 경우 그 디자인이 표현된 물품의 사용시뿐만 아니라 거래시의 외관에 의한 심미감도 함께 고려하여야 함

두 디자인의 경우 한쪽의 표면 모양에 있어 서로 유사한 면이 있으나, 이면에 있어 A의 디자인은 아무런 무늬가 없는 반면, B의 디자인은 표면과 거의 동일한 무늬로 구성되어 있다는 점에서 차이가 있음

양 디자인의 대상이 되는 물품은 직물지로서 스카프 등에도 사용될 수 있고, 벽지 등과는 달리 이면의 모양도 보는 사람의 주의를 끌어 수요자는 거래 시에 물품의 사용뿐만 아니라 이면의 심미감을 함께 고려하여 구매 여부를 결정할 것임

따라서 표면의 모양만이 (A의 디자인에 대한) 권리범위를 판단하는 중요한 요소라고 보기 어려움

일반 수요자의 관점에서 양 디자인을 이면까지 포함하여 전체적으로 대비 및 관찰하여 본다면, 양 디자인은 이면 무늬 유무의 현저한 차이로 인하여 전체적인 심미감이 서로 달라 유사하다고 볼 수 없음

시사점 **디자인의 유사 판단은 외관 전체의 심미감을 대비 관찰하되 물품의 '이면'과 '거래 시' 외관도 함께 고려될 수 있음**

디자인의 유사 여부는 디자인을 구성하는 각 요소를 분리하여 개별적으로 대비할 것이 아니라 외관을 전체적으로 대비 및 관찰하여 보는 사람이 상이한 심미감을 느끼게 하는지 여부에 따라 판단한다는 점

표면의 심미감이 중요한 벽지, 타일, 마스크, 타이어 등과 같은 물품이 있지만, 스카프, 가방, 휴대폰케이스 등과 같이 이면의 심미감도 중요한 물품이 있어, 디자인의 전체적인 대비는 물품의 특성에 따라 표면뿐만 아니라 이면도 함께 고려된다는 점

디자인이 표현된 물품의 '사용 시'뿐만 아니라 '거래 시' 외관에 대한 심미감도 함께 고려하고 있다는 점

판례번호	대법원 2010. 5. 13. 선고 2010후265 판결
관련조문	디자인보호법 제33조 제1항

2 시각디자인에서는 어떤 분쟁이 발생할까?

시각디자인

시각디자인은 디자인산업분류 8개 대분류 중 하나로 편집디자인, 식 · 의약품 패키지디자인, 비식 · 의약품 패키지디자인, 광고디자인(인쇄매체), 기타 시각디자인 등으로 중분류 되는데,[5] 시각디자인은 시각언어로 메시지를 작성 및 전달하여 수용자의 태도나 행동에 영향을 끼치는 영역의 디자인이다. 시각디자인은 문화적 가치창조를 통하여 보다 윤택한 인간 생활에 기여하고자 하는 학문이라고 할 수 있다.

연구 분야로는 광고디자인, 포장디자인, 출판디자인, 타이포그래피, 컴퓨터그래픽, 애니메이션, CIP, 웹디자인 일러스트레이션, 캐릭터디자인, 영상디자인, 사진디자인 등이 있으며, 관련 학과로는 시각디자인과, 시각정보디자인학과, 시각디자인문화 상품전공, 디지털시각 디자인과 등이 있다.[6]

※ 본서에선 타이포그래피와 캐릭터디자인을 포괄하여 시각디자인 분야에 포함

시각디자인 관련해서는 어떤 분쟁이 있었을까?

디자인보호법상의 디자인은 물품성을 요건으로 하고 있어 광고, 포스터, 캐릭터 등의 시각디자인이 관여하는 분야에서 발생하는 분쟁은 저작권법, 상표법, 부정경쟁방지법에서 다루어지는 경우도 많다. 예를 들어, 시각디자인이 상표의 구성부분이자 상표의 역할을 하는 경우에는 디자인보호법이 아닌 상표법에서 시각디자인에 대한 여러 가

5) 한국디자인진흥원, 2019 산업디자인 통계조사 총괄보고서, p.4.
6) 한국교육개발원, 2019년 학과(전공)분류 자료집, p.43.

지 판단을 하게 되는 것이다.

디자인의 보호는 다양한 분야에서 이루어질 수 있어요

앞서 언급한 바와 같이 시각디자인의 경우 상표의 역할을 하는 경우가 있어, 디자인이더라도 법적인 보호나 분쟁은 상표법과 관련될 수 있다. 우선, A는 출원상표가 이미 등록되어 있는 타인의 상표 및 상표가 사용되는 상품 등과 유사하다는 이유로 등록이 거절되자, 이에 대하여 A가 불복을 제기한 사례를 살펴보자.

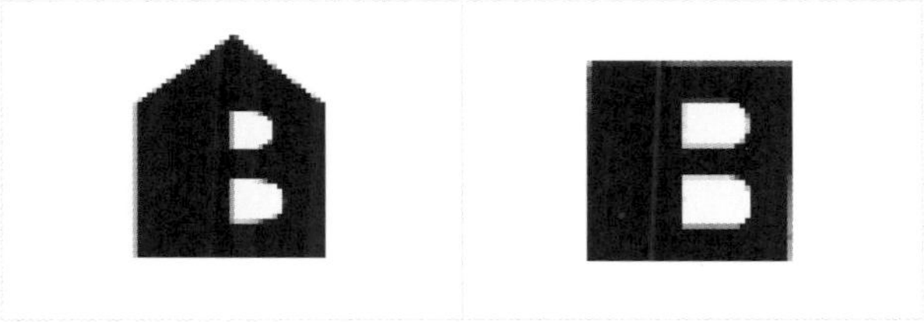

| 그림 6 | A의 출원상표(좌)와 선등록상표(우)

일반적으로 상표의 유사성 판단은 대비되는 상표의 외관, 호칭, 관념을 객관적 · 전체적 · 이격적으로 관찰하고, 상품 출처에 관하여 오인 · 혼동을 일으킬 우려가 있는지 관점에서 판단하는데, 이 경우는 어떻게 보아야 할까. 대법원은 A의 출원상표와 선등록상표 사이에 일부의 차이는 인정되지만, 이 차이는 분리하여 관찰하였을 때 쉽게 파악하기 어려운 정도에 불과하고, 결국 외관이 주는 지배적인 인상은 유사하여 동일 · 유사한 상품에 같이 사용하는 경우 일반 수요자에게 출처에 관하여 오인 · 혼동을 일으킬 염려가 있는 유사상표에 해당한다고 판단하였다.

나의 디자인을 증명하는 방법에는 무엇이 있을까?

디자인 보호를 위한 저작권등록과 디자인 공지증명!

(1) 저작권 등록

저작권법상 저작물은 등록을 요건으로 하지 않아 저작권 등록을 하지 않더라도 창작할 때부터 나의 저작물이 된다. 그렇다면 왜 저작권등록을 하는 것일까. 무엇보다도 저작권 분쟁이 발생하였을 때 나의 저작물이라는 사실을 가장 쉽고 명확하게 증명할 수 있는데, 아래 그림과 함께 저작권 등록방법을 참고하자.

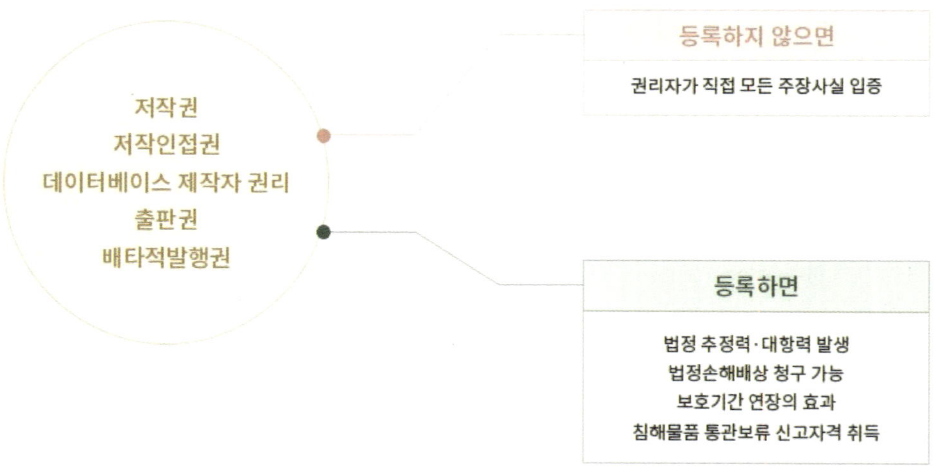

〈한국저작권위원회, 저작권 등록안내〉

〈저작권등록 시스템〉

따라서 나의 디자인을 저작물로 주장하고 안전하게 보호받고자 한다면, 한국저작권위원회에서 운영하는 저작권등록 시스템을[7] 이용하여 등록해볼 것을 권장한다.

(2) 디자인공지증명

저작권법상의 저작물과 달리 디자인보호법상의 디자인은 등록하여야만 자신의 디자인권을 주장할 수 있다. 그러나 디자인 출원되지 않은 디자인이라 하더라도 수많은 디자인이 포트폴리오나 전시회, 블로그, 카탈로그 등을 통하여 공개되는 경우가 많은데, 그런 사실을 명확하게 입증할 수 없다면, 이후 타인에 의하여 출원된 모방 또는 유사 디자인이 등록되는 억울한 일이 발생할 수 있어 디자인공지증명을 통하여 공지 사실을 남겨두는 것도 바람직하다.

※ 한국디자인진흥원에서 운영하는 「디자인권리보호」의[8] 공지증명 가이드를 먼저 참고하자

7) 한국저작권위원회 저작권등록 시스템(https://www.cros.or.kr)
8) 한국디자인진흥원 「디자인권리보호」 공지증명 가이드(https://drights.kidp.or.kr)

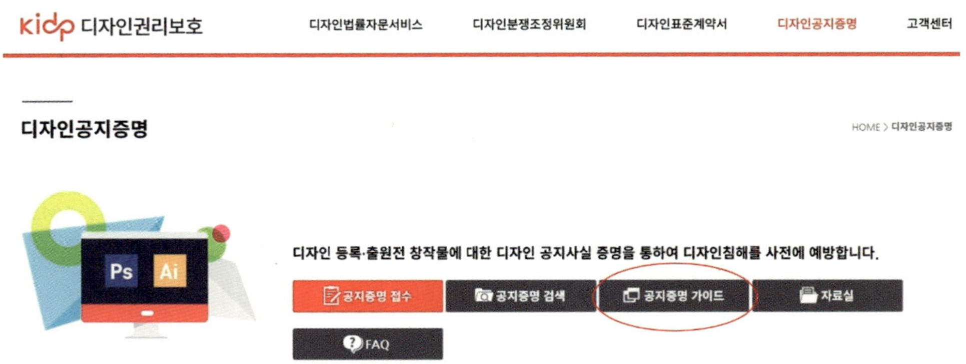

〈디자인권리보호, 디자인공지증명 안내〉

다만, 디자인공지증명을 통하여 디자인 등록권리가 발생하는 것은 아니므로 등록디자인권을 확보하고자 한다면 가급적 공개 전에 출원을 진행하거나, 어쩔 수 없이 공개된 경우에는 공지일로부터 12개월 이내에 신규성 상실의 예외를 주장하며 디자인 출원을 진행하도록 하여야 한다.

다음의 디자인등록과 디자인공지증명의 비교표를 참고하자.

I 디자인등록과 디자인공지증명 비교표

구분	디자인등록	디자인공지증명
목적	• 독점배타적인 디자인권 발생	• 공지사실 증명
처리기간	• 출원 후 6개월 내외	• 짧음(1-3일)
권리범위	• 동일 또는 유사한 디자인을 실시할 권리를 독점(디자인보호법 제92조)	• 독점 배타적 권리 없음 • 등록 후 12개월 이내 디자인 출원한 경우 디자인권(재산권) 확보 가능
신청절차	• 출원인이 출원 수수료 납부와 함께 디자인 등록 출원서 제출 • 실체심사를 거쳐 등록 결정 후 설정 등록료 납부를 통해 디자인권 발생	• 디자인을 파악할 수 있는 간단한 도면과 신청서만을 제출 - 실체심사 과정이 없으므로 절차 간단
비용	• 출원비용 : 94,000원 • 설정등록료(1~3년분) : 75,000원 • 연차등록료 : 4년 후부터 3년 단위로 누진제	• 20,000원/건, 대학생 이하는 무료(변리사 대행 불필요, 직접 등록 가능)
권리보호기간	• 존속기간 20년	• 부정경쟁방지법의 경우 창작일로부터 3년간

〈디자인권리보호, 디자인공지증명 안내〉

1

시각디자인 분쟁사례

붉은 황소 형상

쟁점 상표의 부정목적 사용 해당 여부

사건개요

A가 B의 등록상표는 자신이 사용하는 선사용상표와 유사하고, 해외에서 널리 알려진 A의 유명한 상표를 이용하여 부당한 이익을 얻으려는 등의 부정한 목적으로 등록하였다고 주장하며 등록무효심판을 청구한 사건

A (레드 불 아게) ⟷ B (주식회사 불스원)

선사용상표
(판례 이미지)

이해를 돕기 위한 실제 제품 이미지
(출처 : 레드 불 홈페이지)

등록상표
(판례 이미지)

결과 A 승소 (상표 등록무효)

법원의 판단

국내 또는 외국의 수요자 사이에 특정인의 상품을 표시하는 것이라고 인식된 상표가 국내에 등록되어 있지 않음을 기회로 제3자가 이를 모방한 상표를 등록하여 사용함으로 부당한 이익을 얻으려 하거나, 모방대상상표의 권리자에게 손해를 끼치려는 목적으로 사용하는 상표는 등록을 받을 수 없는 상표에 해당함

특정인 상표로의 인식 여부 판단은 상표의 사용기간, 방법, 형태 등과 거래실정 또는 사회통념상 객관적으로 상당한 정도로 알려졌는지 등을 기준으로 판단하고, 부정한 목적의 유무는 특정인의 상표 인지도 또는 창작성 정도, 상표의 동일 · 유사성

패션
시각
산업
기타

정도, 상표에 대한 교섭 유무와 내용, 양 당사자의 관계, 출원인의 등록상표를 이용한 사업 준비 여부, 상품의 동일 · 유사성 내지 경제적 견련관계 유무, 거래실정 등을 종합적으로 고려하여 판단함

A의 상표는 세계적인 자동차 경주 대회에서 A가 속한 그룹이 보유 및 운영하는 자동차 경주 팀의 표장으로 사용되었는데, ① 사용기간이 B의 상표 출원 당시를 기준으로 5년이 넘는다는 점에서 '자동차 레이싱 팀 운영 및 관련 스포츠 이벤트 제공업'과 관련하여 외국의 수요자 사이에 특정인의 상표로 인식되었다고 보아야 하고, ② 오른쪽으로 도약 또는 돌진하는 붉은 황소의 측면 형상을 모티브로 하고 세부 모습은 독특하게 구성하여 창작성의 정도가 큰 점, ③ B의 상표는 A의 상표 표장과 상당히 유사하고, 개발 시기도 A의 상표가 표시된 경주용 자동차가 국내 최초 자동차 경주 대회에 참가한 이후인 점, ④ B 상표의 지배적인 인상은 B가 사용한 실사용표장과는 유사하지 않아 실사용표장을 기초로 만들어졌다고 보기 어려운 점, ⑤ B의 상표 지정상품 및 지정서비스업인 자동차용품 및 판매업 등은 A의 상표 사용서비스업과의 사이에 경제적인 견련관계를 인정할 여지도 있다는 점에 비추어, B는 A의 상표를 모방하여 A의 국내 영업을 방해하는 등의 방법으로 A에게 손해를 가하려고 하는 부정한 목적을 가지고 사용하기 위하여 B의 해당 상표를 출원하였다고 보아야 함

시사점 **해외에서 특정인의 상표로 널리 알려진 상표를 국내에서 부정한 목적으로 사용하는 경우에는 상표등록이 불가함**

국내에는 알려지지 않았지만 해외에서 널리 알려진 상표와 동일 · 유사한 상표를 부정한 목적으로 사용하는 경우에는 등록이 불가하다는 점

판례번호	대법원 2019. 8. 14. 선고 2017후752 판결

관련조문	상표법 제34조 제1항 제13호

2

시각디자인 분쟁사례

서비스 형태

쟁점 지정서비스업의 유사성 판단

사건개요

A는 자신이 등록하여 사용하고 있는 선등록서비스표와 B가 사용하는 등록서비스표가 동일하고 지정서비스업이 동일·유사하다는 등의 이유로 B의 서비스표에 대한 등록무효심판을 청구한 사건

A (주식회사 에이피엠코리아) ⟷	B (주식회사 비앤씨비지니스그룹)
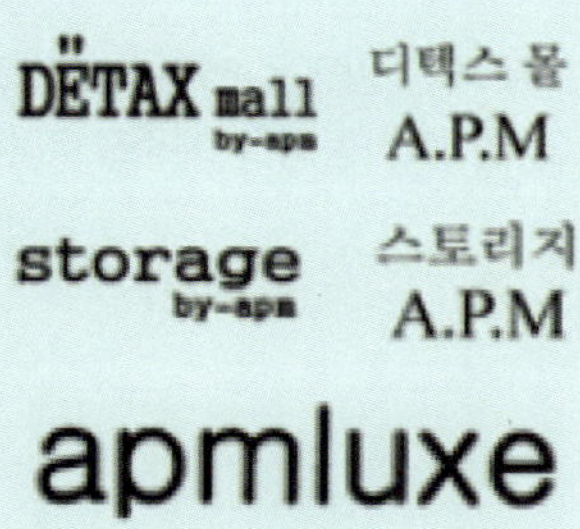 선등록서비스표 (판례 이미지)	 등록서비스표 (판례 이미지)

결과 A 승소 (서비스표 등록무효)

법원의 판단

지정서비스업의 유사 여부는 동일·유사한 서비스표를 사용하였을 때 동일한 영업주체가 제공하는 서비스로 오인될 우려가 있는지를 기준으로 하여 판단하되, 제공되는 서비스의 성질이나 내용, 제공 방법과 장소, 서비스의 제공자, 수요자의 범위 및 서비스 제공에 관련된 물품이 일치하는지 등 거래 실정을 종합적으로 고려하여 일반 거래통념에 따라 판단하여야 함

패션잡화나 화장품류 등을 판매대행 및 판매알선하거나 패션 관련 상품을 도소매하는 서비스를 제공하는 A의 서비스표와 지정서비스업을 백화점업, 대형할인마트업, 슈퍼마켓업, 편의점업으로 하는 B의 서비스표는 의류 및 패션잡화 등을 수요자에게

직접 판매하는 서비스를 제공한다는 점에서 서비스의 성질, 내용, 제공 방법이 유사하고, 서비스 제공에 관련된 물품과 수요자도 공통됨

B의 지정서비스업은 일정한 장소에서 다양한 제품을 판매한다는 점에서 A의 지정서비스업과 차이가 있으나, B의 서비스표 등록 당시 거래 실정을 보면, ① 의류를 비롯하여 신발, 모자 등의 패션잡화 등은 하나의 점포나 건물 또는 인접한 장소에서 진열하여 판매하였고, ② 같은 영업주체가 백화점업, 대형할인마트업과 함께 슈퍼마켓업, 편의점업을 영위하는 경향이 있었던 점 등에 비추어, 양 서비스업에 동일 · 유사한 서비스표를 사용하는 것은 일반 거래 통념상 동일한 영업주체에 의하여 제공되는 서비스로 오인될 우려가 있음

시사점 **먼저 등록된 타인의 서비스표와 동일 · 유사한 서비스표를 동일 · 유사한 서비스업에 사용하는 상표는 등록이 불가하며, 해당 서비스업의 유사성 판단은 당시 거래 실정을 고려하여 이루어짐**

서비스표의 지정서비스업에 대한 유사성 판단은 해당 서비스표를 등록할 당시의 거래 실정상 영업주체에 대한 오인 발생 가능성을 기준으로 한다는 점

판례번호	대법원 2018. 11. 9. 선고 2016후1376 판결
관련조문	상표법 제34조 제1항 제7호

3

시각디자인 분쟁사례

문자 결합상표

쟁점 상표의 유사성 판단 시 대비되는 요부

사건개요

B는 자신이 사용하고 있는 선등록서비스표와 유사한 상표를 A가 사용하자 이에 대한 등록무효를 주장한 사건

A	⟷	B
단티싸게 **등록상표** (판례 이미지)		단티 **선등록서비스표** (판례 이미지)

결과 A 패소 (상표 등록무효)

법원의 판단

두 개 이상 문자의 조합으로 이루어진 결합상표는 일반 수요자에게 상표에 관한 인상을 심어주거나 기억 및 연상하게 함으로 독립하여 상품 출처표시기능을 수행하는 중요 부분이 있는 경우 그 부분을 가지고 상표(혹은 서비스표)의 유사 여부를 대비 및 판단하여야 함

A의 상표는 의류, 스포츠의류, 셔츠 등을 지정상품으로 하여 '단티싸게'로 구성되어 있고, B의 서비스표는 의류도소매업 등을 지정서비스업으로 하여 '단티'로 구성되어 있는데, 두 표장의 공통부분인 '단티'는 A의 상표 출원 시를 기준으로 '단체 티셔츠'의 약칭으로 사용되는 경우가 있었음

단티'는 사전에 등재되지 않은 단어로 ① 단체 티셔츠라는 의미로 사용된 사례는 약 13년 4개월간 120건 정도로 연간 평균 10건에도 미치지 않았고, ② 검색어를 '단티'로 한 인터넷 상품검색자료는 '단체티'를 검색어로 한 자료에 비하여 그 수가 현저히 적을 뿐만 아니라, ③ 그중 상당수는 B의 인터넷 사이트에 관한 검색결과로

볼 수 있다는 점에서 '단티'가 '단체 티셔츠'를 대체할 정도로 사용되었거나 일반 수요자가 '단티'를 '단체 티셔츠'의 의미로 직감할 수 있다고 보기는 어려움

따라서 '단티'는 지정상품이나 지정서비스업과의 관계에서 본질적인 식별력이 없거나 미약한 정도에 이르렀다고 볼 수 없고, 독립적인 식별표지 기능을 발휘하는 중요부분에 해당함

이에 반하여 A의 상표를 구성하는 부분 중 '싸게'는 '값이 싸다'는 의미로 지정상품과의 관계에서 식별력이 없어 '단티싸게'는 단순히 각 부분 '단티'와 '싸게'를 결합한 것 이상의 새로운 의미를 형성하지 않고, 식별표지 기능을 발휘하는 것으로 보기도 어렵다는 점에서 A의 상표는 B의 서비스표와 유사함

시사점 **각 상표를 구성하는 부분 중 독립적인 식별력을 가지는 중요 부분이 동일·유사한 경우에는 동일·유사한 상표에 해당하여 등록이 불가함**

상표의 유사성 판단은 전체의 외관, 호칭, 관념을 기준으로 이루어지는 것이 원칙이나, 상표에 대한 인상을 심어주어 출처표시 기능을 하는 부분이 있다면 그 부분을 대비하여 판단한다는 점

어떤 부분이 그런 부분인지는 해당 부분이 주지 · 저명하거나 일반 수요자에게 강한 인상을 주는 부분인지, 전체 상표에서 높은 비중을 차지하는 부분인지, 다른 구성 부분과의 상대적인 식별력 수준이나 지정상품과의 관계, 거래실정 등을 고려하여 판단한다는 점

판례번호	대법원 2017. 12. 28. 선고 2017후1984 판결
관련조문	상표법 제34조 제1항 제7호

4

시각디자인 분쟁사례

문자·도형 결합상표

쟁점 결합상표의 중요 부분 및 유사성에 대한 판단

사건개요

A는 B의 등록상표가 자신의 선등록상표 및 선사용상표를 모방하여 부정한 목적으로 출원 및 등록되었다고 주장하며 등록무효심판을 청구한 사건

A (몬스터 에너지 컴퍼니) ⟷ B (롯데제과 주식회사)

선사용상표
(판례 이미지)

MONSTERENERGY

선등록 · 사용상표
(판례 이미지)

이해를 돕기 위한 실제 제품 이미지
(출처 : 몬스터 에너지 홈페이지)

롯데
몬스터

등록상표 이미지
(판례 이미지)

결과 A 패소 (상표 등록유효)

법원의 판단

둘 이상의 문자 또는 도형의 조합으로 이루어진 결합상표에서 독립하여 상품의 출처표시기능을 수행하는 요부가 있는 경우 그 부분으로 상표의 유사 여부를 대비 및 판단할 수 있으며, 요부인지의 판단은 해당 구성 부분을 포함하는 상표의 등록 또는 출원 및 공고된 수나 출원인 또는 상표권자의 수, 해당 구성 부분의 본질적인 식별력의 정도 및 지정상품과의 관계, 공익상 특정인에 독점하는 것이 적당하지 않다고 보이는 사정의 유무 등을 종합적으로 고려하여 판단함

A와 B의 상표 모두 '몬스터' 또는 'MONSTER'라는 부분을 포함하지만, B의 상표 출원일 이전에 이미 지정상품과 동일·유사한 상품에 관하여 '몬스터' 또는 'MONSTER'를 포함하는 다수의 상표가 등록된 사정을 고려하면 이런 부분에 대한 식별력을 인정하거나 특정인에 독점하는 것은 적당하지 않음

따라서 A와 B의 상표에 사용된 '몬스터'나 'MONSTER' 부분은 독립하여 상품의 출처표시기능을 수행하는 요부에 해당한다고 볼 수 없고, A와 B의 상표를 전체적으로 관찰하였을 때 외관, 호칭, 관념에서 서로 차이가 있다는 점에서 서로 유사한 상표에 해당하지 않음

시사점	유사성 판단 시 대비되는 부분이 이미 동일·유사한 상품에 다수 등록, 출원 및 공고된 상표에 포함된 경우에는 독자적인 식별력이 없어 유사성 판단 시 대비되는 중요부분이 될 수 없음

상표의 요부는 다른 구성 부분과 상관없이 그 부분만으로 두드러지게 인식되는 독자적인 식별력 때문에 유사성 대비의 대상이 되는 것으로, 상표의 구성 부분 중 식별력이 없거나 미약한 부분은 요부로 대비되지 않음

상표의 요부에 해당하는지 판단 시, 해당 구성 부분을 포함하는 상표가 지정상품과 동일·유사한 상품에 관하여 다수 등록되어 있거나 출원 및 공고되어 있는 사정도 고려된다는 점

판례번호	대법원 2017. 3. 9. 선고 2015후932 판결

관련조문	상표법 제34조 제1항 제7호, 제12호, 제13호

5

시각디자인 분쟁사례

문자 결합상표

쟁점 문자 결합상표의 유사성 판단

사건개요

A는 한의원업, 한방병원업을 지정서비스업으로 하는 선등록서비스표를 사용하고 있었는데, 한방의료업, 성형외과업 등을 지정서비스업으로 하는 B의 등록서비스표가 부정한 목적 등이 있다는 이유로 등록무효를 주장한 사건

A (자생한방병원) ⟷	B
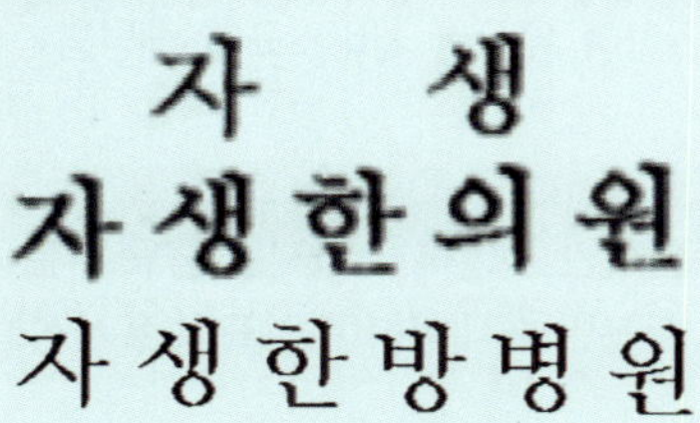 **선등록 · 사용상표** (판례 이미지)	 **등록서비스표** (판례 이미지)

결과 A 승소 (서비스표 등록무효)

법원의 판단

두 개 이상 문자의 조합으로 이루어진 결합상표는 일반 수요자에게 상표에 관한 인상을 심어주거나 기억 및 연상하게 함으로 독자적인 식별력이 인정되는 중요 부분이 있는 경우, 분리 여부와 관계없이 중요 부분만으로 서비스표의 유사성을 판단할 수 있음

A의 서비스표와 선사용서비스표 '자생한방병원'이 공통으로 가지고 있는 '자생' 부분은 '자기 자신의 힘으로 살아감', '저절로 나서 자람' 등의 의미를 가진 단어로 지정서비스업이나 사용서비스업과의 관계에서 본질적인 식별력이 있고, A의 서비스표가 한방의료업 등에 사용된 기간, 언론에 소개된 횟수와 내용, 홍보 정도 등에 비추어 볼 때, '자생' 부분은 한방의료업 등에서 일반 수요자에게 널리 인식되어 식별

력이 더욱 높아진 것으로 독립적인 식별표지 기능을 발휘하는 중요 부분에 해당하는 반면, '한의원'이나 '한방병원' 부분은 지정서비스업이나 사용서비스업을 나타내는 부분으로 식별력이 없음

B의 서비스표를 구성하는 '자생' 부분은 A의 서비스표를 구성하는 '자생'과 동일하여 마찬가지로 강한 식별력을 가지지만, '초' 부분은 약초나 건초 등과 같이 풀을 의미하는 한자어로 많이 사용되어 지정서비스업과 관련하여 약의 재료나 원료 등을 연상시킨다는 점에서 식별력이 높지 않다고 보이고, 강한 식별력을 가지는 '자생' 부분과 비교하여 볼 때 상대적인 식별력도 미약함

'자생초'가 '스스로 자라나는 풀' 등의 의미를 가지더라도 이는 사전에 등재되지 않은 단어로 '자생'과 '초' 각각의 의미를 결합한 것 이상의 새로운 의미를 형성하지 않으며 식별표지 기능을 발휘하지도 않고, 서비스표를 구성하는 네모 도형은 별다른 특징이 없는 부분으로 문자 부분과의 결합상태와 정도 등에 비추어볼 때 판단에 영향을 미치지 않음

따라서 A와 B의 서비스표를 구성하는 '자생'은 각각의 서비스표에서 모두 중요 부분에 해당하여 '자생'이 분리관찰이 되는지를 따질 필요 없이 '자생'을 기준으로 대비하면 호칭 및 관념이 동일하여 유사한 서비스표에 해당함

시사점 **각 상표를 구성하는 부분 중 독립적인 식별력을 가지는 중요 부분이 있으면, 식별력이 없는 부분은 제외하고 중요 부분만을 대비하여 상표의 유사성을 판단할 수 있음**

상표의 유사성 판단은 전체의 외관, 호칭, 관념을 기준으로 이루어지는 것이 원칙이나, 상표를 구성하는 부분 중 독자적인 식별력이 인정되어 출처표시 기능을 하는 중요 부분이 있다면 그 부분만을 대비하여 판단할 수 있다는 점

어떤 부분이 중요 부분인지는 해당 부분이 주지 · 저명하거나 일반 수요자에게 강한 인상을 주는 부분인지, 전체 상표에서 높은 비중을 차지하는 부분인지, 다른 구성 부분과의 상대적인 식별력 수준이나 지정상품과의 관계, 거래실정 등을 고려하여 판단한다는 점

판례번호	대법원 2017. 2. 9. 선고 2015후1690 판결

관련조문	상표법 제34조 제1항 제12호, 제13호

6

시각디자인 분쟁사례

샴페인 상표

쟁점 상표의 유사성 판단

사건개요

A의 'Beer, wines, spirits(위스키 등 증류주)' 등을 지정상품으로 한 상표 · 서비스표 출원에 대하여, 각종 주류를 지정상품으로 한 선등록상표의 등록상표권자인 B가 이의신청을 하였고 이를 받아들여 특허청이 A의 상표등록을 거절하자 A가 거절결정불복심판을 청구한 사건

A (엠에이치씨에스) ⟷ B (페르노리카 코리아 임페리얼 주식회사)

출원상표 · 서비스표
(판례 이미지)

이해를 돕기 위한
등록상표 이미지
(출처 : 특허정보넷)

선등록상표 1	ROYAL IMPERIAL 로 얄 임 피 리 얼
선등록상표 2	IMPERIAL 임페리알
선등록상표 3	IMPERIAL
선등록상표 4	IMPERIAL GREAT SEAL
선등록상표 5	IMPERIAL GOLD TAPE
선등록상표 6	IMPERIAL GOLD SEAL
선등록상표 7	IMPERIAL CHECKER PLUS
선등록상표 8	IMPERIAL GREAT SIGNATURE
선등록상표 9	IMPERIAL TRIPLE CHECKER

선등록상표
(판례 이미지)

결과 A 승소 (상표 등록허용)

법원의 판단

상표의 유사 여부는 그 외관 · 호칭 · 관념을 객관적 · 전체적 · 이격적으로 관찰하여 상품의 출처에 관하여 오인 · 혼동을 일으키게 할 우려가 있는지 여부에 따라 판

단하되, 대비되는 상표 사이에 유사한 부분이 있더라도 그 부분만으로 분리 인식될 가능성이 희박하거나 전체적으로 관찰할 때 명확히 출처의 혼동을 피할 수 있는 경우에는 유사상표라고 할 수 없음

A의 출원상표 · 서비스표를 구성하는 문자 'IMPÉRIAL'은 우리나라의 위스키 등 주류 업계에서 일반 수요자나 거래자들에게 B의 주지 · 저명한 표장인 'IMPERIAL'로 인식되므로 식별력을 부정하기는 어려울 수 있으나 ① A의 출원상표 · 서비스표는 'IMPÉRIAL'이 포함되어 있는 황금색의 사각형 라벨만으로 출원된 것이 아니고 병 모양 전체를 표장으로 삼아서 출원된 것이며, 전체 표장 중 문자인 'MOËT'은 눈에 잘 띄는 위치에 크게 2번 반복 표기되어 있다는 점, ② 'MOËT&CHANDON'이 라벨의 중앙에 크게 표기되어 있는 반면, 'IMPÉRIAL' 부분은 눈에 잘 띄지 않는 위치에 작게 1번 표기되어 있는 점, ③ 'MOËT&CHANDON'은 프랑스의 대표적인 샴페인 중 하나이자 'IMPÉRIAL'이 부기된 샴페인은 2007년부터 2010년까지 연간 약 30억 원가량 판매되었고, 관련 기사가 일간신문에 다수 실리는 등 'MOËT&CHANDON'이 일반 수요자나 거래자에게 상당히 알려져 있는 샴페인 브랜드인 점, ④ A는 우리나라에서 'MOËT&CHANDON'에 'IMPÉRIAL'을 부기한 샴페인 및 'MOËT&CHANDON'에 'BRUT IMPÉRIAL', 'ROSÉ IMPÉRIAL'을 부기한 샴페인도 판매하였는데, 'IMPÉRIAL'이나 'BRUT IMPÉRIAL', 'ROSÉ IMPÉRIAL'은 모두 'MOËT&CHANDON'의 하단에 작게 표기되어 있고, 'BRUT'가 영어 'DRY'에 해당하는 프랑스어로서 와인의 맛을 의미하고 'ROSÉ'는 분홍빛의 와인 색상을 의미한다는 점에서 라벨 부분의 'IMPÉRIAL'도 'BRUT IMPÉRIAL', 'ROSÉ IMPÉRIAL'처럼 샴페인의 맛이나 색상 등의 성질 또는 등급 표시로 인식될 가능성이 높은 점 등을 종합하면 A의 출원상표 · 서비스표는 'IMPÉRIAL' 부분만으로 분리 인식될 가능성이 희박함

A의 출원상표 · 서비스표와 B의 등록상표들은 병 모양, 별 모양, 왕관 모양 등의 도형들의 유무, 문자의 유무 등에서 차이가 있어 그 외관이 상이함

문자와 도형이 결합된 상표는 도형 부분이 독특하고 그 자체로 어떤 호칭이나 관념을 도출할 수 있는 경우가 아닌 한 일반적으로 문자 부분으로 호칭 · 관념되는데, A의 출원상표 · 서비스표는 문자 부분들에 의해 '모엣', '모엣 샹동', '모엣 앤 샹동', '모엣 앤 샹동 임페리얼'로 호칭 · 관념될 것이고, '로얄 임피리얼', '임페리알', '임페리얼'로 호칭되고 '황제의' 등으로 관념될 B의 등록상표들과 그 호칭 및 관념이 상이함

A의 출원상표 · 서비스표의 'IMPÉRIAL' 부분과 B의 등록상표의 'IMPERIAL' 부분이 서로 유사하더라도, 'IMPÉRIAL' 부분이 A의 출원상표 · 서비스표에서 차지하는 비중이나 A의 출원상표 · 서비스표의 전체적인 구성, 형태 및 거래실정 등에 비추어볼 때, A의 출원상표 · 서비스표는 'IMPÉRIAL' 부분만으로 분리 인식될 가능성이 희박하거나 전체적으로 관찰할 때 B의 등록상표들과 그 외관 · 호칭 및 관념이 상이하여 명확히 출처의 혼동을 피할 수 있는 경우에 해당하므로, A의 출원상표 · 서비스표와 B의 등록상표들은 유사하지 않음

시사점 대비되는 상표의 유사 부분이 분리하여 인식될 가능성이 낮고 전체의 외관·호칭·관념이 상이하여 출처의 오인 발생 가능성이 없다면 유사한 상표로 인정되지 않음

대비되는 상표 사이에 유사한 부분이 있더라도 그 부분이 상표를 구성하는 부분에서 차지하는 비중, 전체 상표의 구성이나 형태, 상표 자체의 거래실정 등을 고려하여 분리 인식될 수 있는지 여부를 판단한다는 점

유사한 부분의 분리 인식 가능성이 낮고, 대비되는 상표가 그 외관 · 호칭 · 관념에 있어 전체적으로 상이하다면 비유사상표로서 출처의 오인 발생 가능성은 부정된다는 점

판례번호	대법원 2016. 11. 25. 선고 2014후1679 판결
관련조문	상표법 제34조 제1항 제7호

7

시각디자인 분쟁사례

영어 문자상표

쟁점 상표의 유사성 판단

사건개요

상업기기용 통풍팬 등을 지정상품으로 하는 등록상표의 상표권자인 A가 주방용 오븐레인지 등을 지정상품으로 하는 B의 국제등록상표가 자신의 상품 및 지정상품과 유사하다고 주장하며 상표 등록무효심판을 청구한 사건

A (선온웰스 일렉트릭 머신 인더스트리 컴퍼니 리미티드)	⟷	B (저지앙 선콘 일렉트릭 어플라이언스 컴퍼니 리미티드)
SUNON 등록상표 (판례 이미지)		SUNCON 등록상표 (판례 이미지)

결과 A 패소 (상표 등록유효)

법원의 판단

상표의 유사 여부는 상표의 외관, 호칭, 관념을 일반 수요자의 입장에서 객관적·전체적·이격적으로 관찰하여 상품의 출처에 관하여 오인·혼동을 일으킬 우려가 있는지 판단하여야 하는데, 외관, 호칭, 관념 중 어느 하나가 유사하더라도 일반 수요자가 상표 전체에 대하여 느끼는 직관적 인식이 명확히 출처의 오인·혼동을 피할 수 있는 경우에는 유사하다고 할 수 없음

B의 상표는 영어 대문자 6자로 구성되고 A의 상표는 영어 대문자 5자로 구성된 문자 상표로 두 상표는 앞부분의 'SUN'과 뒷부분의 'ON'이 공통되나, B의 상표는 첫 글자인 'S'를 다른 글자보다 크게 형상화하며 위아래 곡선 부분을 단순화하고, 양 곡선부의 한쪽 모서리 부분이 맞닿은 연결이 독특하며, 'SUN'과 'ON' 사이에 'C'가 추가되었다는 점에서 전체적으로 외관이 유사하지 않음

B의 상표는 '썬콘' 또는 '선콘', A의 상표는 '썬온' 또는 '선온'으로 호칭되는데, 두 상표는 모두 2음절이고 첫음절이 '썬' 또는 '선'으로 호칭된다는 점에선 동일하나, B의 상표의 끝음절 '콘'의 초성은 파열음인 'ㅋ'으로 강하게 발음되는데, A의 상표 끝음절 '온'의 초성은 비음인 'ㅇ'으로 약하게 발음된다는 점에서 차이가 있고, 그로 인하여 2음절에 불과한 두 상표의 전체적인 호칭에도 상이한 청감을 주어 두 상표의 호칭은 유사하지 않음

A와 B의 상표는 모두 조어상표에 해당하여 관념을 대비할 수 없음

따라서 두 상표는 외관, 호칭이 서로 다르고, 관념을 대비할 수 없어 서로 동일·유사한 지정상품에 사용하더라도 일반 수요자나 거래자가 출처의 오인·혼동할 염려가 없는 비유사상표에 해당함

시사점 **상표의 유사성 판단 기준이 되는 외관, 호칭, 관념에 있어 일부가 유사하더라도 상표 전체로 출처 오인의 발생 가능성이 없다면 유사성이 인정되지 않음**

상표의 유사성 판단 기준이 되는 외관, 호칭, 관념 각각에 있어 일부 유사한 부분이 있더라도 전체적인 외관, 호칭, 관념이 다르면 유사성은 부정된다는 점

판례번호	대법원 2016. 7. 22. 선고 2015후178 판결
관련조문	상표법 제34조 제1항 제7호

8

시각디자인 분쟁사례

도형상표

쟁점 도형상표의 유사성 판단

사건개요

B가 가방 등을 지정상품으로 하는 A의 출원상표에 대하여 서류가방 등을 지정상품으로 하는 선등록상표와 표장 및 지정상품이 유사하다는 등의 이유로 거절결정을 하자 이에 대하여 A가 특허심판원에 불복심판을 청구한 사건

A (삼성물산 주식회사) ⟷	B (특허청장)
 출원상표 (판례 이미지)	 선등록상표 (판례 이미지)

결과 A 패소 (상표 등록거절)

법원의 판단

상표의 유사 여부는 대비되는 상표의 외관, 호칭, 관념을 객관적 · 전체적 · 이격적으로 관찰하고, 때와 장소를 달리하여 두 개의 상표를 대하는 일반 수요자가 상품 출처에 관하여 오인 · 혼동할 우려가 있는지 관점에서 판단하여야 함

도형상표의 경우 외관이 주는 지배적 인상이 동일 · 유사하여 두 상표를 동일 · 유사한 상품에 다 같이 사용하는 경우 일반 수요자가 상품의 출처에 관하여 오인 · 혼동할 염려가 있다면 두 상표는 유사하다고 보아야 함

일반 수요자의 직관적 인식을 기준으로 두 상표의 외관을 이격적으로 관찰하면, 두 상표는 모두 검은색 도형 내부에 옆으로 누운 아치형의 도형 2개가 위아래로 배치된 점과 검은색 도형의 왼쪽 부분이 오른쪽 부분보다 2배 정도 두꺼운 점 등에서 공통되고, 영문자 'B'를 이용하여 도안화한 것으로 보이는 점에서 모티브가 동일하여 전체적인 구성과 지배적 인상이 유사함

A의 상표는 검은색 도형이 오각형으로 상부가 뾰족한 형상을 이루지만, 선등록상표는 검은색 도형이 사각형으로 상부가 평평한 형상인 점 등에서 차이가 있으나, 이는 이격적 관찰로 쉽게 파악하기 어려운 정도의 차이에 불과함

따라서 두 표장은 외관이 주는 지배적인 인상이 유사하여 동일 · 유사한 상품에 같이 사용하는 경우 일반 수요자가 출처에 관하여 오인 · 혼동할 염려가 있는 유사상표에 해당함

시사점 **대비되는 도형상표를 구성하는 각 부분의 차이가 쉽게 파악할 수 없는 정도라면 외관의 지배적 인상에 대한 유사성을 부정할 수 없음**

도형상표의 유사성은 외관이 주는 지배적 인상의 동일 · 유사성과 그로 인한 출처의 오인 · 혼동 발생 가능성을 기준으로 판단한다는 점

판례번호	대법원 2016. 7. 14. 선고 2015후1348 판결
관련조문	상표법 제34조 제1항 제7호, 제13호

9

시각디자인 분쟁사례

토끼 캐릭터

쟁점 캐릭터의 저작물성 및 상품표지 판단, 상표의 유사성 판단

사건개요

A는 B가 토끼를 사람 형상으로 표현한 캐릭터 모양의 인형을 수입 및 판매함으로 자신의 저작권과 상표권을 침해하고 부정경쟁방지법을 위반하였다고 주장한 사건

A	⟷	B
 등록상표 (판례 이미지)		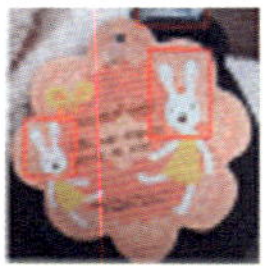 사용상표 (판례 이미지)

결과 A 승소 (저작권 침해, 상표권 침해, 부정경쟁방지법 위반 인정)

법원의 판단

'문학적 · 예술적 저작물의 보호를 위한 베른협약(Berne Convention for the Protection of Literary and Artistic Works)'의 체약국 사이에선 협약상 내국민대우 원칙이 적용되고, 상호주의를 규정한 저작권법 제3조 제3항이 베른협약상의 내국민 대우의 원칙을 배제하는 조항이라고 해석되지는 않아, 일본을 본국으로 하는 A의 캐릭터는 우리나라 저작권법에 따라 미술저작물로 보호될 수 있음

A가 제작한 캐릭터는 흔히 볼 수 있는 실제 토끼의 모습과는 구별되는 독특한 형상으로 창작자 나름의 정신적 노력의 소산으로 특성이 부여되어 있고, 다른 저작자의 기존 작품과 구별할 수 있는 정도로 저작권법에 의하여 보호되는 저작물의 요건으로의 창작성을 갖춤

A가 제작한 캐릭터의 단순한 입체적 형상의 복제물 또는 2차적 저작물에 해당하는 토끼 인형을 B가 무단으로 수입하여 국내에서 판매하는 행위는 A의 캐릭터에 대한 저작권 침해에 해당함

A가 제작한 캐릭터의 창작시기, 국내로의 수입, 제조, 판매 관련 활동 내역 및 토끼 인형 캐릭터 관련 상품의 판매 현황과 언론매체에 알려진 정도 등을 고려하면, 캐릭터 및 입체적 형상인 A의 토끼 인형은 '국내에 널리 인식된 타인의 상품임을 표시한 표지'에 해당하여 A의 캐릭터를 사용하여 수요자를 혼동하게 한 행위는 부정경쟁행위에 해당함

A의 상표는 청색의 오뚝이 형상 내부에 토끼 얼굴 도형이 그려져 있고 하단에 프랑스어 문자 'le Sucre'가 배치되어 있는데, 토끼 얼굴 도형 부분의 크기와 위치 및 전체 표장에서 차지하는 비중 등에 비추어 볼 때 수요자의 주의를 끄는 특징적 부분이고, B의 상표에 나타나 있는 토끼 도형도 비록 옷을 입은 몸통과 팔다리가 그려져 있기는 하나, 등록상표의 토끼 얼굴 도형과 사실상 같은 얼굴모양을 하는 점 등을 종합하여 보면, 두 상표는 거래자나 일반 수요자에게 주는 인상, 기억, 연상 등에 있어 상품 출처에 관하여 오인 · 혼동을 일으킬 우려가 있는 유사상표에 해당함

시사점	외국에서 보호받지 못하는 캐릭터라도 국내법에 따라 미술저작물로서 보호가 가능함

당해 캐릭터가 외국에서 저작물로 보호되지 않는 응용미술이더라도 국내에선 우리나라 저작권법에 따라 미술저작물로서 보호될 수 있다는 점

판례번호	대법원 2015. 12. 10. 선고 2015도11550 판결
관련조문	저작권법 제2조 제1호, 부정경쟁방지법 제2조 (가)목, 상표법 제108조 제1항

10

시각디자인 분쟁사례

소녀시대

쟁점 선사용상표 및 선사용서비스표의 저명성 획득 여부

사건개요

'소녀시대'를 선사용상표(및 서비스표)로 사용하고 있던 B가 동일 문자인 '소녀시대'를 상표로 등록한 A를 상대로 해당 상표의 등록무효를 주장한 사건

A	⟷ B (주식회사 에스엠 엔터테인먼트)
소녀시대 **등록상표** (판례 이미지)	소녀시대 **선사용상표 · 서비스표** (판례 이미지)

결과 A 패소 (상표 등록무효)

법원의 판단

선사용상표가 사용상품에 대한 관계거래자 이외에 일반 공중 대부분에 널리 알려져 저명성을 획득하게 되면, 상표를 알린 상품뿐만 아니라 다른 상품이더라도 상품의 용도 및 판매거래의 상황 등에 따라 저명상표권자에 의하여 생산 · 판매되는 것으로 인식될 수 있어 상품의 출처를 오인 · 혼동하여 수요자를 기만할 염려가 있고, 선사용상표가 저명상표인가는 상표의 사용, 공급, 영업활동의 기간, 방법, 형태, 거래범위 등을 고려하여 거래실정 또는 사회통념상 객관적으로 널리 알려졌느냐를 기준으로 판단함

B는 '소녀시대'라는 명칭의 9인조 여성 그룹가수를 기획하고 해당 그룹가수의 음반을 제작 · 판매하였는데, ① 그룹가수가 활동을 시작한 때로부터 약 1년 6개월 동안 일반 공중에 대한 전파력이 높은 대중매체를 통한 가수공연, 음악공연, 방송출연, 광고모델 등의 활동과 음반 · 음원의 판매가 집중적으로 이루어졌던 점, ② 그룹가수의 명칭 '소녀시대'는 음반이라는 상품의 식별표지로 사용되었을 뿐만 아니라, 각종 공연과 방송출연, 광고모델 등의 활동에서 지속적이고 일관되게 사용되었던 점,

③ 그룹가수 명칭이 음반 판매량과 수록곡의 방송횟수 및 인기순위를 비롯하여 관련 기사보도, 수상경력 및 다양한 상품의 광고모델 활동 등에서 상당히 높은 수준의 인지도를 가지게 된 점 등에서 B가 사용하는 '소녀시대'는 음반 · 음원 등의 사용상품 및 가수공연업, 음악공연업, 방송출연업, 광고모델업 등의 사용서비스업에 대한 관계거래자 이외에도 일반 공중 대부분에 널리 알려져 저명성을 획득하였음

따라서 A의 상표가 B의 사용상품 및 서비스업과 다른 '면제 코트' 등의 상품이나 '화장서비스업' 등의 서비스업에 사용되더라도 상품이나 서비스업이 B 혹은 B와 특수한 관계에 있는 자에 의하여 생산 · 판매 및 제공되는 것으로 인식되어 상품 및 서비스업의 출처를 오인 · 혼동하게 하여 수요자를 기만할 염려가 있음

시사점 **저명성을 획득한 선사용상표를 타인이 등록 및 사용하는 것은 출처의 오인·혼동으로 수요자를 기만할 염려가 있는 상표 사용행위에 해당함**

등록되어 있지 않더라도 이미 사용하고 있는 상표나 서비스표가 일반인에게 널리 알려져 저명성을 가지게 되었다면, 다른 상품이나 서비스업이더라도 타인의 상표등록은 불가하다는 점

선사용상표가 저명상표인가는 상표의 사용, 공급, 영업활동의 기간, 방법, 형태, 거래범위 등을 고려하여 거래실정 또는 사회통념상 객관적으로 널리 알려졌느냐를 기준으로 판단한다는 점

판례번호	대법원 2015. 10. 15. 선고 2013후1207 판결
관련조문	상표법 제34조 제1항 제12호

11

시각디자인 분쟁사례

소녀시대

쟁점 상표의 유사성 여부 판단

사건개요

A가 자신의 등록상표서비스표인 '소녀시대' 대신 'Girls' Generation'을 실사용상표로 사용하자 B가 등록취소 대상에 해당한다고 주장하면서 A의 상표 등록취소 심판을 청구한 사건

A		←→ B (주식회사 에스엠 엔터테인먼트)
GIRLS' GENERATION	소녀시대	GIRLS' GENERATION
실사용상표 (판례 이미지)	등록상표 · 서비스표 (판례 이미지)	등록상표 · 서비스표 (판례 이미지)

결과 A 패소 (상표 등록취소)

법원의 판단

상표 등록취소 사유의 하나로 상표권자가 타인의 유사 상표를 사용하여 상품의 혼동을 일으키는 경우, 각 상표의 외관, 호칭, 관념 등을 객관적 · 전체적으로 관찰하되 실제로 사용된 상표가 등록상표로부터 변형된 정도 및 타인의 상표와 근사한 정도, 실제로 사용된 상표와 타인의 상표가 상품에 사용되는 형태 및 사용상품 간의 관련성, 각 상표의 사용 기간과 실적 및 일반 수요자에게 알려진 정도 등에 비추어 출처의 오인 · 혼동이 야기될 우려가 객관적으로 존재하는지를 기준으로 판단함

B는 '소녀시대'라는 명칭의 9인조 여성 그룹가수를 기획하고 해당 그룹가수의 음반을 제작 · 판매하였는데, ① 그룹가수가 활동을 시작한 때로부터 A가 실사용상표를 사용할 무렵까지인 약 4년 5개월의 기간에 걸쳐, 일반 공중에 대한 전파력이 높은 대중매체를 통한 가수공연, 음악공연, 방송출연, 광고모델 등의 활동과 음반 · 음원의 판매가 집중적으로 이루어졌던 점, ② 그룹가수의 명칭 'Girls' Generation'은 음

반이라는 상품의 식별표지로 사용되었을 뿐만 아니라, 각종 공연과 방송출연, 광고모델 등의 활동에서 지속적이고 일관되게 사용되었던 점, ③ 그룹가수 명칭이 음반의 판매량과 수록곡의 방송횟수 및 인기순위를 비롯하여 관련 기사보도, 수상경력 및 다양한 상품의 광고모델 활동 등에서 상당히 높은 수준의 인지도를 가지게 된 점 등에서 B가 사용하는 'Girls' Generation'은 음반 · 음원 등의 사용상품 및 가수공연업, 음악공연업, 방송출연업, 광고모델업 등의 사용서비스업에 대한 관계거래자 이외에도 일반 공중 대부분에 널리 알려져 저명성을 획득하였음

이에 비하여 ① A의 상표에 대한 인식 정도는 훨씬 미달하였던 점, ② 실사용상표인 'Girls' Generation'은 등록상표인 '소녀시대'로부터 상당한 변형이 가하여진 것으로 구성 문자가 2단으로 배열되고 일부 도안화되어 있기는 하나 동일한 문자로 구성된 B의 서비스표와 그 전체적인 표장이 매우 유사한 점, ③ A의 실사용상표를 사용한 상품인 의류, 가방, 신발, 액세서리 등과 B의 서비스표를 사용한 서비스업인 가수공연업, 음악공연업, 방송출연업, 광고모델업 등은 경제적으로 밀접한 관련성이 있는 점 등을 고려할 때, A의 실사용상표 사용으로 B의 서비스표의 사용상품 및 서비스업 사이에 출처의 오인 · 혼동이 야기될 우려가 객관적으로 존재함

시사점 상표권자가 자신의 등록상표가 아닌 타인의 등록상표와 유사한 상표를 사용하는 경우에는 상표등록취소 대상에 해당함

자신의 등록상표가 아닌 실사용상표를 사용하는 경우 해당 실사용상표에 가한 변형의 정도는 동일성이 인정될 수 있는 범위 내에서 이루어져야 한다는 점

수요자가 실사용상표의 상품 출처를 오인하거나 타인의 업무와 관련된 상품과 혼동할 수 있는 경우 상표 등록이 취소된다는 점

판례번호	대법원 2015. 10. 15. 선고 2013후1214 판결
관련조문	상표법 제119조 제1항 제1호

12

시각디자인 분쟁사례

생활용품 판매업

쟁점 서비스표의 유사성 판단

사건개요

B가 A의 등록서비스표 지정서비스업과 동일 · 유사한 서비스업인 생활용품 등의 판매점을 운영하면서 유사한 서비스표를 사용하자, A가 B를 상대로 서비스표권 침해금지 등을 구한 사건

A (주식회사 다이소아성산업)	B (주식회사 다사소 외)
“다이소”, “DAISO”	“다사소 DASASO”, “DASASO”, “다사소”
등록서비스표 (판례 이미지)	사용서비스표 (판례 이미지)

결과 A 승소 (서비스표권 침해 인정)

법원의 판단

타인의 등록상표와 동일 · 유사한 상표(및 서비스표)를 지정상품(서비스)과 동일 · 유사한 상품에 사용하는 행위는 상표권(서비스표권) 침해행위가 되는데, 유사상표의 사용행위에 대한 판단은 두 상표가 해당 상품에 관한 거래실정을 바탕으로 외관, 호칭, 관념 등에 의하여 거래자나 일반 수요자에게 주는 인상, 기억, 연상 등을 전체적으로 종합할 때, 두 상표를 때와 장소를 달리하여 대하는 거래자나 일반 수요자가 상품 출처에 관하여 오인 · 혼동할 우려가 있는지의 관점에서 이루어져야 함

B의 서비스표 중 ‘DASASO’, ‘다사소’ 부분은 독립하여 자타서비스업을 식별할 수 있는 구성 부분으로 호칭, 관념될 수 있는데, A와 B의 서비스표를 대비하면 한글 표장의 경우 첫째 음절과 셋째 음절의 글자가 동일한 세 글자의 문자로 구성되어 있고, 영문 표장의 경우 앞뒤 부분의 각 두 글자씩 네 글자가 공통됨

A는 2001년경부터 '다이소'라는 상호로 생활용품 등 소매점 가맹사업 시작하여 2013년 기준 900여 개에 이르는 국내 가맹점을 보유하고 있고, 2013년도의 연간 매출액은 약 8,580억 원에 이르며, 언론보도, 광고, 수상내역 등에 비추어 보면 A의 서비스표는 국내에 널리 인식된 서비스표라고 할 수 있음

A의 서비스표 주지성을 고려할 때, B의 서비스표는 차이가 나는 중간 음절은 부각되지 않은 채 첫째 음절과 셋째 음절만으로도 일반 수요자에게 A의 서비스표를 연상시킬 수 있으며, A와 B의 각 서비스표가 사용된 서비스업이 생활용품 등 판매점으로 일치하고, 취급하는 상품의 품목과 전시 및 판매 방식 등까지 흡사하여 일반 수요자가 양자를 혼동할 가능성은 더욱 커짐

따라서 B가 생활용품 등 판매점 운영을 위하여 자신의 서비스표를 사용한 행위는 거래자나 일반 수요자가 서비스업의 출처에 대하여 오인 · 혼동하게 할 우려가 있는 유사상표를 동일한 서비스업에 사용한 행위에 해당하여 A의 서비스표에 대한 침해행위임

시사점	타인이 등록한 서비스표와 유사한 서비스표를 동일한 서비스에 사용하여 서비스표권 침해에 해당함

유사서비스표의 사용행위 여부는 거래실정을 바탕으로 외관, 호칭, 관념 등에 의하여 거래자나 일반 수요자에게 주는 인상, 기억, 연상 등을 전체적으로 종합하여 출처에 관한 오인 · 혼동의 우려가 있는지에 따라 판단한다는 점

판례번호	대법원 2015. 10. 15. 선고 2014다216522 판결

관련조문	상표법 제108조 제1항 제1호

13

시각디자인 분쟁사례

과자

쟁점 실사용상표의 부정사용에 따른 등록취소 여부

사건개요

문자로만 이루어진 등록상표 '꾸이랑'의 상표권자인 B가 자신의 상표를 변형하여 도형이 포함된 실사용상표를 사용하자, A가 B의 실사용상표는 수요자에게 오인 · 혼동을 야기한다고 주장하며 상표 등록취소심판을 청구한 사건

A (경진식품 주식회사) ⟷	B
 등록상표 및 제품포장에 사용된 모습 (판례 이미지)	꾸이랑 등록상표  실사용상표 및 제품포장에 사용된 모습 (판례 이미지)

결과	A 승소 (상표 등록취소)

법원의 판단

등록상표가 아닌 실제 사용된 상표, 즉, 실사용상표가 타인의 상표와 동일 · 유사하게 보이도록 변형한 것으로 등록상표를 그대로 사용한 것보다 상품 출처의 오인 · 혼동 우려가 더 커지게 되었다면 상표의 부정사용에 해당할 수 있음

B는 지정상품을 가공쥐포 등으로 하여 2011년 10월 상표등록을 마쳤으며, 같은 해 9월경부터 어육포 등을 제작 · 판매하며 실사용상표의 표장을 제품 포장에 사용하였다는 점과 A는 2003년 10월경부터 어육포 등을 제작 · 판매하며 자신의 상표를 제품 포장에 사용하였다는 점에 기초하여, B의 제품 포장에 사용된 실사용상표는 수요자의 입장에서 독립적인 출처 표시로 인식될 수 있음

B의 등록상표 및 실사용상표가 제품 포장에서 실제로 사용되는 위치, 배열, 주변 문양은 훨씬 전부터 A의 제품 포장에서 사용된 상표, 문자 구성부분의 위치, 배열, 주변 문양과 극히 유사함

따라서 B의 실사용상표는 자신의 등록상표에 도형 등을 추가하여 변형한 상표로 A의 상표와 유사한 유사상표고, 그런 실사용상표가 상품에 사용될 경우 A의 상품과 어떤 관계가 있는 것으로 여겨질 수 있어 거래상 상품의 출처에 오인 · 혼동을 생기게 할 염려가 있다는 점에서 취소 대상에 해당함

시사점	타인의 등록상표와 유사한 상표를 유사한 상품에 사용하여 수요자에게 상품의 품질을 오인하게 하거나 상품에 대한 혼동을 야기하는 경우에는 상표등록이 취소됨

등록상표가 아닌 실제 사용된 상표가 타인의 상표와 동일 · 유사하게 보이도록 변형한 것으로 등록상표를 그대로 사용한 것보다 상품 출처의 오인 · 혼동 우려가 더 커지게 되었다면, 상표의 부정사용으로 등록이 취소될 수 있다는 점

판례번호	대법원 2015. 5. 28. 선고 2013후1924 판결
관련조문	상표법 제119조 제1항 제1호

14

시각디자인 분쟁사례

여우머리 및 FOX 형상

쟁점 상표를 구성하는 도형에 대한 저작권법상의 보호 여부

사건개요

여우 머리 또는 영문 'FOX'를 형상화한 도안을 산악자전거, 일반 자전거용 의류, 스포츠 장비 등의 물품에 표시하여 생산 · 판매하고 해당 도안의 스티커 제작 및 홈페이지 게재 등을 한 A가 이와 유사한 표장들에 관하여 국내 상표권 등록을 마치고 해당 상표들을 스포츠 의류 등의 제품에 표시하여 생산 · 판매하는 B를 상대로 저작권 침해를 주장한 사건

A (팍스 헤드)

사용도안
(판례 이미지)

결과 A 승소 (저작권 침해 인정)

법원의 판단

저작물과 상표는 배타적 · 택일적인 관계에 있지 않아, 상표법상 상표를 구성할 수 있는 도형 등이라도 저작권법에 의하여 보호되는 저작물의 요건을 갖춘 경우에는 저작권법상의 저작물로 보호받을 수 있고, 상품의 출처표시를 위하여 사용되고 있거나 사용될 수 있더라도 저작권법으로 보호받을 수 있음

A의 도안이 저작권법에 의하여 보호되는 저작물의 요건으로 창작성을 구비하였는지는 도안 자체로 일반적인 미술저작물로 창작성을 구비하였는지에 따라 판단됨

A의 도안은 자연계에 존재하는 일반적인 여우 머리와 구별되는 독특한 여우 머리로 도안화되었거나 이와 같은 도안화된 여우 머리 형상을 포함하고 있어, 여기에는 창작자 나름의 정신적 노력의 소산으로서 특성이 부여되어 있고 다른 저작자의 기존 작품과 구별될 수 있는 정도로 저작권법에 의하여 보호되는 저작물의 요건으로서 창작성을 갖추었다고 볼 수 있음

A의 도안이 상품의 출처표시를 위하여 사용되고 있다는 사정은 저작권법에 의하여 보호받는 데 장애가 되지 않아 A의 도안에 대한 B의 저작권 침해가 인정됨

시사점 **등록상표를 구성하는 도형이 저작물로의 요건을 갖춘다면 저작권법으로 보호받을 수 있어 도형의 상표적 사용은 저작권 침해에 해당할 수 있음**

상표로 사용되고 있는 도형이 저작물로의 요건을 갖춘다면 저작권법상의 응용미술저작물로 보호받을 수 있다는 점

판례번호	대법원 2014. 12. 11. 선고 2012다76829 판결
관련조문	저작권법 제2조 제1호, 제15호

15

시각디자인 분쟁사례

의류도매 · 판매업

쟁점 서비스표의 유사성 여부 판단

사건개요

의류판매알선업 등을 지정서비스업으로 하고 'SPOON'으로 구성된 선등록상표(및 서비스표)의 상표권자인 B가 속옷 도매업 등을 지정서비스업으로 하고 'Cherry Spoon'으로 구성된 등록서비스표의 상표권자 A를 상대로 등록무효심판을 청구한 사건

A	⟷	B (주식회사 씨엠씨글로벌)
Cherry Spoon 등록서비스표 (판례 이미지)		**SPOON** 선등록상표 (판례 이미지)

결과 A 승소 (상표 등록유효)

법원의 판단

상표의 유사 여부는 외관, 호칭, 관념을 객관적 · 전체적 · 이격적으로 관찰하여 출처의 오인 · 혼동이 발생할 우려가 있는지 판단하여, 대비되는 상표 사이에 유사한 부분이 있더라도 그 부분만으로 분리 인식될 가능성이 희박하거나 전체적으로 관찰할 때 출처의 혼동을 명확히 피할 수 있는 경우에는 유사상표라고 할 수 없음

A와 B의 서비스표는 표장을 구성하는 영단어, 글자체, 소문자 포함 여부 등이 달라 외관이 상이하고, A의 서비스표는 '체리스푼'으로 호칭되어 '버찌와 숟가락'으로 관념됨에 비하여, B의 서비스표는 '스푼'으로 호칭되어 '숟가락'으로 관념된다는 점에서 차이가 있음

A의 서비스표는 발음(체리스푼)하기 쉽고 비교적 짧은 4음절이고, 'Cherry'와 'Spoon'이라는 영단어의 의미 및 상관관계로 볼 때, 'Spoon'이 'Cherry'에 비하여 특별히 주의를 끌거나 식별력이 더 강하지도 않으며, 일반 수요자나 거래자가 'Spoon'만으로 약칭하거나 관념하리라고 보이지 않는다는 점에서 A와 B의 서비스표는 호칭 및 관념도 상이함

따라서 A와 B의 서비스표는 외관, 호칭, 관념이 모두 달라 동일·유사한 서비스업과 상품에 사용되더라도 일반 수요자나 거래자가 서비스업의 출처에 관하여 오인·혼동하게 할 염려가 없어 유사 서비스표라고 할 수 없음

시사점	두 서비스표를 공통으로 구성하는 'Spoon' 부분만으로는 독자적인 식별력이 인정되지 않아 전체적인 대비 및 관찰을 통하여 유사성을 부정함

부분적 식별력 없는 상표의 유사성 여부 판단은 외관, 호칭, 관념을 객관적·전체적·이격적으로 관찰하여 출처의 오인·혼동이 발생할 우려가 있는지 판단한다는 점

판례번호	대법원 2014. 12. 11. 선고 2014후1587 판결

관련조문	상표법 제34조 제1항 제7호

16

시각디자인 분쟁사례

초콜릿박물관

쟁점 부정목적 사용의 모방상표에 대한 판단

사건개요

A가 B의 등록서비스표는 자신의 상표에 대한 모방상표로 등록이 무효로 되어야 한다고 주장하며 등록무효심판을 청구한 사건

A	⟷	B (주식회사 초콜릿랜드)
CHOCOLATE MUSEUM 초콜릿박물관 CHOCOLATE MUSEUM 등록상표 (판례 이미지)		Chocolate Museum 초콜릿 박물관 등록서비스표 (판례 이미지)

결과 A 승소 (서비스표 등록무효)

법원의 판단

국내 또는 외국의 수요자 사이에 특정인의 상품을 표시하는 것으로 인식된 상표가 국내에 등록되어 있지 않음을 기화로 제3자가 이를 모방한 상표를 등록하여 사용함으로 부당한 이익을 얻으려 하거나, 모방대상상표의 권리자에게 손해를 끼치려는 목적으로 사용하는 상표는 등록을 받을 수 없는 상표에 해당함

① 인터넷 포털사이트인 '네이버' 지식백과에서 '초콜릿박물관'을 검색하면, A가 운영하는 초콜릿박물관이 소개된다는 점, ② A는 자신의 초콜릿박물관을 제주국제공항 1층 도착장 앞 벽면에 홍보하고 있는데, 다수의 관광객이 지속하여 제주도를 찾고 있다는 점, ③ A가 운영하는 초콜릿박물관이나 A를 소개하는 일간지 신문기사는 2002년 2월경부터 B의 서비스표 출원일까지 약 30회 보도되고, 잡지기사는 약 15회 게시된 점, ④ A는 '제7회 서울 카페쇼 2008' 및 '제8회 서울 카페쇼 2009 &

서울 팬시푸드 페스티벌'에 참가하여 자신의 상표(및 서비스표)를 홍보한 점, ⑤ A의 초콜릿박물관은 세계여행정보 커뮤니티인 '버추얼 투어리스트 닷컴'에 의하여 아시아에선 유일하게 세계 10대 초콜릿박물관에 선정되고, 관련 기사가 국내외 보도된 점 등을 고려하면, B의 서비스표 출원 당시에 A의 상표는 초콜릿 및 초콜릿 관련 종합 전시업과 관련하여 국내 일반 수요자에게 특정인의 상품 및 서비스업을 표시하는 것으로 인식된 것으로 볼 수 있음

A의 상표와 B의 서비스표는 외관에 있어 도형의 유무 및 모양의 차이 등에서 일부 차이가 있지만, 호칭과 관념에 있어 모두 '초콜릿박물관' 또는 '초콜릿뮤지엄'으로 동일하게 호칭 및 관념되어 서로 유사함

① A의 상표는 적어도 제주 지역에선 초콜릿 및 초콜릿 관련 종합 전시업에 관하여 상당한 인지도를 얻은 점, ② A의 상표와 B의 서비스표가 매우 유사한 점, ③ A와 B가 각각 운영하는 초콜릿박물관은 테마와 제조과정 체험, 초콜릿 관련 역사의 전시 등에 있어 영업형태가 유사하며, 모두 남서쪽에 있고 거리가 차량 이동 시 약 30분 정도 밖에 소요되지 않는다는 점, ④ 실제로 제주도를 관광한 수요자 중 B의 초콜릿박물관을 A의 초콜릿박물관으로 혼동한 사례가 다수 발생한 점 등을 고려할 때, B는 A의 상표를 모방하여 A의 상표가 가지는 양질의 이미지나 고객흡인력에 편승하여 부당한 이익을 얻거나 A에게 손해를 가할 목적이 있는 것이라 볼 수 있음

시사점

부당한 이익을 얻을 목적으로 널리 알려진 타인의 상표와 동일·유사한 상표를 출원하는 경우에는 상표로 등록할 수 없음

특정인 상표로의 인식 여부 판단은 상표의 사용기간, 방법, 형태 등과 거래실정 또는 사회통념상 객관적으로 상당한 정도로 알려졌는지 등을 기준으로 판단한다는 점

부정한 목적의 유무는 특정인의 상표 인지도 또는 창작성의 정도, 상표의 동일 · 유사성의 정도, 상표에 대한 교섭 유무와 내용, 양 당사자의 관계, 출원인의 등록상표를 이용한 사업을 준비 여부, 상품의 동일 · 유사성 내지는 경제적 견련관계 유무, 거래실정 등을 종합적으로 고려하여 판단한다는 점

판례번호	대법원 2014. 9. 4. 선고 2014후1051 판결
관련조문	상표법 제34조 제1항 제13호

17

시각디자인 분쟁사례

WYNN 리조트

쟁점 부정한 목적으로 사용하는 모방상표 여부의 판단

사건개요

A의 등록서비스표에 대하여 B가 자신의 선사용표장과 지정서비스업이 동일 · 유사하여 A의 서비스표는 부정한 목적으로 사용하는 모방상표에 해당한다고 주장하며 등록무효심판을 청구한 사건

A	B (윈 리조트 홀딩스, 엘엘씨)
WYNN	WYNN
등록서비스표 (판례 이미지)	**선사용표장** (판례 이미지)

결과 A 패소 (상표 등록무효)

법원의 판단

국내 또는 외국의 수요자 사이에 특정인의 상품을 표시하는 것으로 인식된 상표를 모방하여 등록 및 사용함으로 부당한 이익을 얻으려 하거나, 모방대상상표의 권리자에게 손해를 끼치려는 목적으로 사용하는 상표는 등록을 받을 수 없는 상표에 해당함

B의 표장은 'WYNN'만으로 구성된 표장 및 'LAS VEGAS', 'RESORTS' 등과 같이 다른 영문자가 결합한 표장 등으로 이루어져 있는데, 'WYNN' 부분을 제외한 나머지 부분은 현저한 지리적 명칭이거나 지정서비스업 등과의 관계에서 성질표시에 해당하여 식별력이 없거나 미약한 부분임

따라서 B의 표장 중요 부분은 'WYNN'이고, A의 서비스표 역시 영문자 'WYNN'만으로 구성되어 있는데, 글자체가 다르기는 하나 'WYNN'이라는 같은 알파벳으로 이루어져 있어 외관이 유사하고 호칭도 '윈'으로 같아 전체적으로 표장이 유사함

① 호텔업, 카지노시설제공업, 골프리조트업에 사용되어 온 B의 표장은 A의 서비스표 출원 당시 미국 수요자에게 널리 인식된 서비스표가 된 점, ② A의 서비스표는 A가 미국 방문 중 B의 표장을 목격하고 이를 그대로 출원한 것으로 독창적으로 창작한 것이 아닌 점, ③ A의 서비스표 지정서비스업 중에는 호텔이나 리조트 내에서 제공되고 있는 서비스업이 포함된 점 등을 고려할 때, A는 부정한 목적을 가지고 B의 표장을 모방한 서비스표를 출원한 것에 해당함

시사점 부당한 이익을 얻을 목적으로 널리 알려진 타인의 상표와 동일·유사한 상표를 출원하는 경우에는 상표로 등록할 수 없음

상표의 모방 여부는 유사성 판단과 마찬가지로 상표의 외관, 호칭, 관념을 대비 및 관찰하되, 상표를 구성하는 중요 부분이 있으면 해당 부분을 가지고 판단한다는 점

부정한 목적의 유무는 상표의 인지도 또는 창작성의 정도, 상표의 동일 · 유사성의 정도, 양 당사자의 관계, 서비스의 동일 · 유사성 내지는 경제적 견련관계 유무 등을 종합적으로 고려하여 판단한다는 점

판례번호	대법원 2014. 8. 20. 선고 2013후1108 판결
관련조문	상표법 제34조 제1항 제13호

18

시각디자인 분쟁사례

도형상표

쟁점 도형상표의 유사성 판단

사건개요

A의 등록출원 서비스표에 대하여 B가 이미 등록되어 있는 서비스표와 동일 · 유사하다는 것을 이유로 등록을 거절하자 A가 이에 불복하는 심판을 청구한 사건

A	↔	B (특허청장)

출원서비스표
(판례 이미지)

선등록서비스표
(판례 이미지)

결과 A 패소 (서비스표 등록거절)

법원의 판단

도형상표 유사성 판단에 있어 외관이 주는 지배적 인상이 동일 · 유사하여 두 상표를 동일 · 유사한 상품에 다 같이 사용하는 경우, 일반 수요자나 거래자가 상품의 출처에 관하여 오인 · 혼동할 염려가 있다면 두 상표는 유사한 것으로 볼 수 있음

일반 수요자나 거래자의 직관적 인식을 기준으로 양 서비스표의 외관을 이격적으로 관찰하면, 두 표장은 모두 ① 6개의 도형이 방사상으로 배치된 점, ② 각 도형은 방사상의 가운데 쪽으로 비교적 좁거나 뾰족한 부분과 방사상의 가장자리 쪽으로 비교적 넓거나 완만한 곡선 부분을 가진 형상인 점, ③ 6개 도형의 형상 및 배치에 따라 전체적으로 시선을 가운데 쪽으로 집중시키거나 가장자리 쪽으로 확산시키는 것과 같은 인상을 준다는 점 등에서 공통되어 전체적인 구성과 지배적 인상이 유사함

A의 서비스표와 선등록서비스표는 ① A 서비스표의 6개 도형은 다소 길쭉한 느낌을 주는 서로 다른 크기와 형상인데, 선등록서비스표의 6개 도형은 모두 동그란 느낌을 주는 동일한 크기와 형상인 점, ② A의 서비스표 가운데 부분은 비어 있는데, 선등록서비스표의 가운데 부분에는 원형의 도형이 배치된 점, ③ A의 서비스표에서 방사상으로 배치된 도형은 명도를 달리한 검정 내지 회색의 무채색으로 구성되었는데, 선등록서비스표에서 방사상으로 배치된 도형은 검은색과 함께 연파랑, 초록, 빨강, 파랑, 노랑 등의 유채색이 포함되어 구성된 점 등에서 차이가 있으나, 이런 차이는 이격적 관찰로는 쉽게 파악하기 어려울 정도의 세부적이거나 일반 수요자나 거래자의 인상에 남기 어려움

따라서 A의 서비스표와 선등록서비스표는 외관이 주는 지배적인 인상이 유사하여 동일 · 유사한 서비스업에 다 같이 사용하는 경우, 일반 수요자나 거래자가 출처에 관하여 오인 · 혼동할 염려가 있어 서로 유사함

시사점 **출원한 서비스표와 선등록서비스표 사이에 도형의 형태와 색채 유무 등에 있어 일부 차이가 있지만, 외관이 주는 지배적인 인상이 동일·유사함에 따라 등록이 거절됨**

타인 상표의 외관과 지배적 인상이 동일 · 유사한 상표로 출처의 오인 · 혼동 발생 가능성이 인정될 경우에는 등록이 거절된다는 점

대비되는 상표 사이의 일부 차이가 있더라도 쉽게 파악하기 어려운 정도의 세부적인 차이거나 해당 부분이 중요한 인상을 주는 부분이 아니라면 유사성을 부정하는 근거가 될 수 없다는 점

판례번호	대법원 2014. 1. 23. 선고 2013후1900 판결
관련조문	상표법 제34조 제1항 제7호

19

시각디자인 분쟁사례

오라클/유라클 상표

쟁점 서비스표의 유사성 판단과 부정경쟁행위 해당 여부

사건개요

A가 널리 알려진 자신의 표장과 동일 · 유사한 표장을 B가 사용함으로 수요자가 오인 · 혼동할 우려가 있다며 B의 부정경쟁방지법 위반을 주장한 사건

A (오라클 인터내셔널 코포레이션) ⟷	B (주식회사 유라클)
ORACLE 오라클 사용표장 (판례 이미지)	uracle 유라클 유라클 사용표장 (판례 이미지)

결과 A 패소 (부정경쟁행위에 해당하지 않음)

법원의 판단

부정경쟁방지법상 타인의 영업표지와의 유사성 판단에는 상표의 유사성 판단 기준이 동일하게 적용될 수 있어, 타인의 영업표지와 일부 유사한 부분이 있더라도 거래사회에서 수요자가 구체적 · 개별적으로 상품의 품질이나 출처에 관하여 오인 · 혼동할 염려가 없을 때는 부정경쟁행위에 해당하지 않음

A의 표장은 '오라클'로 호칭되고 B의 표장은 '유라클'로 호칭되어 양 표장이 호칭에 있어 서로 유사하다고 볼 여지는 있지만, ① A의 표장은 '신탁'의 뜻을 가진 영단어 'ORACLE' 또는 한글 '오라클'로 구성되는데, B의 표장은 영문자 'uracle' 또는 한글 '유라클'과 영문자 'U'를 형상화한 도형이 부가된 형태 등으로 구성되어 외관이 서로 다르고, ② A의 표장은 '신탁'의 관념을 가지는데, B의 표장은 조어로 특별한 관념을 가지지 않아 관념을 서로 대비할 수 없음

A의 표장이 '관계형 데이터베이스 관리 시스템 제공업'에 관하여 국내 수요자 간에 널리 알려졌지만, B가 2007년 3월경 '주식회사 유라클'로 상호를 변경한 이후 우수 벤처기업대상 과학기술부 부총리상과 벤처기업대상 중소기업청장 표창을 받고, 매출액이 2007년 115억 원 상당, 2008년 159억 원 상당에 이르며 B의 표장 역시 해당 분야에서 국내 수요자 간에 널리 알려짐

A와 B의 표장이 사용된 영업은 '기업용 소프트웨어 내지 솔루션 제공업'에 관한 것으로 수요자인 일정 규모 이상의 기업은 거래 시 통상 입찰, 심사, 선정 등 일정한 단계를 거치며 상당한 주의를 기울여 거래할 것이라 볼 수 있음

이와 같은 사정과 거래실정 등을 종합적 · 전체적으로 고려하여 볼 때, A와 B의 표장은 일반 수요자나 거래자가 서비스업이나 영업의 출처에 관하여 오인 · 혼동할 염려가 없음

시사점 **영업표지 사이에 일부 유사성이 인정될 수는 있으나, 일반적인 거래실정상 영업 출처의 오인·혼동 발생 가능성이 없는 것으로 부정경쟁행위를 부정함**

부정경쟁방지법상 타인의 영업표지와 유사성 판단은 상표법상 상표의 유사성 판단과 동일한 기준이 적용된다는 점

영업표지 외관상의 일부 유사성만으로는 부정경쟁행위에 해당하는 것으로 볼 수 없고, 거래상 발생할 수 있는 출처의 오인 · 혼동 가능성이 인정되어야 한다는 점

판례번호	대법원 2013. 6. 27. 선고 2011다97065 판결
관련조문	부정경쟁방지법 제2조 (가)목

20

시각디자인 분쟁사례

서적의 표지 및 제호 디자인

쟁점 서적의 표지·제호 디자인에 대한 저작권법 및 부정경쟁방지법상의 보호 여부

사건개요

A가 제작한 서적의 표지 · 제호 디자인이 B가 출판하는 서적의 표지와 내지에 사용되자 A가 B의 저작권 침해 및 부정경쟁방지법 위반을 주장한 사건

B (주식회사 영진닷컴)

이해를 돕기 위한 실제 제품 이미지
(출처 : 영진닷컴 홈페이지)

결과 A 패소 (저작권 침해 부정, 부정경쟁방지법 위반 부정)

법원의 판단

저작권법상 응용미술저작물로 보호받기 위하여선 산업적 목적으로의 이용을 위한 복제가능성과 당해 물품의 실용적 · 기능적 요소로부터 분리가능성이라는 요건이 충족되어야 함

A가 제작한 표지 · 제호 디자인은 모두 이 사건 초판 4종 서적의 내용이 존재함을 전제로 하였을 때, 이를 효과적으로 전달하기 위한 수단으로 서적 표지라는 실용적인 기능과 분리 인식되어 독립적으로 존재할 수 없으며, 문자, 그림의 형태나 배열 등의 형식적 요소 자체만으로는 하나의 미술저작물이라고 할 수 있을 정도의 독자

적인 실체가 인정되지 않아 A의 표지 · 제호 디자인은 저작권법 보호 대상이 되는 응용미술저작물이 아님

표지 · 제호 디자인을 영업표지라고 볼 수 있으려면, 영업을 표시하는 표지로서 독립적으로 사용하여 왔다는 사실이 인정되어야 하나, A가 '그리고책'이라는 상호 대신 '○○○원으로 ○○○하기'라는 제호 또는 표지 · 제호 디자인을 영업표지로 독립하여 이용한 적이 없는 점 등을 근거로 '○○○원으로 ○○○하기'라는 시리즈 이름과 위 시리즈물에 반복되는 표지 · 제호 디자인은 A의 영업표지라고 할 수 없음

'○○○원으로 ○○○하기'라는 형태의 제호가 A에 의하여 장기간 계속적 · 독점적 · 배타적으로 사용되었거나, 위 표지 · 제호 디자인의 차별적 특징이 거래자 또는 수요자에게 특정한 출처의 상품임을 연상시킬 정도로 현저하게 개별화되어 주지성을 갖는 상품표지에 이르렀거나, 상품표지로의 주지성을 갖게 되었다고 인정하기 부족하여 A의 서적 출처를 표시하는 식별표지로도 볼 수 없음

시사점 **표지·제호 디자인은 저작권법상의 응용미술저작물로 인정되지 않으며, 제호 또는 표지·제호 디자인이 식별표지와 영업표지의 기능을 하기 위해선 구체적인 사정과 사용사실이 인정되어야 함**

서적의 표지 · 제호 디자인은 저작권법상의 응용미술저작물로 인정되지 않는다는 점

서적의 제호가 출처를 표시하는 식별표지가 되려면 구체적 사정, 영업표지가 되려면 독립적으로 사용된 사실이 인정되어야 한다는 점

판례번호	대법원 2013. 4. 25. 선고 2012다41410 판결
관련조문	저작권법 제2조 제15호, 부정경쟁방지법 제2조 제1호 (나)목

21

시각디자인 분쟁사례

문자 결합상표

쟁점 문자 결합상표의 유사성 판단

사건개요

'스쿨버스100'의 상표권자인 A가 어린이용 과학그림책 'The Magic School Bus' 시리즈의 저작권자와 이 책의 시리즈를 '신기한 스쿨버스'라는 제목으로 국내에서 번역 · 출판한 사업자를 상대로 상표권 침해 금지를 주장한 사건

A (주식회사 대교) ⟷	B (스콜라스틱 인크 외)
등록상표 (판례 이미지)	신기한 스쿨버스 등록상표 (출처 : 특허정보넷)

결과 A 패소 (상표권 침해 부정)

법원의 판단

상표의 유사 여부는 대비되는 상표 사이에 유사한 부분이 있더라도 당해 상품을 둘러싼 일반적 거래실정과 상표 주지 정도 등을 종합적 · 전체적으로 고려하여, 그 부분만으로 분리 인식될 가능성이 희박하거나 전체적으로 관찰할 때 명확히 출처의 혼동을 피할 수 있는 경우에는 유사상표라고 할 수 없음

어린이용 과학그림책 'The Magic School Bus' 시리즈는 ① 1986년 출판된 후, 2007년 1월 기준으로 전 세계에 약 5,300만 부가 판매되었고, ② TV, 출판, 비디오 등의 부분에서 각종 수상작으로 선정된 바 있으며, ③ 우리나라에서도 1997년 교육방송(EBS)에서 방영된 후, JEI재능TV에서 애니메이션 프로그램으로 방영되었고, ④ 국내에서 '신기한 스쿨버스'로 번역 · 출판한 서적 및 번역 · 더빙한 'The Magic School Bus' DVD 시리즈물이 1999년부터 2009년 6월경까지 약 850만 부가 판매되었으며, ⑤ 매일경제신문, 동아일보 등 국내 일간지에서 어린이 과학도서로 추천된 사실, ⑥ B의 사용표장인 '신기한 스쿨버스', 'The Magic School Bus'가 출판물

등의 상품에 표시되어 호칭 전체로 홍보, 광고 및 판매되어 왔고, 일반 수요자나 거래자도 B의 사용표장을 전체로('스쿨버스'가 아닌 '신기한 스쿨버스', '더 매직 스쿨버스') 호칭하고 있음

B의 'The Magic School Bus' 시리즈 및 사용표장의 주지 정도와 출판물 등을 둘러싼 일반적인 거래실정 등을 종합적으로 고려하면, B의 사용표장은 일반 수요자나 거래자 사이에 전체가 일체화된 하나의 단어로 '인체, 과거, 우주 등으로 이동하며 과학원리 등을 설명하여 어린이의 흥미를 유발하는 상상의 세계에 존재하는 스쿨버스'라는 독자적이고 새로운 관념을 형성하여 전체로 인식되는 것이지 '스쿨버스' 또는 'School Bus' 부분만으로 분리 인식될 가능성은 희박함

따라서 '스쿨버스100'으로 구성된 A의 상표와 명확히 출처의 혼동을 피할 수 있어 서로 유사하다고 할 수 없음

시사점 **문자 결합상표의 유사 여부 판단 시, 두 단어로 결합한 상표가 각각의 단어로 분리되어 인식·호칭되는 것이 아니라면 결합한 문자 전체로 비교하여야 함**

대비되는 상표 사이에 일부 유사성이 있더라도 그 부분만으로 분리 인식되지 않거나 전체적으로 관찰할 때 출처의 혼동을 피할 수 있는 경우에는 유사한 상표라고 할 수 없음

분리 인식 가능성은 해당 상표가 사용되는 상품의 일반적인 거래실정과 상표의 주지 정도 등을 종합적 · 전체적으로 고려하여 판단한다는 점

판례번호	대법원 2013. 1. 24. 선고 2011다76778 판결
관련조문	상표법 제108조 제1항

22

시각디자인 분쟁사례

하나은행 글자체

쟁점 글자체 디자인의 유사성 판단

사건개요

B가 A의 출원디자인이 먼저 출원된 디자인과 유사하다고 판단하여 디자인 등록을 거절하자 이에 A가 거절결정불복심판을 청구한 사건

A (주식회사 하나은행) ⟷	B (특허청장)
 출원디자인 (판례 이미지)	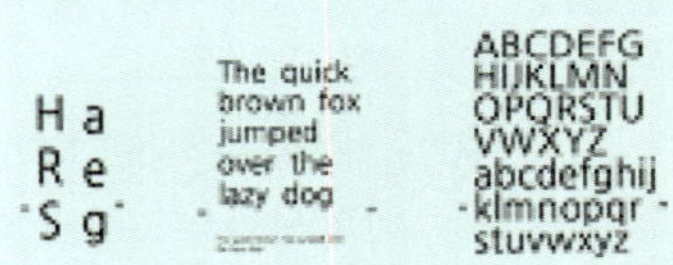 선출원디자인 (판례 이미지)

결과 A 패소 (디자인 등록거절)

법원의 판단

글자체 디자인의 유사성은 일반 디자인과 마찬가지로 구성하는 각 요소를 분리하여 개별적으로 대비할 것이 아니라 외관을 전체적으로 대비 관찰하여, 보는 사람이 상이한 심미감을 느끼는지에 따라 판단하여야 하며, 지배적인 특징이 유사하다면 세부적인 점에 다소 차이가 있어도 유사한 것에 해당함

글자체 디자인은 인류가 문자생활을 영위한 이래 다수의 글자체가 다양하게 개발되었고 문자의 기본 형태와 가독성을 필수적 요소로 고려하여 디자인하여야 하는 관계상, 구조적으로 디자인을 크게 변화시키기 어렵다는 특성을 충분히 참작하여 유사 여부를 판단하여야 함

A가 출원한 영문 글자체 디자인과 먼저 출원된 글자체 디자인을 비교하면, 두 디자인은 모두 ① 고딕체로 세로선에 비하여 가로선의 굵기가 약간 가늘다는 점, ② 'K'

각 가운데를 경계로 상하로 동일한 분배와 무게중심을 가진다는 점, ③ 개별 영문자의 모양, 획의 기울기, 형태와 무게중심, 기둥의 방향이나 각도 등 전체적인 글자체가 유사한 점 등에서 지배적인 특징이 유사하다고 할 수 있음

차이가 나는 부분에 있어 ① 소문자 'a'의 경우 기둥 하단부에서 A의 디자인은 우측 밖으로 약간 삐침 형태지만, 기존의 디자인은 수직으로 이루어진 형태인 점, ② 소문자 'k'의 경우 A의 디자인은 기둥에서 가지가 동일한 배분으로 갈라진 형태지만, 기존의 디자인은 위의 가지에서 아래로 갈라지는 형상인 점, ③ 소문자 'j'와 'y'도 A의 디자인은 아래 마지막 획이 사선 형태로 아래 방향으로 되었지만, 기존의 디자인은 모두 수평으로 마무리된 점, ④ 알파벳 'G', 'J', 'Q' 등의 가로줄기, 마지막 획의 좌측 사선, 아래 마지막 획의 둥근 곡선 등에서 일부 차이는 있으나, 이는 심미감의 차이를 유발할 정도는 아님

따라서 이런 점을 고려할 때, 글자체 디자인의 고유한 특성을 참작하더라도 A가 출원한 디자인과 기존 디자인은 유사하여 A의 디자인은 등록이 불가함

시사점

글자체 디자인의 유사성 판단 시 글자체의 특성을 고려하더라도, 심미감의 차이를 일으키지 않는 정도라면 일반 디자인과 마찬가지로 동일·유사 디자인으로서 등록이 불가함

글자체 디자인의 유사성 여부는 전체적인 외관을 대비하여 판단하되, 기본형태 유지와 가독성이라는 특성을 고려하여 판단한다는 점

판례번호	대법원 2012. 6. 14. 선고 2012후603 판결
관련조문	디자인보호법 제2조 제2호

23

시각디자인 분쟁사례

드라마 '대장금', '주몽'

쟁점 캐릭터의 저작물성 및 상표적 사용 여부, 부정경쟁행위로서의 상표 이용행위

사건개요

국내에서 'HELLO KITTY' 캐릭터를 상품화할 수 있는 독점권을 부여받은 B가 'HELLO KITTY' 캐릭터가 부착 또는 표시된 상품의 이미지 바로 아래에 있는 상품 이름 앞에 '대장금', '주몽' 등의 표장을 표시하자, 상표권자인 A가 B를 상대로 손해배상을 청구한 사건

A (한국방송공사, 희원 엔터테인먼트) ⟷	B (산리오코리아, 데카리오)
 **등록상표** (판례 이미지)	 **헬로키티 캐릭터** (판례 이미지)

결과 A 일부 승소 (저작권 및 상표권 침해 부정, 부정경쟁방지법 위반 부정, 민법상 불법행위)

법원의 판단

영화나 드라마의 캐릭터는 자신만의 독특한 외양을 가진 배우의 실연으로 표현되며 등장인물의 용모나 행동, 명칭, 성격 등을 모두 합한 총체적 아이덴티티(identity)를 말하여, 시각적으로 만들어지는 만화와는 달리 어문저작물의 캐릭터에 가까워 드라마의 등장인물로부터 위와 같은 속성을 배제한 채 명칭이나 복장, 사용하는 소품만

을 따로 떼어 낸 캐릭터가 원래의 저작물로부터 독립하여 별도로 저작권에 의하여 보호된다고는 보기는 어려움

타인의 등록상표를 이용한 경우라도 상표의 본질적 기능인 출처표시를 위한 것이 아니라면 상표권을 침해한 행위로 볼 수 없는데, A의 상표를 사용한 형태나 'HELLO KITTY' 표장의 주지 · 저명의 정도, A의 상표를 사용한 의도와 경위 등을 종합하면, ① B가 홈페이지에서 광고 · 판매한 상품의 출처가 B 또는 동일 상품화 사업을 영위하는 집단인 것으로 명확히 인식되고, ② '대장금' 등의 표장은 상품에 부착 또는 표시된 'HELLO KITTY' 캐릭터가 A가 제작 · 방영한 드라마의 캐릭터로 알려진 '대장금', '주몽'을 형상화한 것임을 안내 및 설명하기 위한 것일 뿐 상품의 식별표지로 사용되었다고 볼 수 없음

부정경쟁방지법에 따른 모방상품은 타인의 상품과 실질적으로 같은 형태의 상품을 만들어 내는 것을 말하는데, A와 B의 상품은 실질적으로 같은 형태라고 할 수 없으나, B가 자신이 운영하는 홈페이지에서 '대장금', '주몽' 등 제호 아래 드라마가 연상되는 의상, 소품, 모습, 배경 등으로 꾸민 'HELLO KITTY' 제품을 제조 · 판매한 것은 A의 상당한 노력과 투자에 편승하여 각 드라마의 명성과 고객흡인력을 자신의 영업을 위하여 무단으로 이용한 것으로 A의 해당 드라마에 관한 상품화 사업을 통한 영업상 이익을 침해하여, 이런 B의 제조 · 판매 행위는 부정한 경쟁행위로 민법상 불법행위에 해당함

시사점

타인의 상표를 출처표시로 사용하지 않거나 타인 상표의 상품과 실질적으로 동일한 상품을 만들어내는 것이 아니라면 문제 되지 않지만, 이런 행위가 성과편승행위에 해당할 경우에는 부정경쟁행위에 해당함

저작권법에서 보호하는 저작물이 아니거나 상표법에서 보호하는 상표에 해당하지 않더라도 타인이 그 노력으로 이룩한 성과에 무단으로 편승하여 이익을 창출하는 행위는 민법상 불법행위에 해당할 수 있으며, (해당 판결 이후 신설된) 부정경쟁방지법상 부정경쟁행위에 해당할 수 있다는 점

판례번호	대법원 2012. 3. 29. 선고 2010다20044 판결
관련조문	상표법 제108조 제1항, 부정경쟁방지법 제2조 제1호 (가)목 및 (카)목

24

시각디자인 분쟁사례

영어 문자상표

쟁점 상표의 유사성 판단

사건개요

A는 B의 등록상표가 자신의 등록상표와 유사하다는 점에서 B의 상표에 대한 등록무효심판을 청구한 사건

A	↔	B
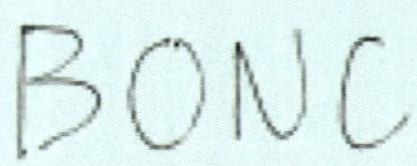 **등록상표** (판례 이미지)		 **등록상표** (판례 이미지)

결과 A 승소 (상표 등록무효)

법원의 판단

상표의 유사 여부는 대비되는 상표의 외관, 호칭, 관념을 객관적 · 전체적 · 이격적으로 관찰하여 일반 수요자가 출처의 오인 · 혼동을 일으킬 우려가 있는지에 따라 판단하는데, 외관, 호칭, 관념 중 일부 다른 부분이 있더라도 전체적으로 유사하여 출처를 오인 · 혼동하기 쉬운 경우에는 유사상표라고 보아야 함

영문자 'BANC'를 두 번째 글자는 알파벳 소문자로, 나머지 3개 글자는 대문자로 도안화하여 구성한 B의 상표는 영문자 'BONC'를 4개 글자 모두 알파벳 대문자로 도안화하여 구성한 A의 상표와 비교하면, 두 번째 글자만 알파벳 소문자 'a'와 대문자 'O'로 다를 뿐 나머지 3개 글자 및 배열순서가 일치하고, 도안화된 글자체에도 별다른 차이가 없어 외관이 서로 유사함

호칭에서도 우리나라의 일반 수요자나 거래자의 자연스러운 발음에 따라 B의 상표는 '뱅크' 또는 '방크'로, A의 상표는 '봉크'로 호칭될 것인데, 두 상표는 첫음절의 모음만이 'ㅐ' 또는 'ㅏ'와 'ㅗ'로 다를 뿐 첫음절의 초성 및 종성과 끝음절이 동일하여

전체적으로 유사하게 청감되어 유사함

우리나라의 영어 보급 수준에 비추어 일반 수요자나 거래자가 '판사석'이라는 뜻을 가진 B의 상표를 보고 특정된 관념을 연상하기 어렵고, A의 상표도 조어 상표임에 따라 관념에 있어서 서로 대비할 수 없지만, 두 상표를 동일 · 유사한 지정상품에 함께 사용할 경우 일반 수요자나 거래자가 상품의 출처에 관하여 오인 · 혼동할 염려가 있어 A와 B의 상표는 유사함

시사점	전체적인 외관과 호칭에 있어 타인의 상표와 유사한 경우, 출처의 오인·혼동 발생 가능성이 있는 유사상표로 상표 등록이 불가함

상표의 유사성 판단에 있어 외관과 호칭에 일부 차이가 있더라도 전체적으로 대비할 때 유사하여 출처의 오인 · 혼동 발생가능성이 있다면 유사상표에 해당한다는 점

상표의 관념에 있어 외국어로 구성된 문자 상표는 해당 언어의 국내 보급 수준에서 비추어 특정된 관념이 연상될 수 있는지 고려된다는 점

판례번호	대법원 2010. 12. 23. 선고 2010후2957 판결
관련조문	상표법 제34조 제1항 제7호

3 산업디자인에서는 어떤 분쟁이 발생할까?

산업디자인

산업디자인이 포괄하는 영역은 어디까지로 규정할 수 있을까. 2019 산업디자인 통계조사에선 디자인 산업을 전문디자인 업체, 디자인 활용 업체를 기준으로 분류하고 있으며, 크게 8개로 디자인 산업을 분류하여 제품디자인, 시각디자인, 디지털미디어디자인, 공간디자인, 패션/텍스타일디자인, 서비스/경험디자인, 산업공예디자인, 디자인 인프라(디자인기반기술)로 분류하고 있다.[9] 여기에서 분류되는 '산업공예디자인'은 금속공예, 도자공예, 섬유공예, 목공예 등을 포함하는 산업적으로 이용이 가능한 '공예' 제품을 생산하는 분야로 이해하면 되고, 일반적으로 우리가 학과를 분류할 때 사용하는 '산업디자인'으로 명명하는 디자인 분야는 '제품디자인' 분야와 유사한 것으로 이해하면 된다.

산업디자인은 인간의 본질적인 욕구를 탐구하고 이를 효율적으로 충족할 수 있는 새로운 제품의 창조와 관련되는 이론과 실제의 응용방법을 연구하는 소프트사이언스 분야로, 관련 학과로는 산업디자인과, 산업제품디자인과, 캐릭터산업디자인과, 문화산업디자인전공, 색채산업디자인과 등이 있으며, 제품이노베이션 디자인학과, 모빌리티 디자인학과, 산업디자인계열, 색채디자인과, 색채디자인학과, 디지털 산업디자인과, 테크노 산업디자인과, 패션 워크 디자인과 등이 산업디자인학과에 속하는 하위분류로 구분된다.[10]

9) 한국디자인진흥원, 2019 산업디자인 통계조사 총괄보고서, p.4.
10) 한국교육개발원, 2019년 학과(전공)분류 자료집, p.42, 241.

산업디자인 관련해서는 어떤 분쟁이 있었을까?

흔히 '디자인'이라고 하면 특별하고 세련된 제품만을 떠올릴 수 있지만, 디자인은 우리의 일상생활 속 다양한 영역에 관여하고 있다. 도로에 세워지는 방음 패널에서부터 의료 분야에 사용되는 인공 고관절 볼과 봉합사에 이르기까지 우리가 미처 생각하지 못하는 다양한 물품과 관련하여 수많은 디자인 관련 분쟁이 발생하고 있다.

그 중에서도 디자인 관련 분쟁이라고 하면 많은 사람이 타인의 디자인을 모방한 제품을 판매함으로 발생하는 분쟁을 가장 먼저 떠올릴 수 있는데, 실제로도 관련 분쟁을 살펴보면 등록디자인과 유사한 제품이 등록 또는 판매됨으로 이에 대한 법적 다툼이 벌어지는 경우가 많다. 만약 타인의 디자인을 그대로 모방하여 판매한 경우라면 판매금지나 손해배상 등으로 사건이 빨리 마무리되기도 하지만, 두 디자인의 유사성 판단이 모호한 경우라면 결국 대법원까지 소송이 이어지는 경우도 많다.

※ 본서에선 일반적으로 전기전자 제품디자인, 다목적 기계 및 공구디자인, 생활환경 용품 및 운송 기기, 가구 등의 다양한 제품의 디자인을 산업디자인 분야로 포함하여 분류하고 있음

내 디자인하고 비슷해요

속칭 '뽱뽱이 젓가락'으로 불리는 유아용 젓가락의 디자인 관련 분쟁사례를 살펴보면, 각각의 디자인에 대한 권리를 주장하는 A와 B에 대하여 특허심판원과 특허법원은 A와 B의 디자인은 서로 유사하다고 인정하였는데, 대법원은 두 디자인이 서로 유사하지 않다고 판단하였다. 이런 판단은 "디자인의 유사 여부는 이를 구성하는 각 요소를 분리하여 개별적으로 대비할 것이 아니라 그 외관을 전체적으로 대비 관찰하여 보는 사람으로 하여금 상이한 심미감을 느끼게 하는지의 여부에 따라 판단하여야 하고, 이 경우 디자인을 보는 사람의 주의를 가장 끌기 쉬운 부분을 요부로서 파악하고 이것을 관찰하여 심미감에 차이게 생기게 하는지 여부의 관점에서 그 유사 여부를 결정하여야 한다"는 입장에 따른 것이다.[11)]

11) 대법원 2019. 7. 22. 선고 2010후913 판결

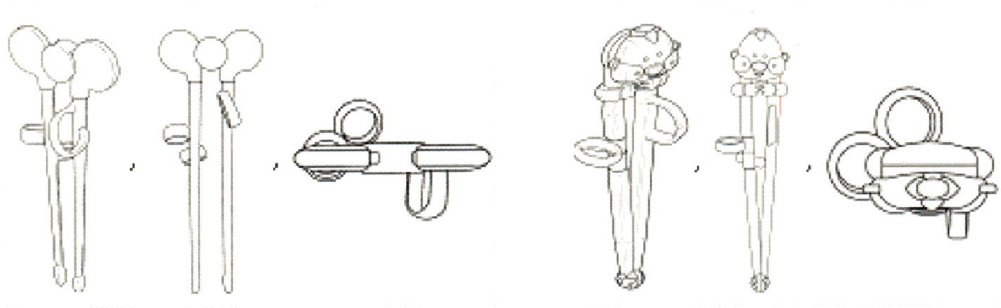

| 그림 7 | A의 유아용 젓가락(좌)과 B의 유아용 젓가락 도면(우)

다시 말하여 젓가락의 손잡이 부위는 대부분 유사하게 생길 수밖에 없는 기능적 한계가 존재하여, 해당 디자인의 인상을 결정짓는 중요 부분을 중심으로 유사성을 판단한다면 뿡뿡이 형태의 캐릭터가 상단에 달린 B의 젓가락은 A의 젓가락과 유사하지 않다는 것이다.

다른 사례로 스마트폰 액세서리 관련 분쟁을 살펴보면, B의 디자인에 대하여 A가 디자인 침해를 주장하자 B는 A의 등록디자인은 자유실시디자인에 해당한다고 주장하였는데, 결론적으로 B의 의견은 받아들여지지 않았다.

	A의 제품 도면	A의 제품 사진
A	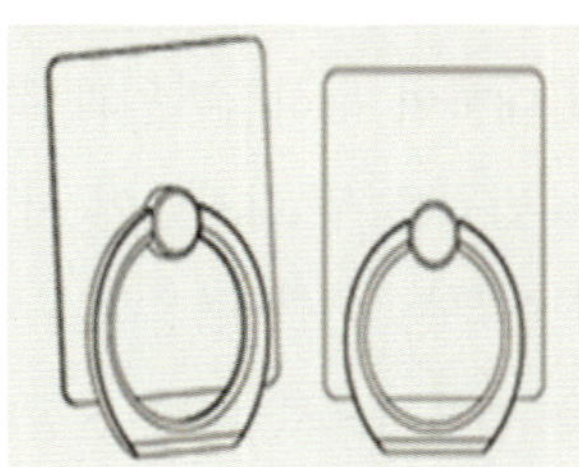	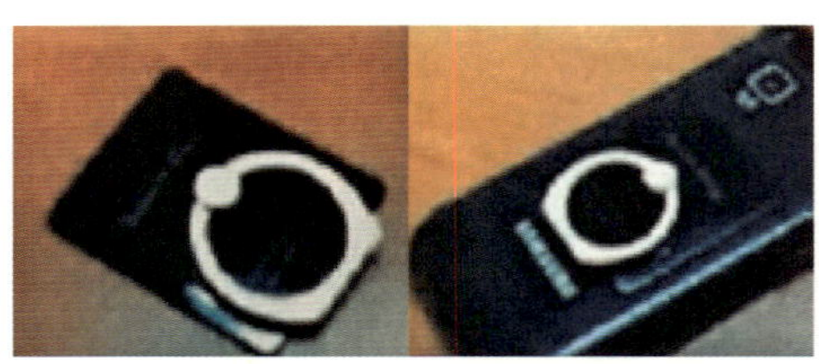
—	B의 제품 사진	B가 제시한 비교대상디자인
B		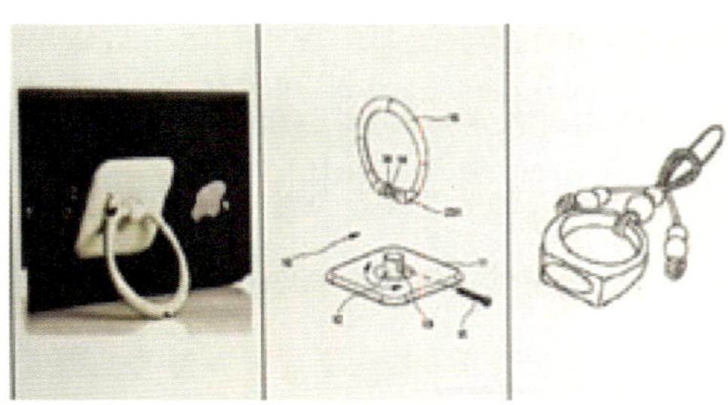

B의 주장은 자사의 디자인과 A의 디자인이 다소 유사하더라도 A의 디자인은 기존의 디자인으로부터 흔한 창작수법이나 표현방법에 의하여 변경, 조합, 전용되어 만들어진 낮은 창작수준의 디자인으로 디자인보호법 제33조에 따라 등록무효임이 타당하다는 것이다. 그러나 대법원은 A의 디자인과 B가 제시한 비교대상디자인들은 돌출 여부, 링 몸체의 윗면과 아랫면의 형상, 링 하부의 직선 부분의 유무 등에서 서로 차이가 있을 뿐만 아니라, A의 디자인 중 링의 하부에 존재하는 직선 부분이 갖는 미감적 가치 등을 고려할 때, A의 디자인은 기존의 디자인을 단순히 조합하는 수법이나 표현방법으로 창작한 디자인이 아니라고 판단하였다.

디자인에 대한 권리를 보호받기 위해서는 무엇을 해야 할까?

디자인권으로 법적 보호를 받기 위하여 출원을 통하여 디자인등록을 받는 것이 필수!

디자인보호법 제2조 제1호가 디자인을 물품의 형상 · 모양 · 색채 또는 이들을 결합한 것으로 시각을 통하여 미감을 일으키게 하는 것으로 정의하고 있음에 따라,[12] 디자인보호법상의 디자인에 해당하기 위하여 ① 물품성, ② 형태성, ③ 시각성, ④ 심미성이라는 요건을 갖추어야 한다. 그뿐만 아니라 디자인보호법 제33조는 디자인의 등록요건으로 ① 공업상 이용가능성, ② 신규성, ③ 창작비용이성을 규정하고 있어 디자인등록출원에 앞서 이런 등록요건을 갖추고 있는지 확인하는 것 역시 필요하며, 다음의 「자가 체크리스트」를 참고로 준비할 것을 권장한다.

12) 디자인보호법 제2조 제1호는 디자인을 "물품의 형상 · 모양 · 색채 또는 이들을 결합한 것으로서 시각을 통하여 미감(美感)을 일으키게 하는 것을 말한다"라고 규정하고 있으며, 여기에서 물품은 물품의 부분 및 글자체를 포함하고 있다.

자가 체크리스트			
구분		항 목	체크
1단계	디자인 보호법상의 디자인 해당 여부	디자인이 구체적으로 표현될 수 있는 물품성이 존재하는가?	☐
		디자인이 결합된 물품의 외관에 형태성이 존재하는가?	☐
		해당 디자인은 시각을 통하여 파악할 수 있는가?	☐
		미적 창작으로서의 미감을 일으키는 것인가?	☐
2단계	공업상 이용가능성	공업적 생산방법에 의해 동일물품이 양산 가능한 것인가?	☐
	신규성	전시, 인터넷, 간행물 등을 통해 공개되지 않았는가?	☐
		디자인이 선공개 되었다면, 12개월 이상 경과하지 않았는가?	☐
	창작성	이미 등록된 유사한 디자인이 있는가?	☐
		기존 디자인을 결합하거나 변형해 쉽게 창작할 수 없는 디자인인가?	☐

디자인등록출원 시, 기본적으로 출원서와 함께 디자인의 도면(또는 사진, 견본)이 필요한데, 출원서에 기재하여야 하는 구체적인 내용은 디자인보호법 시행규칙 제35조(디자인등록출원서) 및 제36조(도면을 갈음한 사진 또는 견본의 제출)의 내용을 참고하여 작성하도록 한다. 서류가 다 준비되었다면 '특허로'에서[13] 전자출원 절차에 따라 진행할 수 있으며, 학생의 경우 디자인 수수료 감면 요건에 해당하니 적극 활용하자.

만약 전문가의 도움이 필요하다면 공익변리사 특허상담센터에[14] 방문하여 다양한 지원 서비스를 찾아보고 무료상담 지원 대상에 속하는지 알아보자. 참고로 학생의 경우 특허, 실용신안, 디자인 명세서, 도면 등의 서류 작성, 특허, 실용신안, 디자인, 상표의 의견서, 보정서 중간 서류작성 등의 지원을 받을 수 있어 해당 센터를 활용하는 것도 좋은 방법이다.

---

13) 특허로(https://www.patent.go.kr)

14) 공익변리사 특허상담센터(https://www.pcc.or.kr)

〈공익변리사 특허상담센터〉

1

산업디자인 분쟁사례

전투기 조종간

쟁점 디자인의 유사성과 용이 창작성 판단

사건개요

A는 B의 등록디자인이 공지된 선행디자인과 유사하고 선행디자인으로부터 용이하게 창작할 수 있는 디자인으로 무효가 되어야 한다고 주장하며 등록무효심판을 청구한 사건

A	⟷	B

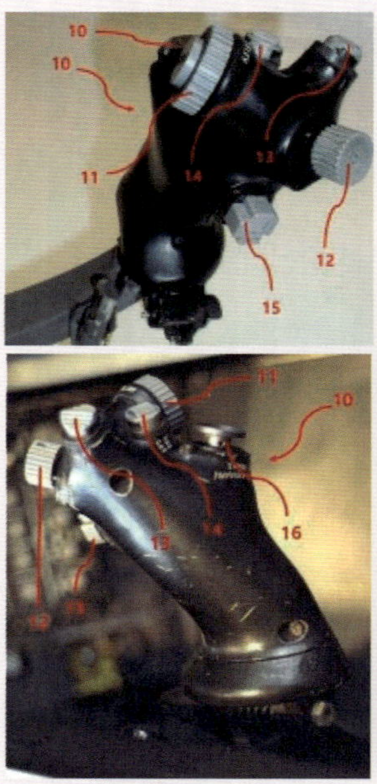

선행디자인1
(판례 이미지)

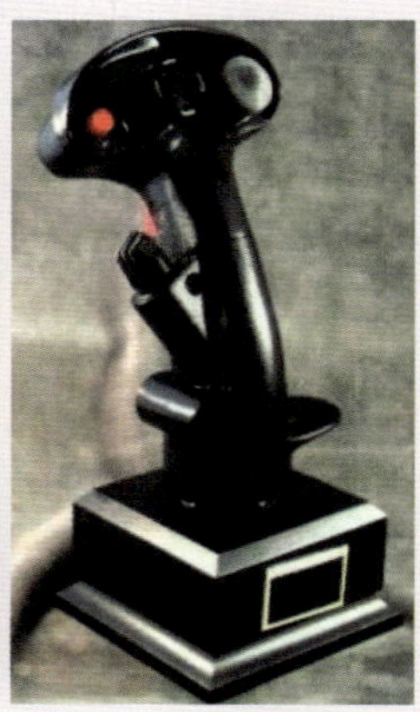
선행디자인2
(판례 이미지)

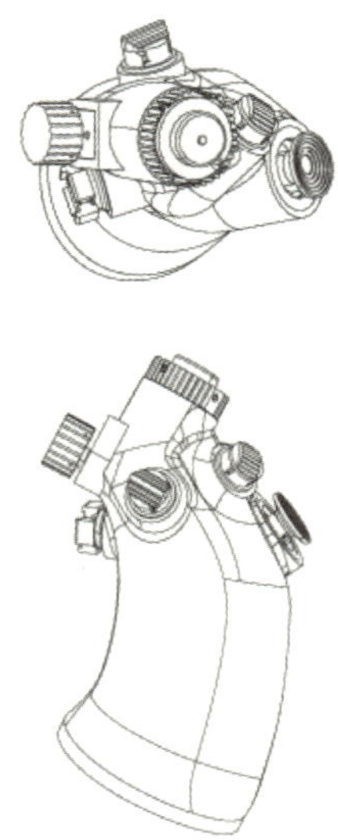
등록디자인
(판례 이미지)

결과 A 승소 (디자인 등록무효)

법원의 판단

전체적인 형상과 모양이 잘 나타나는 양 디자인의 정면도 및 평면도를 중심으로 대비하여 보면, 전체적으로 원통형의 구부려진 형상인 점과 조종간 몸체부의 상부에 각기 다른 형상의 버튼 6개가 서로 동일한 형상으로 형성된 점에서 동일함

A가 주장하는 선행디자인1과 B의 디자인은 조종간 몸체의 폭과 표면의 질감, 조종간 몸체 상부에 있는 6개 버튼의 배열 위치나 방향, 조종간 몸체부의 하부 형상에 원형 나사의 유무에 차이가 존재하나 이는 미세한 차이에 불과하여 전체적인 심미감에 영향을 미치는 정도라 할 수 없음

B의 디자인에는 선행디자인2의 조종간 몸체 형상(하부에서 상부로 갈수록 몸체 폭이 안쪽으로 완만하고 라운드하게 좁아지는 형상)이 그대로 나타나 있어 공지된 디자인의 형상을 모방한 것에 지나지 않는 것으로 보아야 함

A가 주장하는 선행디자인과 B의 디자인 대상물품은 모두 '전투기 조종간'에 관한 것으로 용도와 기능이 동일한 물품에 해당하는데, 위에 언급한 차이점은 통상의 디자이너가 필요에 따라 별다른 어려움 없이 시도할 수 있는 상업적 · 기능적 변형에 해당함

선행디자인1과 선행디자인2는 디자인 분야가 동일하고 외관적 특징이 매우 비슷한 형상 및 모양인 점에 비추어 볼 때, 통상의 디자이너가 선행디자인의 형상 및 모양을 결합하는 데 특별한 어려움이 없다고 볼 수 있음

따라서 B의 디자인은 출원 전에 공지된 선행디자인과 유사할 뿐만 아니라, 통상의 디자이너가 선행디자인 또는 이를 결합한 형상 및 모양에 기능적 · 부분적 변형하여 쉽게 실시할 수 있는 디자인에 해당하는 것으로 무효 사유에 해당함

시사점

공지디자인과의 차이가 미세한 정도에 불과하고 지배적 특징이 유사하다면 전체적으로 보아 유사 디자인에 해당하며, 그런 차이가 통상의 디자이너에 의하여 쉽게 이루어지는 단순 변형에 불과하다면 용이창작디자인에 해당함

공지디자인과의 차이가 미세한 정도에 불과하고, 전체적인 심미감이 동일 · 유사할 경우에는 등록이 불가하다는 점

통상의 디자이너가 공지디자인에 어려움 없이 시도할 수 있는 기능적 · 부분적 변형을 통하여 만들어낼 수 있는 디자인은 용이창작디자인으로 등록이 불가하다는 점

판례번호 대법원 2019. 7. 11. 선고 2019후10500 판결

관련조문 디자인보호법 제33조 제1항, 제2항

2

산업디자인 분쟁사례

수도용 앵글밸브

쟁점 용이창작디자인 여부

사건개요

A는 B의 디자인이 선행디자인을 결합하여 용이하게 창작할 수 있는 디자인에 해당하여 무효로 되어야 한다고 주장하며 등록무효심판을 청구한 사건

A ⟷ B

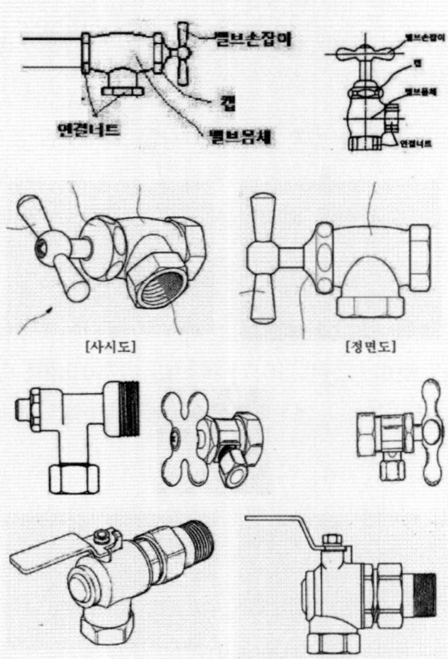

선행디자인들
(판례 이미지)

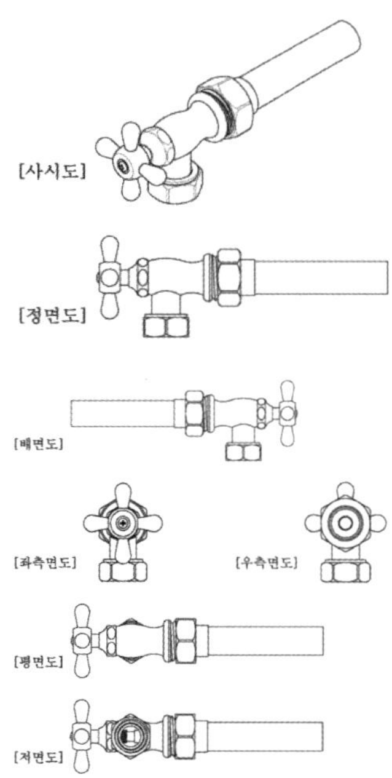

등록디자인
(판례 이미지)

결과 A 승소 (디자인 등록무효)

법원의 판단

해당 디자인이 속하는 분야에서 통상의 디자이너가 공지디자인으로부터 용이하게 창작할 수 있는 디자인은 등록받을 수 없는데, 공지 등이 된 디자인의 형상 · 모양 · 색채 또는 이들의 결합을 거의 그대로 모방 또는 전용하였거나, 단순 상업적 · 기능적 변형, 흔한 창작수법이나 표현 방법에 의하여 만들어져 창작수준이 낮은 디자인이 이런 디자인에 해당함

B의 디자인은 '수도용 앵글밸브'에 관한 것이고, 선행디자인 중 일부는 B의 디자인과 명칭이 같고 나머지 일부는 명칭은 다르나 모두 상수도 배관에 연결하여 밸브 손잡이의 작동에 따라 공급되는 수량을 조절하는데 사용하는 장치로 용도와 기능이 동일 · 유사하여 각 디자인의 대상물품은 서로 동일 · 유사한 물품에 해당함

A가 주장하는 선행디자인과 B의 디자인을 대비하면 밸브 몸체와 손잡이, 캡의 형상에 차이가 있고, 연결너트의 형상 및 단턱 구조에 차이가 존재하지만, 차이점은 다른 미감적 가치가 인정되지 않는 상업적 · 기능적 변형에 불과하여 통상의 디자이너가 쉽게 극복할 수 있는 부분임

B의 디자인은 밸브 손잡이–밸브 몸체–접속관이 일렬로 결합하여 가로축을 형성하고, 밸브 몸체의 아래로 유출구가 결합하여 세로축을 형성하며, 캡과 2개의 연결너트가 결합하여 'T'자를 연상시키는데, 'T'자 내지 천칭 형상은 선행디자인에서도 공통으로 찾아볼 수 있는 수도용 앵글밸브의 기본적 · 기능적 구조에 해당하는 것으로 B의 디자인만을 나타내는 심미감으로 볼 수 없음

따라서 B의 디자인은 통상의 디자이너가 공지디자인을 결합하여 쉽게 창작할 수 있는 것으로 무효 사유에 해당함

시사점 **공지디자인과의 차이가 다른 미감적 가치를 가져오는 정도가 아니라면, 단순한 상업적 · 기능적 변형에 불과하여 용이창작디자인에 해당함**

공지디자인과 동일한 대상물품에 동일한 기본적 · 기능적 구조가 적용된 디자인은 심미감에서 독창성을 주장하기 어렵다는 점

통상의 디자이너가 쉽게 극복할 수 있는 디자인상의 차이는 단순한 상업적 · 기능적 변형에 해당한다는 점

판례번호 대법원 2019. 1. 31. 선고 2018후11773 판결

관련조문 디자인보호법 제33조 제1항, 제2항

3

산업디자인 분쟁사례

스마트폰 액세서리

쟁점 용이창작 여부의 판단

사건개요

대상물품을 '스마트폰 액세서리'로 하는 등록디자인의 디자인권자인 A는 B의 디자인이 자신의 디자인을 모방하였다고 주장하며 디자인권 침해를 금지하는 소를 제기하자, B는 A의 디자인이 비교대상디자인으로부터 용이하게 창작할 수 있는 디자인으로 무효가 되어야 한다고 주장한 사건

A (주식회사 억스코리아) ⟷ **B**

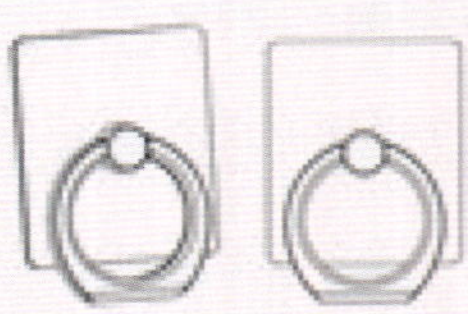

등록디자인
(판례 이미지)

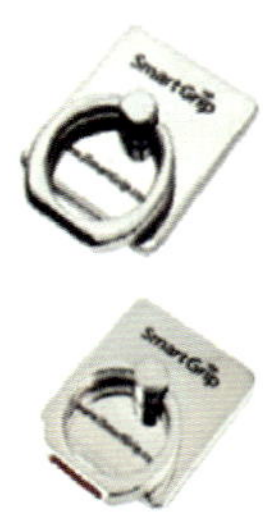

사용디자인
(판례 이미지)

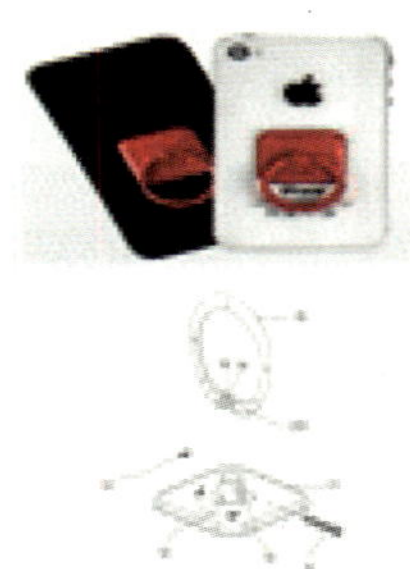

비교대상디자인
(판례 이미지)

결과 A 승소 (디자인권 침해 인정)

법원의 판단

디자인이 속하는 분야에서 통상의 지식을 가진 자가 용이하게 창작할 수 있다고 하기 위하여 국내에서 널리 알려졌거나 공지디자인의 형상 · 모양 · 색채 또는 이들의 결합을 거의 그대로 모방 혹은 전용하였거나, 전체적으로 볼 때 다른 미감적 가치가 인정되지 않는 상업적 또는 기능적 변형에 불과하거나, 해당 디자인 분야에서 흔한 창작수법이나 표현방법으로 변경, 조합, 전용한 것에 불과한 창작수준이 낮은 디자인이어야 함

A와 비교대상디자인을 대비하여 보면, ① 플레이트의 돌출 여부, ② 링 몸체의 윗면과 아랫면의 형상, ③ 링 하부의 직선부분의 유무 등에서 서로 차이가 있으며, ④ A의 디자인 중 링의 하부에 존재하는 직선부분은 전체 디자인에서 차지하는 비중이 작지 않고 관찰되기 쉬운 부분에도 해당하여, A의 디자인은 비교대상디자인과는 다른 미감적 가치를 가지는 것으로 비교대상디자인을 A의 디자인과 같이 변형하는 것은 다른 미감적 가치가 인정되지 않는 상업적 또는 기능적 변형에 불과하다고 보기 어려움

① 대상물품을 '배터리상에 안전고리가 설치된 휴대폰'으로 하는 비교대상디자인과 단순히 조합하는 창작수법이나 표현방법만으로는 A의 디자인을 창작할 수 없고, ② 링 하부에 직선부분을 형성하는 것은 A의 디자인 등록출원 전에 디자인 분야에서 찾아볼 수 없는 것일 뿐만 아니라, ③ A의 디자인과 같은 형상 및 모양으로 링 하부에 직선부분을 형성하는 것이 디자인 분야에서 흔한 창작수법이나 표현방법이라고 볼 수도 없어 A의 디자인은 통상의 디자이너가 공지디자인 등의 결합에 의하여 용이하게 창작할 수 있는 것이라고 보기 어려움

시사점 공지디자인 등으로부터 쉽게 만들어질 수 있는 용이창작디자인은 디자인등록이 불가함

디자인 등록출원 전에 디자인이 속하는 분야에서 통상의 지식을 가진 사람이 쉽게 창작할 수 있는 디자인은 '용이창작디자인'으로 등록이 불가하다는 점

용이창작디자인은 ① 공지디자인 등을 그대로 모방 혹은 전용하거나, ② 단순 상업적 · 기능적 변형에 불과하여 다른 미감적 가치가 인정되지 않거나, ③ 해당 디자인 분야에서 흔한 창작수법이나 표현방법으로 변경, 조합, 전용한 것에 불과한 디자인의 경우 해당한다는 점

판례번호 대법원 2018. 9. 28. 선고 2016다219150 판결

관련조문 디자인보호법 제33조 제2항

4

산업디자인 분쟁사례

의자 등받이

쟁점 디자인등록을 받을 수 있는 자와 디자인 유사성 판단

사건개요

A는 B의 등록디자인이 창작자가 허위 기재된 것뿐만 아니라 등록요건을 갖추지 못한 디자인으로 무효가 되어야 한다고 주장한 사건

A (주식회사 가이아) ⟷ B

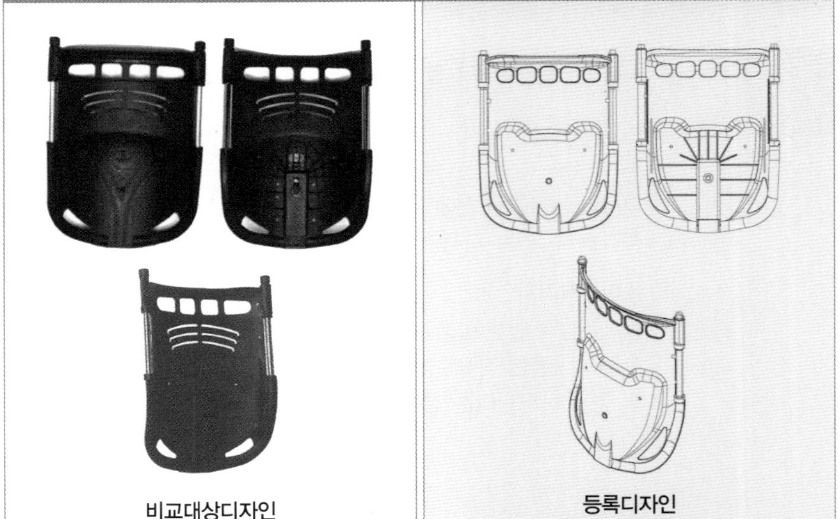

비교대상디자인 (판례 이미지) / 등록디자인 (판례 이미지)

결과 A 패소 (디자인 등록유효)

법원의 판단

디자인을 창작한 자가 아니라도 그로부터 디자인등록을 받을 수 있는 권리를 승계한 자가 직접 출원하여 디자인등록을 받은 경우 등록무효사유에 해당한다고 볼 수 없는데, B의 디자인이 등록받을 수 있는 권리의 승계인에 의하여 출원된 이상 출원

서에 창작자가 사실과 다르게 기재되어 있다는 사정만으로는 무효사유에 해당하지 않음

디자인의 유사 여부는 전체를 대비 관찰하여 보는 사람이 느끼는 심미감에 따라 판단하여야 하지만, 대비되는 디자인의 공통되는 부분이 그 물품으로서 당연히 있어야 할 부분 내지 디자인의 기본적 또는 기능적 형태인 경우에는 중요도를 낮게 평가하여야 함

A와 B의 디자인 공통점은 돌출부에 조그만 원형의 구멍이 3개 형성되는 점을 제외하고 의자 등받이의 기본적 또는 기능적 형태에 해당하여 중요도가 낮은데, 정면부(배면부) 상부에 형성된 가늘고 긴 구멍의 유무, 정면부 하부에 형성된 돌출부의 형상에서 현저한 차이점이 있고, 이로 인하여 일부 공통점에도 전체적으로 심미감에 큰 차이가 있어 두 디자인은 서로 유사하지 않음

디자인이 속하는 분야에서 통상의 지식을 가진 자가 공지 등이 된 디자인의 결합에 의하여 용이하게 창작할 수 있는 것은 디자인등록을 받을 수 없도록 규정하고 있는데, A와 B의 디자인 차이점은 전체적인 심미감에 큰 차이를 가져올 정도로 B의 디자인이 다른 미감적 가치가 인정되지 않는 상업적 또는 기능적 변형에 해당한다거나, 의자용 등받이 디자인 분야에서 흔한 창작수법 또는 표현방법에 불과하다고 할 수 없어 B의 디자인으로부터 용이하게 창작될 수 있는 디자인에 해당하는 것으로 볼 수 없음

시사점 **기본적 또는 기능적 형태의 유사성을 제외한 전체적 심미감에서 차이가 있는 두 디자인은 서로 유사한 것으로 볼 수 없음**

디자인을 구성하는 부분 중 기본적 또는 기능적 형태에 불과한 부분은 유사성 판단 시 중요도를 낮게 평가한다는 점

전체적인 심미감의 현저한 차이로 유사성이 부정되는 디자인은 창작용이성도 함께 부정될 수 있다는 점

판례번호	대법원 2018. 7. 20. 선고 2015후1669 판결
관련조문	디자인보호법 제33조 제1항, 제2항

5

산업디자인 분쟁사례

광화문 모형

쟁점 축소 모형물의 창작성 인정 여부와 저작권 침해 판단

사건개요

B는 과거 A의 직원으로 광화문 모형을 개발 · 판매하다가 퇴직한 후 회사를 설립하여 A에서 만들었던 동일한 방식으로 숭례문 모형을 제작하였는데, 이에 A사는 자사가 만들어 판매하고 있는 모형과 유사한 모형을 B가 만들어 판매하는 것이 저작권 침해행위라고 주장하며 소를 제기한 사건

A (스콜라스 주식회사)

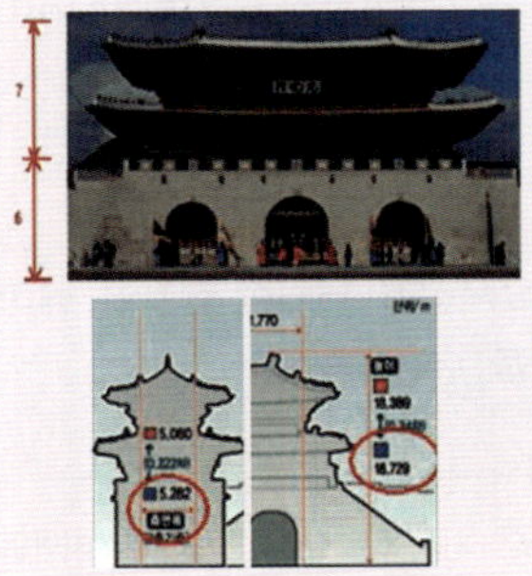

실제 광화문 이미지
(판례 이미지)

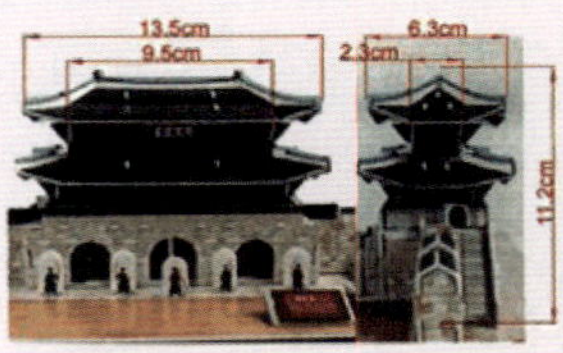

광화문 모형 이미지
(판례 이미지)

결과 A 승소 (저작권 침해 인정)

법원의 판단

저작물은 인간의 사상 또는 감정을 표현한 창작물(여기서 창작성이란 완전한 의미의 독창성을 요구하는 정도가 아닌 적어도 어떤 작품이 단순히 남의 것을 모방하지 않은 작자 자신의 독자적인 표현을 담고 있는 것)로 실제 존재하는 건축물을 축소한 모형도 단순한 축소나 사소한 변형을 넘어서는 변형을 가하여 실제의 건축물과 구별되는 특징이나 개성이 나타난 경우라면 창작성을 인정할 수 있어 저작물로 보호됨

A가 제작한 모형은 실제 광화문을 축소하여 모형의 형태로 구현하는 과정에서 실제 광화문을 그대로 축소한 것이 아니라, 성벽과 지붕의 비율, 지붕 가운데를 접어 입체감을 표현한 것, 높이에 대한 강조, 지붕 2단 구조, 처마 경사도, 지붕 색깔, 2층 누각 창문 및 처마 밑의 구조물의 단순화, 문지기 크기, 중문 모양 등 여러 부분에 걸쳐 사소한 정도를 넘어선 수준의 변형을 가하여 저작자의 정신적 노력의 소산으로서의 특징이나 개성이 드러나는 표현을 사용한 저작물에 해당함

대비되는 두 저작물 사이에 실질적인 유사성과 의거성이 인정되면 저작권 침해가 성립되는데, 이때 실질적 유사성은 창작적인 표현형식에 해당하는 것만을 가지고 대비하여야 하며, 의거관계는 기존의 저작물에 대한 접근 가능성 및 두 저작물 사이의 유사성이 인정되면 추정 가능함

A 광화문 모형의 각 완성된 외관에서 나타나는 창작적 표현이 B 숭례문 모형에서도 그대로 드러나고 있다는 점에서 실질적 유사성이 인정되고, B가 A의 소속으로 광화문 모형을 개발 · 판매하다가 퇴직한 후 회사를 설립하여 유사한 모형을 제작하였다는 점에서 A의 저작물에 대한 B의 접근 가능성도 인정됨

따라서 A와 B의 모형은 실질적인 유사성과 의거성이 인정되어 서로 유사한 저작물에 해당하여, B의 저작권 침해를 인정할 수 있음

시사점 기존의 건축물을 모형으로 제작한 작품도 창작성이 인정될 경우 저작권법상의 저작물로 보호됨

실제 존재하는 건축물을 축소한 모형이더라도 단순한 축소나 사소한 변형을 넘어서는 창작성이 인정된다면 저작권법상의 저작물로서 보호된다는 점

대비되는 두 저작물 사이의 실질적 유사성과 의거성이 인정되면 저작권 침해가 성립된다는 점

판례번호 대법원 2018. 5. 15. 선고 2016다227625 판결

관련조문 저작권법 제16조 및 제22조

6

산업디자인 분쟁사례

소형 소화기 케이스

쟁점 모방 상품의 부정경쟁행위 해당 여부

사건개요

A는 2010년 4월경부터 제품을 개발하여 조달청 입찰을 통하여 경찰청에 공급하였는데, B가 2012년 입찰에서 A의 제품과 동일한 제품을 제조하여 공급하자, A가 B의 부정경쟁방지법 위반을 주장한 사건

A (주식회사 라즈웰) ⟷	B (동아화이어테크 주식회사)
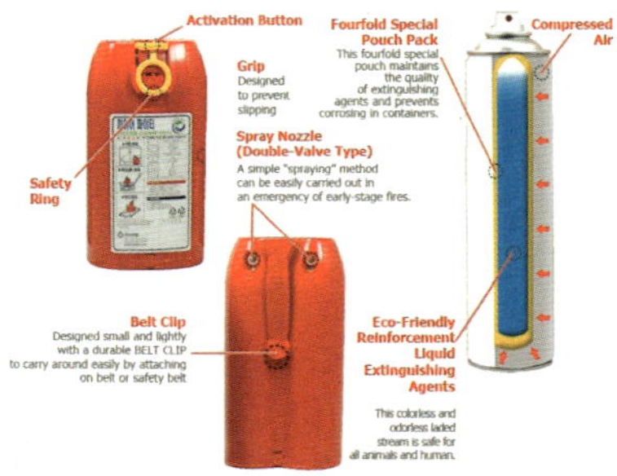	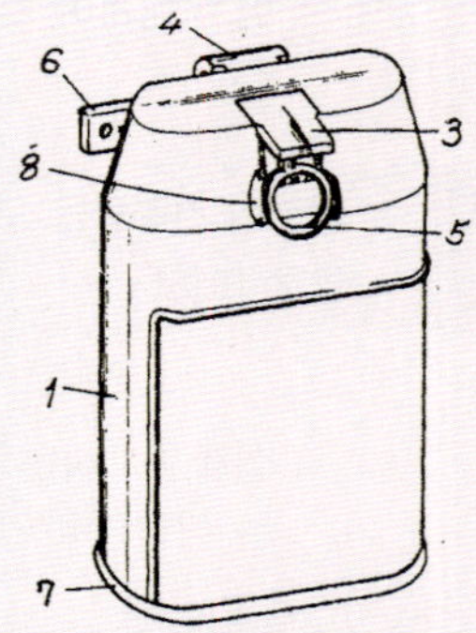
이해를 돕기 위한 실제 판매제품 이미지 (출처 : ㈜라즈웰 홈페이지)	**소형 소화기의 케이스** (출처 : 특허정보넷)

결과 A 패소 (상품 형태 모방에 해당하지 않음)

법원의 판단

타인이 제작한 상품의 형태를 모방한 상품을 양도 및 대여하는 등의 행위는 부정경쟁행위에 해당하지만 상품의 통상적인 형태를 모방한 경우에는 제외되며, 동종의 상품이 통상적으로 가지는 형태란 상품의 기능 및 효용을 달성하거나 상품 분야에서 경쟁하기 위하여 채용이 불가피한 형태 또는 동종의 상품이라면 흔히 가지는 개성이 없는 형태 등을 의미함

A의 제품은 두 개의 소화기캔을 하나의 케이스에 내장하여 휴대할 수 있도록 구성된 쌍구형 소화기로 전체적으로 소화기캔이 들어가는 부분인 두 개의 원기둥을 좌우대칭 되게 결합하고, 상면을 평평하게 연결한 것을 기본적인 형상으로 하되 원기둥 상단부가 안쪽으로 원만하게 휘어 있고, 반대편에서 보면 밑면부터 원기둥의 상단부가 휘기 시작하는 부분까지는 전체적으로 매끈한 사각형의 형상으로 보이며, 원기둥의 각 상단부에 소화물질을 분출하는 분사구 및 분사구가 위치한 홈인 분출구가 형성되어 있고, 양 원기둥 사이에 고정걸이가 형성되어 있으며, 소화기 상면의 중앙부에는 사각형의 누름 버튼이 배치되어 있는데 여기에 원형 고리 형태의 안전핀이 연결되어 있음

A의 제품에 표현된 주된 형태와 실질적으로 동일한 형태가 이미 ① 1984년 1월경 '소형 소화기의 케이스'라는 명칭으로 출원된 실용신안등록에 관한 공보의 도면에 도시된 제품, ② 코리아켐텍 주식회사가 2007년 11월경부터 판매한 쌍구형 휴대형 소화기, ③ 주식회사 오일금속이 2009년 7월경부터 판매한 동종 제품에도 그대로 나타나 있음

선행디자인과 형상 및 모양 등에서 다소 차이가 있다고 볼 수 있으나, 차이점이 전체 상품의 형태에서 차지하는 비중이나 이로 인한 시각적인 효과 등에 비추어 볼 때, A의 제품에 다른 제품과 구별되는 개성을 부여하는 형태적 특징에 해당한다고 볼 수 없음

따라서 A의 제품 형태는 전체적으로 볼 때 동종 상품이 통상적으로 가지는 형태에 불과하여 부정경쟁방지법에 의하여 보호되는 상품 형태에 해당하지 않음

시사점 **상품의 기능 및 효용을 달성하거나 상품의 경쟁에서 불가피한 형태에 해당한다면, 타인의 상품과 유사한 형태에 해당하더라도 채용이 가능함**

타인이 제작한 상품의 형태를 모방한 상품을 양도 및 대여하는 등의 행위는 부정경쟁행위에 해당한다는 점

다만 모방 형태가 해당 분야에서 통상적으로 가지는 형태에 해당할 경우에는 부정경쟁행위에 해당하지 않는다는 점

판례번호 대법원 2017. 1. 25. 선고 2015다216758 판결

관련조문 부정경쟁방지 및 영업비밀보호에 관한 법률 제2조 제1호 (자)목

7

산업디자인 분쟁사례

간이형 스프링클러

쟁점 신규성 상실의 예외가 적용되는 유사 디자인의 범위

사건개요

A는 B의 등록디자인은 신규성 상실 예외가 적용될 수 없어, 신규성을 상실한 디자인으로 무효가 되어야 한다고 주장하며 등록무효심판을 청구한 사건

B (주식회사 대림소방공사)

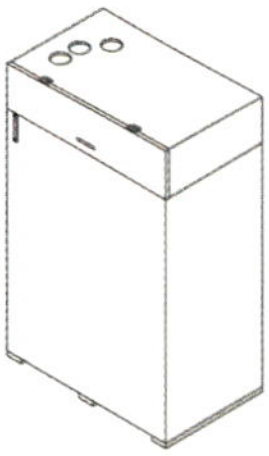

등록디자인
(판례 이미지)

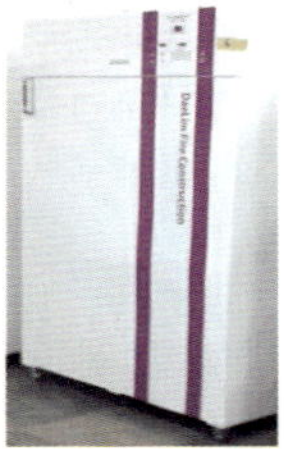

비교대상디자인1
(판례 이미지)

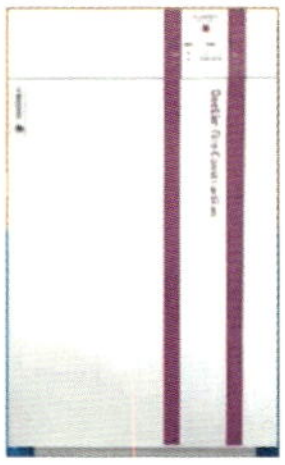

비교대상디자인10
(판례 이미지)

결과 A 승소 (디자인 등록무효)

법원의 판단

디자인보호법은 출원된 디자인과 동일 · 유사한 디자인이 이미 공지되었다면 출원된 디자인은 신규성이 없는 디자인으로 등록을 받을 수 없도록 규정하고 있는 동시에, 일정한 요건과 절차를 만족하는 경우 신규성을 상실하지 않은 것으로 보는 예외규정을 두고 있음

여러 번의 공개행위를 하고 그 중 가장 먼저 공지된 디자인에 대하여 절차에 따라 신규성 상실의 예외 주장을 하였더라도, 공지된 나머지 디자인이 가장 먼저 공지된 디자인과 동일성이 인정되는 범위 내에 있다면 공지된 나머지 디자인도 신규성 상실 예외 효과가 적용되지만, 전체적 심미감이 동일한 것이라 아니라 유사한 정도에 불과한 경우는 그렇지 않음

① A의 비교대상디자인10은 정면 상단부 문에 별도의 손잡이가 없는데, 비교대상디자인1은 정면 상단부 문에 직사각형의 손잡이를 구비하고 있는 점에 차이가 있고, ② 해당 손잡이에 손을 집어넣어 상단부의 전면의 문을 위로 개폐할 수 있는 구성과 별도의 손잡이가 없어서 상단부 전면의 문을 양손으로 잡고 위로 개폐하는 구성에 있어 차이가 있으며, ③ 비교대상디자인1의 상단부의 손잡이는 비록 디자인에서 차지하는 면적이 작기는 하지만 정면 상단부에 위치하고 있어 눈높이에서 바라볼 수 있고, 기능도 상단부의 문을 위로 개폐하는 것으로 외관 혹은 심미감에 영향을 주는 요소로 파악할 수 있음

따라서 비교대상디자인1과 비교대상디자인10은 외관 혹은 심미감에 영향을 주는 요소인 정면 상단부의 개폐 손잡이의 유무에 차이가 있어 전체적으로 형상 · 모양 · 색채 또는 이들의 결합이 시각을 통하여 같은 미감을 일으키는 디자인으로 볼 수 없음

비교대상디자인1과 B의 디자인은 일부 세부적인 점에 차이가 있지만, 지배적인 특징을 보이는 정면 부분의 상단부와 하단부의 비율, 상단부와 하단부 문의 손잡이의 위치가 같아, 전체적으로 디자인을 보는 사람이 동일 · 유사한 심미감을 느끼는 동일 · 유사한 디자인임

B가 디자인을 출원하면서 출원서의 '신규성 상실 예외 주장'란에 비교대상디자인10에 관한 사항만을 기재하였는데, 비교대상디자인1과 비교대상디자인10은 외관 혹은 심미감에 영향을 주는 요소인 정면 상단부의 개폐 손잡이의 유무에 차이가 있어 비교대상디자인1에 대하여 신규성 상실 예외 규정이 적용될 수 없음

따라서 B의 디자인은 신규성 상실 예외가 적용된 비교대상디자인10과는 동일하지 않고, 신규성 상실 예외가 적용되지 않는 비교대상디자인1과 동일 · 유사하여 신규성을 상실한 것으로 보아 무효에 해당함

시사점	여러 디자인이 다수 공지된 경우에 해당 디자인 전부가 신규성 상실 예외로 인정되기 위하여 해당 디자인 사이에 동일·유사성이 인정되어야 함

가장 먼저 공지된 디자인과 동일성이 인정되는 범위 내에 있다면, 공지된 나머지 디자인들도 신규성 상실 예외가 적용된다는 점

등록디자인과 신규성 상실 예외를 주장하는 디자인과의 동일성이 인정되지 않는다면, 등록디자인의 신규성은 부정된다는 점

판례번호	대법원 2017. 1. 12. 선고 2014후1341 판결

관련조문	디자인보호법 제33조 제1항 제1호, 제36조

8

산업디자인 분쟁사례

밸브하우징

쟁점 등록디자인의 권리범위에 대한 판단

사건개요

A는 B의 디자인이 자신의 등록디자인과 동일 · 유사하여 A의 디자인 권리범위에 속한다고 주장하며 권리범위확인심판을 청구한 사건

A	⟷	B (피고1 외)
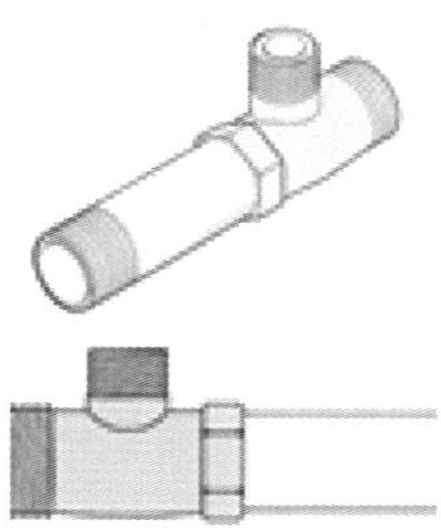 **등록디자인** (판례 이미지) 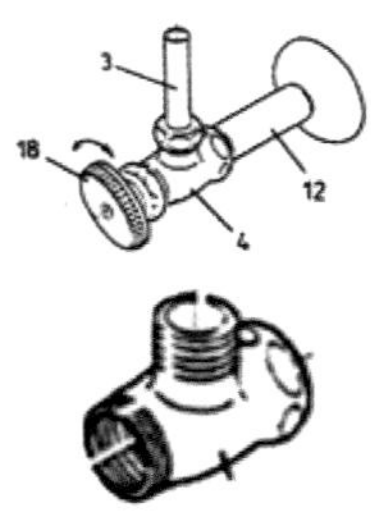 **선행디자인** (판례 이미지)		 **등록디자인** (판례 이미지)

결과 A 패소 (A의 디자인 권리범위에 속하지 않음)

법원의 판단

등록디자인과 대비되는 디자인이 등록디자인 출원 전에 디자인이 속하는 분야에서 통상의 지식을 가진 사람이 공지디자인 또는 이들의 결합에 따라 쉽게 실시할 수 있을 때, 등록디자인과 대비할 것도 없이 등록디자인의 권리범위에 속하지 않음

선행디자인과 B의 디자인은 모두 ① 본체와 배출구, 조임볼트, 공급관의 연결구조가 전체적으로  와 같은 형상과 모양을 이루는 점, ② 본체가 원통형의 관체 형상을 이루는 점, ③ 조임볼트가 본체의 한쪽 끝부분에 링 모양으로 있고, 표면이 일정한 간격으로 평평하게 깎여 6개의 조임면이 형성되어 있는 점 등에서 공통되어 주된 창작적 모티브를 같이 함

선행디자인의 경우 본체의 외주면이 만곡진 형상인데, B의 디자인은 일직선으로 되어 있어 조임볼트와 본체 사이 단턱 형성의 정도, 본체와 배출구 연결 부분의 각도 등에서 다소 차이가 나타나지만, 이런 차이는 전체적으로 다른 미감적 가치가 인정되지 않는 상업적 · 기능적 변형에 불과함

따라서 B의 디자인은 통상의 디자이너가 선행디자인에 의하여 쉽게 실시할 수 있는 디자인임

시사점 **권리범위확인의 대상이 되는 디자인이 선행디자인에 의하여 쉽게 만들어질 수 있는 디자인으로 등록무효의 대상이라면 타인의 디자인 권리범위에 속하지 않음**

선행디자인과의 전체적인 형상과 모양이 동일 · 유사하고, 사소한 변형에 불과한 차이로 인하여 다른 미감적 가치가 인정되지 않는 정도라면 해당 디자인은 등록이 불가한 디자인에 해당함

통상의 디자이너가 공지디자인 등으로부터 쉽게 만들 수 있는 디자인은 타인의 등록디자인 권리범위에 속하지 않는다는 점

판례번호 대법원 2016. 8. 29. 선고 2016후878 판결

관련조문 디자인보호법 제33조 제2항

9

산업디자인 분쟁사례

합성수지 발포판재

쟁점 용이창작디자인에 해당하는지 여부 판단

사건개요

A는 B의 등록디자인이 디자인이 속하는 분야에서 통상의 지식을 가진 자가 국내에서 널리 알려진 형상 · 모양 · 색채 또는 이들의 결합에 의하여 용이하게 창작할 수 있는 디자인에 해당한다고 주장하며 무효심판을 청구한 사건

B

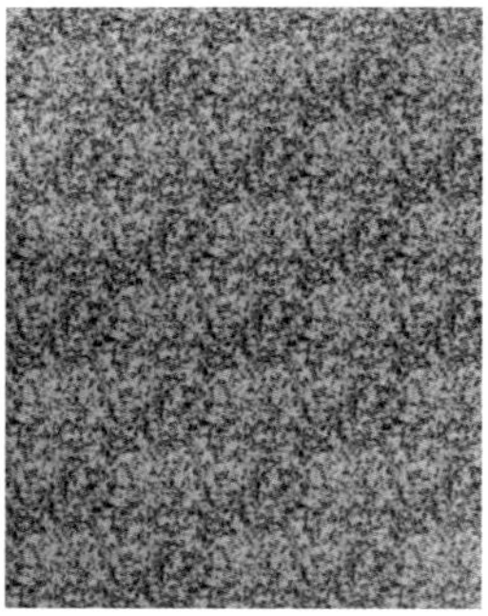

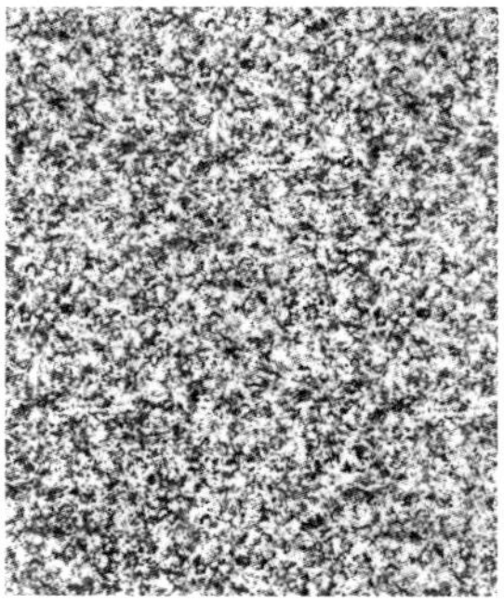

등록디자인
(판례 이미지)

결과 A 승소 (디자인 등록무효)

법원의 판단

등록출원 전에 디자인이 속하는 분야에서 통상의 지식을 가진 자가 국내에서 널리 알려진 형상 · 모양 · 색채 또는 이들의 결합에 의하여 용이하게 창작할 수 있는 디자인은 디자인등록을 받을 수 없음

B의 디자인은 '문구제도용 합성수지발포판재'에 관한 디자인으로 거래나 사용 시 주로 앞에서 바라본 형태가 거래자 및 수요자의 주의를 끄는 부분에 해당할 것인데, 정면에서 보이는 모양은 부정형의 검은색 반점들이 흰색 바탕에 불규칙하게 분포된

것으로 자연 상태의 화강암 무늬와 극히 유사하고 직육면체의 판재 형상은 국내에서 널리 알려진 형상에 불과함

따라서 B의 디자인은 디자인이 속하는 분야에서 통상의 지식을 가진 자가 국내에서 널리 알려진 형상 · 모양 · 색채 또는 이들의 결합인 자연물로서의 화강암 무늬 등에 의하여 용이하게 창작할 수 있는 디자인에 해당하여 무효에 해당함

시사점 **통상의 디자이너가 주지디자인으로부터 쉽게 창작할 수 있는 디자인은 등록이 불가하며, 이런 판단은 대상물품의 '사용 시'와 '거래 시' 주의를 끄는 부분의 주로 하여 판단함**

대상물품의 '사용 시'뿐만 아니라 '거래 시'의 외관에 대한 심미감도 함께 고려하며, 물품의 특성에 따라 심미감을 고려하는 주요 부분이 달라질 수 있다는 점

출원 전에 디자인이 속하는 분야에서 통상의 지식을 가진 자가 국내에서 널리 알려진 형상 · 모양 · 색채 또는 이들의 결합에 의하여 용이하게 창작할 수 있는 디자인은 등록이 불가하다는 점

판례번호 대법원 2016. 6. 9. 선고 2014후614 판결

관련조문 디자인보호법 제33조 제2항

10

산업디자인 분쟁사례

메추리알 포장용기

쟁점 이미 알려진 디자인을 결합한 디자인의 창작수준을 평가하는 기준

사건개요

A는 대상물품을 메추리알 포장용기로 하는 B의 등록디자인이 공지된 디자인 등으로부터 쉽게 만들 수 있는 디자인으로 무효가 되어야 한다고 주장하며 등록무효심판을 청구한 사건

A	↔	B
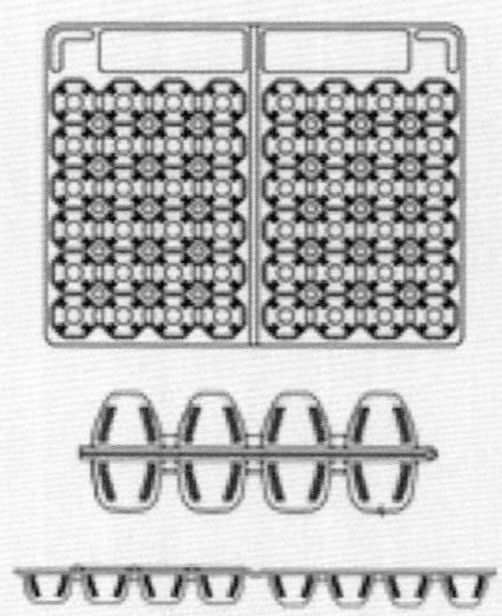 **비교대상디자인** (판례 이미지)		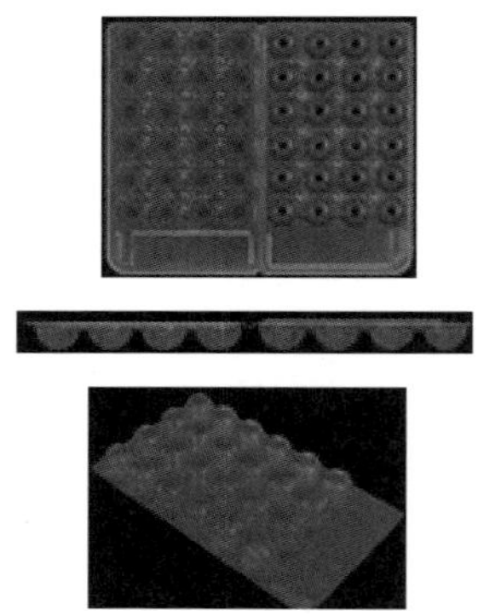 **등록디자인** (판례 이미지)

결과 A 승소 (디자인 등록무효)

법원의 판단

공지디자인의 형상 · 모양 · 색채 또는 이들의 결합(공지형태)이나 국내에서 널리 알려진 형상 · 모양 · 색채 또는 이들의 결합(주지형태)을 거의 그대로 모방 혹은 전용하였거나, 상업적 또는 기능적 변형에 불과한 경우, 디자인 분야에서 흔한 창작수법이나 표현방법으로 만들어진 창작수준이 낮은 디자인은 디자인등록을 받을 수 없음

공지형태나 주지형태를 서로 결합하거나 결합된 형태를 변형, 변경, 전용한 경우에도 창작수준이 낮은 디자인에 해당할 수 있는데, 창작수준을 판단할 때는 공지디자인의 대상물품이나 주지형태의 알려진 분야, 공지디자인이나 주지형태의 외관적 특징의 관련성, 해당 디자인 분야의 일반적 경향 등에 비추어 통상의 디자이너가 용이하게 그와 같은 결합에 이를 수 있는지를 고려하여야 함

각각의 대상물품을 '메추리알 포장용기'로 하는 A와 B의 디자인을 대비하여 보면, ① 난좌(알을 놓는 자리) 몸체의 형상, ② 난좌 바깥면 형상, ③ 손잡이부 형상에서 차이가 있지만, 차이점 ①과 ②는 A의 디자인 덮개부 난좌와 받침부 난좌를 주지형태에 해당하는 반구 형상(널리 알려진 입체적 형상)으로 치환하여 결합함으로 극복할 수 있고, 차이점 ③은 공지형태와 주지형태가 결합된 형태를 부분적으로 변형한 것으로 전체적으로 볼 때 다른 미감적 가치가 인정되지 않는 상업적 또는 기능적 변형에 불과함

A의 디자인 대상물품은 메추리알 포장용기고 반구 형상은 포장용기 분야에 주지된 일반적인 형상인 점, B의 디자인과 일부 차이가 있으나 전체적 곡면의 내부 공간을 형성하는 것으로 반구 형상과 공통되는 외관적 특징을 가진다는 점 등을 함께 고려하면, 통상의 디자이너가 그와 같은 결합에 이르는 데 특별한 창작적 노력이 필요한 것으로 볼 수 없음

따라서 B의 디자인은 통상의 디자이너가 A의 디자인의 공지형태와 반구 형상의 주지형태를 결합하여 용이하게 창작할 수 있는 디자인에 해당함

시사점 **공지디자인과 국내에서 널리 알려진 형태를 결합하여 변형한 디자인이더라도 창작수준이 낮은 경우에는 디자인 등록이 불가함**

공지형태와 주지형태의 결합으로 만들어진 디자인의 경우도 통상의 디자이너가 용이하게 창작할 있는 디자인에 해당할 수 있다는 점

그런 결합의 창작성 판단은 공지디자인과 주지형태가 알려진 분야, 외관적 특징의 관련성, 해당 디자인 분야의 일반적 경향 등을 고려한다는 점

판례번호	대법원 2016. 3. 10. 선고 2013후2613 판결
관련조문	디자인보호법 제33조 제2항

11

산업디자인 분쟁사례

입체적 형상 및 색채 · 문자 결합상표

쟁점 결합상표의 식별력 판단

사건개요

A는 입체적 형상과 색채 및 문자가 결합한 상표를 출원하였는데, 특허청이 출원한 상표가 식별력이 없다는 이유로 등록을 거절하자 A가 이에 불복하는 심판을 청구한 사건

A (세람테크 게엠베하)

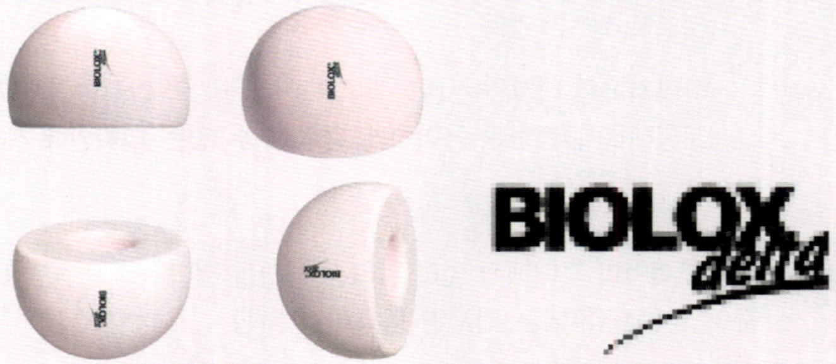

출원상표
(판례 이미지)

출원상표 문자부분
(판례 이미지)

결과 A 승소 (상표 등록)

법원의 판단

두 개 이상의 구성 부분이 결합하여 이루어진 이른바 결합상표에 있어, 상표를 구성하는 전체에 의하여 식별력이 있는지 판단하여야 하는데, 입체적 형상 자체에는 식별력이 없더라도 식별력이 있는 기호 · 문자 · 도형 등과 결합하여 전체적으로 식별력이 있는 경우에는 등록이 가능함

'hip joint balls(인공 고관절용 볼)' 등을 지정상품으로 하는 A의 상표에서 둥근 홈이 형성된 반구형상으로 구성된 입체적 형상 부분은 지정상품의 형상을 보통으로

사용하는 방법으로 표시한 표장으로 식별력이 없고, 핑크색 부분 역시 일반적으로 흔히 볼 수 있는 색상으로 식별력이 없음

그러나 이와 결합한 영문자 'BIOLOX delta'는 지정상품과의 관계에서 성질 등을 나타내는 기술적 의미가 있지 않는 조어상표로 식별력이 있어, A의 상표는 전체적으로 식별력이 있는 상표에 해당하여 등록이 가능함

시사점	식별력 없는 입체적 형상과 식별력 있는 문자가 결합하여 전체적인 식별력이 인정되는 경우에는 상표 등록이 가능함

결합상표의 식별력은 결합한 일부가 식별력이 없더라도 결합한 전체가 식별력이 있는 경우에는 등록 가능한 것으로 판단한다는 점

입체적 형상이 결합된 경우에도 다른 일반적인 결합상표와 동일하게 판단된다는 점

판례번호	대법원 2015. 2. 26. 선고 2014후2306 판결

관련조문	상표법 제33조 제1항 제3호

12

산업디자인 분쟁사례

완구용 블록

쟁점 입체상표의 등록과 사용에 의한 식별력 판단

사건개요

A는 '블록쌓기(장난감) 및 완구용 블록' 등을 지정상품으로 하는 입체상표를 출원하였는데, 특허청이 출원한 상표가 식별력이 없다는 이유로 등록을 거절하자 A가 이에 불복하는 심판을 청구한 사건

A

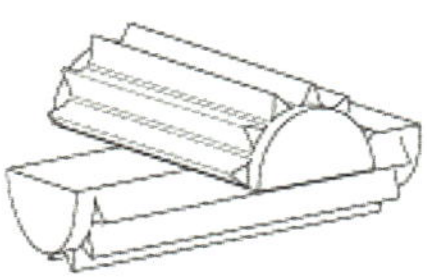

출원상표
(판례 이미지)

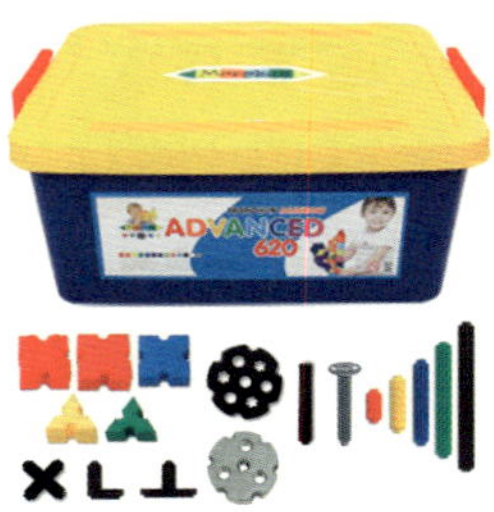

이해를 돕기 위한 실제 제품 이미지
(출처 : 몰펀코리아 홈페이지)

결과 A 패소 (상표 등록불가)

법원의 판단

상품의 품질, 효능, 용도 등을 보통의 방법으로 표시한 표장만으로 된 상표는 등록이 불가한데, 입체상표의 경우 입체적 형상이 해당 지정상품이 거래되는 시장에서 상품 등의 통상적 · 기본적인 형태에 해당하거나, 거래사회에서 채용할 수 있는 범위 내에서 이를 변형한 형태에 불과하거나, 당해 상품 유형에 일반적으로 잘 알려진 장식적 형태를 단순히 도입하여 이루어진 형상으로 상품의 장식 또는 외장으로만 인식되는 데 그치는 경우가 이에 해당하지만, 출원 전에 상표를 사용한 결과 수요자 사이에 누구의 업무에 관련된 상품을 표시하는 상표인지 현저하게 인식된 것은 상표 등록을 받을 수 있음

A는 자신의 상표와 거의 동일한 형상의 실제 부품인 블록과 함께 끼워질 수 있는 대응블록을 비롯하여 톱니 모양의 홈과 돌기를 가진 부분 및 그것이 끼워질 수 있는 부분을 가진 블록 부품으로 구성된 블록 장난감 제품을 'OO'이라는 상표를 사용하여 장기간 판매하며 블록 장난감 제품에 관한 광고를 하였는데, 다른 업체도 A의 블록 및 대응블록의 형상을 가지는 블록 부품을 포함한 블록 장난감 제품을 판매하였음

A의 상표는 심사 당시 일반 수요자나 거래자에게 톱니 모양의 홈과 돌기를 이용하여 다른 것과 끼워 맞추어 원하는 사물의 형태를 만들 수 있는 블록의 형상으로 직감되어 '블록쌓기 및 완구용 블록'의 형상을 보통으로 사용하는 방법으로 표시한 표장만으로 된 상표로 등록불가 사유에 해당함

A가 판매하는 블록 장난감 제품에서 블록이 차지하는 비중, 해당 제품에 관한 광고나 보도의 내용 등에 비추어 볼 때, A가 판매하는 블록 장난감 제품에 독특한 개성을 부여하는 수단으로 사용되었다고 보기 어려울 뿐만 아니라, A가 운영하는 'ㅇㅇ 코리아' 외에도 다수의 업체가 동일한 형상을 가지는 블록 부품을 포함한 블록 장난감 제품을 판매하여 온 사정을 고려할 때, A의 상표가 수요자 대다수에게 특정인의 상품을 표시하는 것으로 인식되기에 이르렀다고 보기 부족하여 사용에 의한 식별력을 취득한 것으로 볼 수 없음

시사점

잘 알려진 장식적 형태를 도입한 것은 입체상표로 등록이 불가하며, 이미 타인에 의하여 사용된 형태라면 사용에 의한 식별력도 인정될 수 없음

입체상표가 상품 유형에 일반적으로 잘 알려진 장식적 형태를 단순히 도입한 형상으로 이루어지면 등록이 불가하다는 점

일반 거래자와 수요자에게 출원상표의 물품임을 연상시킬 정도로 현저하게 개별화된 정도가 아니라면 사용에 의한 식별력을 인정할 수 없다는 점

판례번호	대법원 2014. 10. 15. 선고 2013후1146 판결
관련조문	상표법 제33조 제1항 제3호

13

산업디자인 분쟁사례

자동차 그릴 디자인

쟁점 저작권 침해 판단 시 저작물의 의거성 추정

사건개요

A는 B의 자동차 그릴 디자인이 A의 스케치를 모방하여 디자인되었다고 주장하며 B를 상대로 저작권침해금지를 청구한 사건

A	↔	B (기아자동차 주식회사 외)
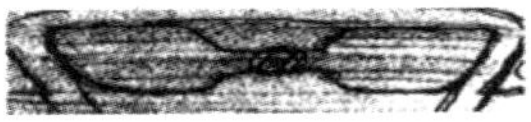 스케치 이미지		 디자인 이미지

결과 A 패소 (저작권 침해 부정)

법원의 판단

저작권 침해 성립을 위한 실질적 유사성과 의거성 판단에 있어, 대상 저작물이 기존 저작물보다 먼저 창작되었거나 나중에 창작되었더라도 기존의 저작물과 무관하게 독립적으로 창작되었다고 볼 만한 간접사실이 인정되는 경우에는 의거성을 추정하기 어려움

A의 스케치와 B의 디자인은 어느 정도 유사성은 인정되지만, ① A의 스케치는 돌출부의 돌출 정도가 깊어 그 사이를 꽉 채우고 있으나, B의 디자인은 돌출 정도가 낮아 그 사이에 로고를 배치하고도 여유가 있는 점, ② 이에 따라 A의 스케치는 중앙을 기준으로 양쪽이 안경과 같이 두 공간으로 분할된 느낌을 주지만, B의 디자인은 공간이 분할된 느낌 없이 중앙 부분이 약간 눌린 느낌만 주는 점, ③ A의 스케치는 상하 돌출부가 거의 대칭을 이루고 있는데, B의 디자인은 상대적으로 상부 돌출부의 길이가 하부 돌출부의 길이보다 긴 점, ④ A의 스케치는 가장자리 라인이 완만한 곡선이나, B의 디자인은 상부라인이 직선을 이루고 있는 점 등에 차이가 있음

① A가 인터넷 게시판에 올린 스케치 등 디자인 제안의 글은 비공개로 설정되어 게시판 운영자와 A만이 볼 수 있었으며, ② 해당 글의 조회 수가 적다는 점, ③ B가 해당 인터넷 게시판을 운영하는 그룹에 속하여있더라도 A의 스케치가 B에게 전달되었다고 볼 근거는 없다는 점 등에서 B가 A의 스케치에 대하여 직접 또는 간접적으로 접근할 가능성은 매우 낮음

또한, ① B가 '자동차용 라디에이터 그릴'에 관하여 1995년 디자인등록을 받은 점, ② B에 영입된 디자인총괄책임자가 B만의 특징적인 디자인을 개발하기 위하여 많은 스케치를 한 후, 2006년 11월경 B의 디자인 초기 스케치를 완성하여 선행디자인팀에 제시하고, 이를 기초로 B 고유의 그릴 디자인을 개발하도록 지시한 점, ③ B의 디자인과 비슷한 나비넥타이 모양의 디자인은 이미 자동차 관련 디자인에서 많이 사용되고 있다는 점, ④ B의 디자인팀이 다양한 스케치를 작성하고 수차례 품평회를 거쳐 수정작업을 한 끝에 최종 이미지를 완성한 사실 등에 비추어 볼 때, B의 디자인은 A의 스케치에 의거하지 않고 독자적으로 창작된 것으로 볼 수 있음

따라서 A의 스케치와 B의 디자인 사이에 어느 정도의 유사성은 존재하더라도 현저한 유사성 또는 고도의 유사성이 있는 것으로는 볼 수 없으며, A의 스케치에 대한 B의 접근가능성이 낮고, B의 디자인은 독자적으로 창작된 것이라는 점에서 B의 저작권 침해는 인정되지 않음

시사점 | **대비되는 저작물 사이의 의거성 판단에서 실질적 유사성과 접근가능성 외에도 독자적인 창작 여부가 고려됨**

대비되는 저작물이 실질적으로 유사하고 의거관계가 성립되면 저작권 침해로 인정된다는 점

의거성 판단에 있어 기존 저작물에 대한 접근가능성이 낮고 기존 저작물과 무관하게 독립적으로 창작된 것일 경우 의거성은 부정된다는 점

판례번호	대법원 2014. 5. 16. 선고 2012다55068 판결
관련조문	저작권법 제16조 및 제22조

14

산업디자인 분쟁사례

창틀용 프레임

쟁점 용이창작 디자인 해당 여부

사건개요

A는 B의 등록디자인이 출원 전 이미 공지된 디자인으로부터 용이하게 창작할 수 있는 디자인으로 무효에 해당한다며 등록무효심판을 청구한 사건

A	⟷	B (송원기공 주식회사)
 **공지디자인** (판례 이미지)		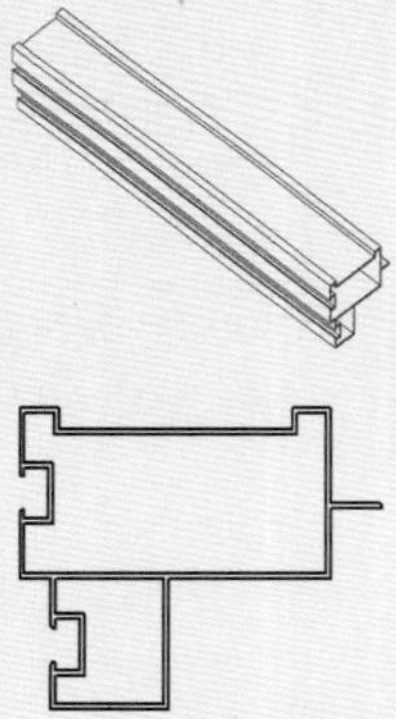 **등록디자인** (출처 : 특허정보넷)

결과 A 패소 (디자인 등록유효)

법원의 판단

해당 디자인이 속하는 분야에서 통상의 디자이너가 공지디자인으로부터 용이하게 창작할 수 있는 디자인은 등록받을 수 없는데, 공지 등이 된 디자인의 형상 · 모양 · 색채 또는 이들의 결합을 거의 그대로 모방 또는 전용하였거나, 단순 상업적 · 기능적 변형, 흔한 창작수법이나 표현방법에 의하여 만들어진 창작수준이 낮은 디자인 역시 이런 디자인에 해당함

대상물품을 '창틀용 프레임'으로 하는 B의 등록디자인과 A가 주장하는 비교대상 디자인들을 대비하여 보면, 직육면체 형태의 상부 사각통과 같은 방향으로 연접한 정육면체 형태의 하부 사각통, 상부 사각통의 윗면 가운데 부분에 오목부가 형성되어 있는 점에서 공통됨

그러나 ① B의 등록디자인은 상·하부 사각통의 중앙에 같은 폭과 깊이의 요홈이 하나씩 형성되어 있는데, 비교대상 디자인에는 요홈이 없는 점, ② B의 등록디자인의 경우 비교대상 디자인에 비하여 하부 사각통이 상부 사각통의 왼쪽 부분으로 더 치우쳐 형성되어 있는 점, B의 등록디자인은 상부 사각통의 오른쪽 중앙에 수평의 빗물 차단판이 형성되어 있음에 비하여 비교대상 디자인에는 빗물 차단판이 없는 점에서 차이가 있음

이런 차이는 전체적으로 보아 서로 다른 미감적 가치를 가져올 정도로, 비교대상디자인을 B의 등록디자인과 같이 변형하는 것은 상업적·기능적 변형에 불과하다고 볼 수 없음

A가 주장하는 또 다른 비교대상 디자인들에 요홈과 빗물 차단판이 형성되어 있기는 하지만 위치나 형상·모양 등에서 B의 등록디자인과는 차이가 있어, 이런 비교대상 디자인들을 단순히 조합하는 창작수법이나 표현방법만으로는 B의 등록디자인을 창작할 수 없음

따라서 B의 등록디자인은 그 디자인이 속하는 분야에서 통상의 지식을 가진 자가 A가 주장하는 비교대상 디자인들의 결합에 의하여 용이하게 창작할 수 있는 것으로 볼 수 없음

시사점 공지디자인과의 일부 유사성만으로는 용이창작 디자인이라 볼 수 없으며, 전체적인 심미감을 고려하여 판단함

공지디자인과의 유사성이 일부 존재하더라도 전체적인 심미감이 다를 경우 용이하게 창작할 수 있는 디자인에는 해당하지 않는다는 점

판례번호	대법원 2014. 4. 10. 선고 2012후1798 판결

관련조문	디자인보호법 제33조 제2항

15

산업디자인 분쟁사례

농업용 기계

쟁점 디자인 유사 여부 판단

사건개요

트랙터, 콤바인 등의 각종 농업용 기계를 제조 및 판매하는 A는 B가 자신이 등록한 디자인의 콤바인 제품과 유사한 콤바인을 생산, 대여 등을 하자 디자인권 침해를 주장한 사건

A ⟷ B (대동공업 주식회사)

A

디자인1
(출처 : 특허정보넷)

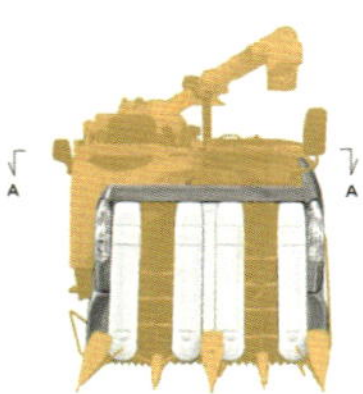

디자인2
(출처 : 특허정보넷)

B (대동공업 주식회사)

디자인1
(출처 : 특허정보넷)

디자인2
(출처 : 특허정보넷)

결과 A 패소 (권리범위에 속하지 않음)

법원의 판단

등록디자인의 일부가 공지의 형상과 모양을 포함하고 있는 경우, 그 부분까지 독점배타적인 권리를 인정할 수 없어 디자인권의 권리범위를 정함에 있어 공지 부분의 중요도를 낮게 평가하고, 공지 부분의 유사성은 권리범위 판단에 영향을 미치지 않음

A의 디자인1에서 '곡물탱크커버와 원동부커버의 상부 윤곽선'은 이미 공지된 모양으로 이전부터 여러 디자인이 다양하게 고안되어 그 부분의 유사범위를 비교적 좁게 보아야 하며, A의 디자인2(정면에서 보았을 때, 작업등이 비교적 폭이 넓은 사이드커버 상부 속에 좌우 대칭으로 내장된) 형상 역시 출원 전에 이미 다른 디자인 등에 공지되어 있어 중요도를 높게 평가할 수 없음

A와 B의 디자인2를 전체적으로 대비 및 관찰하면, A의 디자인2는 세로로 긴 형태의 유리 덮개가 씌워진 1개의 작업등이 사이드커버의 전면과 측면을 비추도록 내장된 형상인데, B의 디자인2는 2개의 개별 작업등이 각각 금속제 원형 홈에 삽입되어 사이드커버의 전면만을 비추도록 내장된 형상인 점에 차이가 있고, 사이드커버의 형상과 모양도 상당한 차이가 있어 전체적으로 수요자가 느끼는 심미감이 달라 두 디자인은 유사하지 않음

A와 B의 디자인1을 전체적으로 대비 및 관찰하면, ① 곡물탱크커버 및 원동기커버의 외곽선 모양이 부드러운 느낌에서 차이가 있고, ② 곡물탱크커버의 형상이 A의 디자인1은 외면 중앙부가 바깥쪽으로 완만한 형상으로 돌출되었는데, B의 디자인1은 직선 형상인 점, ③ 탈곡커버의 형상이 A의 디자인1은 짚 처리장치의 후단까지 연장되었는데, B의 디자인1은 짚 처리장치의 후단부에 미치기 이전에 단절된 형상인 점, ④ 조종부 전면의 엠블럼 주변 모양이 A의 디자인1은 사각형 모양인데, B의 디자인1은 삼각형 모양인 점 등에서 차이가 있음

A의 디자인1의 대상물품인 '콤바인'의 용도 및 사용 형태, 콤바인을 광고하는 카탈로그에 콤바인의 좌우 측면과 정면을 모두 볼 수 있도록 전방 45도 지점에서 찍은 사진이 주로 실려 있는 점, 콤바인 운행 시 탈곡된 볏짚이 후부로 배출되어 후면 또한 좌우 측면 및 정면과 동일하게 보는 사람의 눈에 자주 띄게 되는 점 등을 참작하여 보면, 콤바인에선 전후좌우에서 바라보는 형태가 보는 사람의 주의를 끄는 부분이라고 할 수 있어 이를 중심으로 양 디자인을 대비하여 보면 A의 디자인1과 B의 디자인1은 전체적으로 수요자가 느끼는 심미감이 달라 유사한 것으로 볼 수 없음

시사점

공지된 형상과 모양이 디자인에 포함되어 있다면 그 부분에 대한 권리는 주어지지 않고, 대비되는 디자인의 유사성이 공지된 형상과 모양에 해당한다면 권리범위 판단의 중요한 요소로 고려되지 않음

대비되는 디자인에 공지의 형상과 모양이 일부 포함된 경우, 그 부분의 유사성은 양 디자인의 권리범위 판단에 영향을 미치지 않는다는 점

디자인의 유사성 판단 시, 주의를 끄는 부분을 중심으로 전체적인 느껴지는 심미감이 다르다면 유사 디자인으로 볼 수 없다는 점

판례번호 대법원 2013. 12. 26. 선고 2013다202939 판결

관련조문 디자인보호법 제33조 제2항

16

산업디자인 분쟁사례

생활도자기 그릇

쟁점 디자인의 상표로서의 사용과 결합 상표의 유사성 판단

사건개요

A는 독특한 꽃무늬 디자인을 상표로 등록하여 고급 생활도자기 그릇 등에 사용하였는데, B가 이와 유사한 디자인을 사용하여 A의 제품과 유사한 제품을 생산 및 판매하자, A가 B의 상표권 침해 등을 주장한 사건

A (포트메리온 그룹 유케이 리미티드) ⟷	B (주식회사 세미기획)
 **등록상표 및 디자인** (판례 이미지)	 **비교대상디자인** (판례 이미지)

결과 A 승소 (상표권 침해 인정, 부정경쟁방지법 위반 인정)

법원의 판단

디자인이 상표의 본질적인 기능인 자타상품의 출처표시를 위하여 사용되는 경우에는 상표의 사용이라고 보아야 하며, 그것이 상표로 사용되고 있는지는 상품과의 관계, 당해 표장의 사용 형태, 등록상표의 주지 · 저명성, 사용자의 의도와 사용 경위 등을 종합하여 실제 거래계에서 표시된 표장이 상품의 식별표지로 사용되고 있는지에 의하여 판단하여야 함

① A의 제품은 1999년경부터 국내에 수입 및 판매된 이후 2006년경까지 판매된 매출액이 약 552억 원 정도며, 1998년부터 약 10여 년간 각종 잡지, 일간신문, 유명백화점 광고 책자 등에서 다수 광고되었고, ② A의 상표는 이전 도자기 그릇류에서 볼 수 없었던 독특한 문양의 상표이며, ③ A는 그릇 가운데 문양을 여러 가지 꽃문양으로 다양하게 교체하고 테두리에 나뭇잎 띠 문양을 배치하여 만든 보타닉가든 제품을 국내에서 주로 판매하여 왔는데, B의 제품에도 A의 보타닉가든 제품과 동일한 위치에 동일한 크기로 나뭇잎 띠, 꽃, 나비 등 문양이 배치되어 있고, ④ B의 제품은 2006년경과 2010년경 인터넷 쇼핑몰인 옥션, 인터파크, 지마켓에서 '포트메리★스타일', '포트메리온 st 접시' 또는 '명품' 등으로 광고 및 판매되었음

도자기 그릇에 표현된 디자인은 다른 상품과 구별하는 식별표지로 사용되는 것이라 할 수 있는데, ① A의 상표에 사용된 문양은 B의 표장이 사용된 2006년경에는 거래자와 수요자에게 현저하게 인식되었고, ② A의 상표 문양이 거의 동일한 크기와 위치로 B의 제품에 표현되어 있고, ③ B의 제품은 '포트메리온 st 접시' 등으로 광고하여 A의 포트메리온 제품인 것처럼 판매되어, B의 표장은 순전히 디자인이나 장식용으로 사용된 것이 아니라 상품의 출처표시를 위한 상표로서 사용된 것임

B는 자신의 표장을 그 형태대로만 제품에 사용하는 것이 아니라 그릇의 모양에 따라 나뭇잎 띠, 꽃문양을 함께 또는 분리하여 배치하는 방식으로 사용하였는데, B의 표장을 나뭇잎 띠 문양만으로 분리 관찰하여 A의 상표와 이격적으로 대비할 때, 양 상표는 외관이 극히 유사하여 양 상표를 같이 동종 상품에 사용하는 경우 일반 수요자가 상품의 출처에 관하여 오인 · 혼동할 염려가 있어 유사한 상표에 해당함

시사점	**제품의 디자인이 출처표시로 사용되었다면 상표의 사용으로 유사성을 판단할 수 있고, 그런 디자인이 결합상표로 분리 사용되더라도 수요자가 출처의 오인·혼동할 염려가 있다면 유사상표의 사용으로 부정경쟁행위에 해당함**

디자인이 될 수 있는 형상이나 모양이 자타상품 출처표시 기능을 하는 경우에는 상표의 사용에 해당한다는 점

두 개 이상의 도형으로 이루어진 결합상표에서 하나의 도형이 가지는 외관의 유사성으로 인하여 일반 수요자가 상품의 출처에 관하여 오인 · 혼동할 염려가 있다면, 대비되는 상표와의 유사성이 인정된다는 점

판례번호	대법원 2013. 3. 28. 선고 2010다58261 판결

관련조문	부정경쟁방지 및 영업비밀보호에 관한 법률 제2조 제1호 (가)목

17

산업디자인 분쟁사례

휴대폰 케이스

쟁점 분리된 두 개 이상의 부분이 하나의 디자인으로 출원 가능한지 여부

사건개요

A가 토끼 모양의 휴대폰 케이스에서 본체를 제외한 상단과 하단 부분만을 보호받고자 부분디자인으로 출원하자, B는 해당 출원이 하나의 출원에 두 개 이상의 형상, 모양, 색채 또는 결합을 표현한 것으로 하나의 디자인으로 하나의 물품을 출원하는 원칙에 위반된다며 디자인등록을 거절하였고, 이에 A가 불복한 사건

A

출원디자인
(판례 이미지)

결과 A 승소 (디자인 등록허용)

법원의 판단

하나의 물품 중 물리적으로 떨어져 있는 둘 이상의 부분에 관한 디자인이더라도 그들 사이에 형태적으로나 기능적으로 일체성이 있어 보는 사람이 전체를 통하여 미감을 느낀다면, 하나의 디자인에 해당하는 것으로 하나의 디자인 등록출원으로 디자인 등록을 받을 수 있음

A의 디자인 중 ① '귀 형상 부분'은 이를 보는 사람이 '토끼 귀' 형상으로 쉽게 인식할 것으로 보이는 점, ② 실제 토끼의 전체 형상에서 '꼬리 형상 부분'이 차지하는 비율이 다소 크기는 하지만 실물을 디자인화하는 과정에서 어느 정도의 변형이나 과장 또는 추상화가 수반되기 마련이고, ③ '꼬리 형상 부분'이 휴대폰케이스 하단 뒷면에 있는 반면, '귀 형상 부분'은 휴대폰케이스 상부에 있어, 보는 사람은 '꼬리 형상 부분'을 '토끼 꼬리' 형상으로 인식할 여지가 충분히 있는 점, ④ 실제로 소비자가 A의 디자인을 '토끼 형상'으로 인식하며 '꼬리 형상 부분'을 '꼬리'로 호칭하고 있음을 알 수 있는 점 등을 살펴보면, A의 디자인은 귀와 꼬리 형상 부분이 물리적으로 떨어져 있더라도 이를 보는 사람이 각 부분을 '토끼 귀'와 '토끼 꼬리'로 인식할 수 있어 형태적으로 일체성이 인정됨

따라서 보는 사람이 그 전체가 '토끼 형상'과 유사한 일체로 시각을 통한 미감을 느껴, A의 디자인은 하나의 디자인에 해당함

시사점 디자인상의 미감과 일체성이 인정되는 부분은 하나의 디자인으로서 출원이 가능함

디자인등록은 하나의 디자인으로 하나의 물품을 출원하는 원칙이라는 점

디자인상 분리되어 있는 두 개 이상의 부분이라도 일체성이 인정되는 경우 하나의 디자인으로 출원이 가능하다는 점

판례번호 대법원 2013. 2. 15. 선고 2012후3343 판결

관련조문 디자인보호법 제40조 제1항

18

산업디자인 분쟁사례

차량진입 방호방지대

쟁점 디자인의 유사 여부 판단

사건개요

B는 충격흡수용 차량진입 방호방지대를 제품으로 하는 A의 등록디자인이 공지디자인과 유사하여 무효가 되어야 한다고 주장하며 디자인등록 무효심판을 청구한 사건

A (유한회사 이티아이) ⟷	B
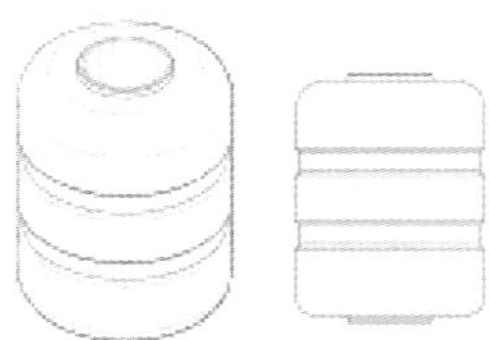 **등록디자인** (판례 이미지)	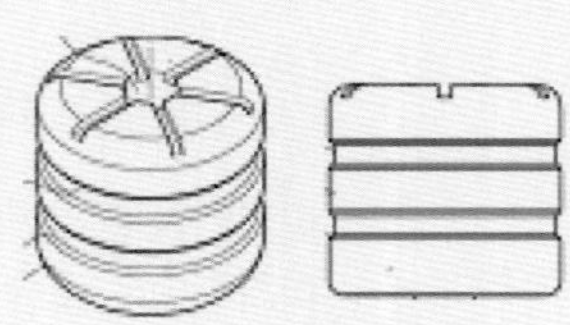 **비교대상디자인** (판례 이미지)

결과 A 패소 (디자인 등록무효)

법원의 판단

디자인의 유사 여부는 외관을 전체적으로 대비 관찰하여 보는 사람이 상이한 심미감을 느끼는지에 따라 판단하여, 지배적인 특징이 유사하면 세부적인 점에 다소 차이가 있어도 유사한 것이고, 구성요소 중 물품의 기능을 확보하는 데 필요한 형상 또는 공지의 형상 부분이 있어도 그것이 특별한 심미감을 불러일으키는 요소가 되지 못하는 것이 아닌 한 전체로 관찰하여 느껴지는 장식적 심미감에 따라 판단하여야 함

A와 B의 디자인을 비교하면, 양 디자인은 ① 전체적으로 상하 모서리가 굽은 원기둥 형상인 점, ② 몸체 둘레에는 상하 2줄로 테두리 형태의 홈이 형성되어 있고 각 홈은 ‘] [’와 같은 형상인 점, ③ 중심부에는 지주를 삽입할 수 있도록 통공이 형성되어 있는 점 등의 지배적인 특징이 유사함

A의 디자인은 몸체 상단부에 홈이 없는데, B의 디자인은 방사형으로 6개의 홈이 패여 있는 점, A의 디자인은 몸체 상하단의 통공 입구에 두께가 얇은 돌출부가 형성되어 있는데, B의 디자인은 몸체 상하단의 통공 입구에 돌출부가 형성되어 있지 않은 점 등에서 차이가 나기는 하나, 이런 차이점은 당해 물품을 자세히 볼 때 비로소 인식할 수 있는 세부적인 구성의 미세한 차이로 전체 심미감에 큰 영향을 미칠 정도라고 할 수 없어, 양 디자인은 전체적으로 심미감이 유사함

따라서 A의 디자인은 선행디자인과 외관에 있어 전체적으로 유사한 심미감을 가지는 유사디자인으로 무효에 해당함

시사점 대비되는 디자인의 일부 차이가 있어도 전체적인 심미감이 유사할 경우 유사디자인에 해당함

디자인의 유사성 판단 시, 일부 유사한 부분이 존재하더라도 미세한 차이에 불과하여 자세히 관찰할 때 인지할 수 있는 정도라면 유사성 여부에 큰 영향을 미치지 않는다는 점

대비되는 디자인의 지배적인 특징이 유사하고, 외관이 전체적으로 유사하다면 유사디자인에 해당한다는 점

판례번호	대법원 2012. 4. 26. 선고 2011후2787 판결
관련조문	디자인보호법 제33조 제1항

19

산업디자인 분쟁사례

하수관용 악취방지구

쟁점 용이창작 디자인 해당 여부

사건개요

B는 A의 '하수관용 악취방지구' 등록디자인이 비교대상 디자인과 유사하거나 그로부터 용이하게 창작할 수 있어 무효로 되어야 한다고 주장하면서 등록무효심판을 청구한. 사건

A	↔	B
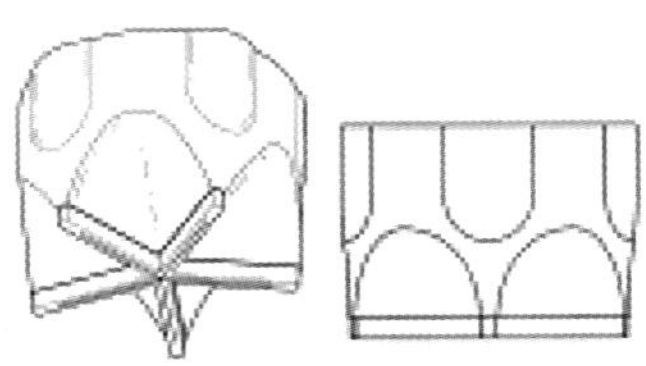 **등록디자인** (판례 이미지)		 **비교대상디자인** (판례 이미지)

결과 A 패소 (디자인 무효)

법원의 판단

해당 디자인이 속하는 분야에서 통상의 디자이너가 공지디자인으로부터 용이하게 창작할 수 있는 디자인은 등록받을 수 없는데, 공지 등이 된 디자인의 형상 · 모양 · 색채 또는 이들의 결합을 거의 그대로 모방 또는 전용하였거나, 단순 상업적 · 기능적 변형, 흔한 창작수법이나 표현방법에 의하여 만들어진 창작수준이 낮은 디자인 역시 이런 디자인에 해당함

전체적인 형상과 모양이 잘 나타나는 사시도 및 정면도를 중심으로 하여 A의 등록디자인과 B가 주장하는 비교대상디자인을 대비하여 보면, 양 디자인은 모두 몸체 하부에 안쪽으로 움푹 파인 방사형 절개부가 다수 형성되어 있고, 몸체 바닥 부분에

는 다수 개의 사각 막대 형상의 탄성개폐부가 형성되어 있다는 점에서 공통되어 주된 창작적 모티브를 같이 하는 것이라 볼 수 있음

A의 등록디자인과 B가 주장하는 비교대상디자인은 방사형 절개부의 개수 및 형상에 있어 다소 차이가 있으나, 이런 차이는 전체적으로 볼 때 다른 미감적 가치가 인정되지 않는 상업적 · 기능적 변형에 불과하며 탄성개폐부의 형상 차이 또한 방사형 절개부의 개수 변화에 따라 부수적으로 수반되는 것에 불과함

또한 A의 디자인의 U자형 돌출부는 그 돌출 정도가 경미하여 특별히 보는 사람의 주의를 끌 수 있는 부분은 아니어서 해당 부분 역시 전체적으로 볼 때 다른 미감적 가치가 인정되지 않는 상업적 · 기능적 변형에 불과함

양 디자인은 몸체의 가로 · 세로 비율에서도 차이가 있으나, 그 비율을 적절히 조절하는 것은 그 디자인 분야에서 흔한 창작수법이나 표현방법에 불과하다는 점에서 A의 등록디자인은 그 디자인이 속하는 분야에서 통상의 지식을 가진 자가 비교대상디자인에 의하여 용이하게 창작할 수 있는 디자인이라고 보는 것이 타당함

시사점 **공지디자인과 상이한 부분이 요부에 해당하지도 않고 경미한 차이 등에 불과하다면 공지디자인으로부터 쉽게 창작할 수 있는 디자인에 해당함**

대비되는 디자인과의 차이가 부수적으로 수반되거나 경미한 정도에 불과한 디자인이라면 단순한 상업적 · 기능적 변형에 해당한다는 점

전체적인 비율을 조절하는 것은 흔한 창작수법이나 표현방법에 해당한다는 점

판례번호 대법원 2011. 9. 29. 선고 2011후873 판결

관련조문 디자인보호법 제33조 제2항

20

산업디자인 분쟁사례

클램프용 손잡이

쟁점 용이창작 여부의 판단

사건개요

B는 클램프용 손잡이 디자인의 등록권자인 A를 상대로 A의 등록디자인은 출원 전에 공개된 비교대상디자인과 유사하고 이들을 결합하여 용이하게 창작할 수 있어 등록이 무효가 되어야 한다고 주장하며 등록무효심판을 청구한 사건

A ⟷ B

등록디자인
(판례 이미지)

비교대상디자인1
(판례 이미지)

비교대상디자인2
(판례 이미지)

결과 A 승소 (디자인 등록유효)

법원의 판단

A의 디자인은 비록 등록디자인 공보에 대상물품의 명칭이 '클램프용 손잡이'로 기재되어 있지만, 물품의 용도, 구성, 거래실정 등에 비추어 클램프 몸체 및 손잡이가 유기적으로 결합한 전체를 하나의 물품으로 보아야 하고, 디자인의 설명 및 도면에도 클램프 몸체와 손잡이가 결합한 전체의 형상이 표현되어 있는 점 등을 더하여 보면, A의 디자인 구성요소가 클램프 손잡이 부분에만 한정된다고 할 수 없음

A의 디자인과 B가 주장하는 비교대상디자인을 대비하면, A의 디자인 중 손잡이를 제외한 클램프 몸체 부분은 등록디자인 공보에 기재된 바와 같이 공지의 형상일 뿐만 아니라 비교대상디자인1에도 유사한 형상이 나타나 있음

손잡이 부분의 전체적인 형상에 있어, ① A의 디자인은 모서리가 곡면 처리된 납작한 정삼각형 모양을 하고 있는데, 비교대상디자인1은 귀 형상과 같이 비대칭의 삼각형을, 비교대상디자인2는 두툼한 삼각형 형상을 취하고 있고, ② A의 디자인은 손잡이 중앙에 단순한 원형의 통공이 형성되어 있는데, 비교대상디자인1은 통공이 형성되어 있지 않고, 비교대상디자인2는 손잡이 바깥쪽에서 안쪽까지 입체적으로 깎여 들어가는 방식으로 삼각형의 통공이 형성되어 있음

A 디자인의 손잡이 부분에는 클램프 몸체와의 결합 부위 양 측면에 삼각기둥 형상의 지지 돌기가 형성되어 있는데, 이는 B가 주장하는 비교대상디자인들에선 전혀 볼 수 없음

따라서 A의 디자인과 비교대상디자인1, 2는 클램프 손잡이 부분의 전체적인 형상, 통공 유무 및 모양, 몸체와의 결합 부위 양 측면에 형성된 삼각기둥 형상의 지지 돌기 유무 등에서 비교적 큰 차이가 있고, 전체적으로 볼 때 미감적 가치가 상이하여 단순한 상업적 · 기능적 변형에 불과하다고 볼 수 없을 뿐만 아니라, 디자인 분야에서 흔한 창작수법이나 표현 방법이라고 볼 수도 없어 A의 디자인은 그 디자인이 속하는 분야에서 통상의 지식을 가진 자가 비교대상디자인의 결합으로 용이하게 창작할 수 있는 것이라고 보기 어려움

시사점 **공지디자인과 일부 유사한 부분이 존재하더라도 전체적인 심미감이 상이하다면 단순변형이나 흔한 창작 방법 등으로 쉽게 만들어 낼 수 있는 디자인에 해당하지 않음**

디자인 대상물품의 일부가 공지의 형상 또는 이와 유사한 형상이더라도 물품 전체를 하나의 디자인으로 전체적인 형상을 대비한다는 점

공지의 형상 또는 이와 유사한 형상을 가진 일부를 제외한 나머지 부분 디자인에 있어 기존의 디자인과 차이가 클 경우에는 용이창작 디자인에 해당하지 않는다는 점

판례번호	대법원 2011. 4. 14. 선고 2010후2889 판결

관련조문	디자인보호법 제33조 제2항

21

산업디자인 분쟁사례
리벳볼트

쟁점 디자인의 유사성 판단

사건개요

자동차부품 제조업체를 운영하는 A는 자신이 등록한 자동차 조립용 부품인 '리벳볼트'의 디자인을 B가 모방하여 유사 디자인 제품을 생산하자 B가 A의 디자인권을 침해하였다고 주장한 사건

A ↔ B

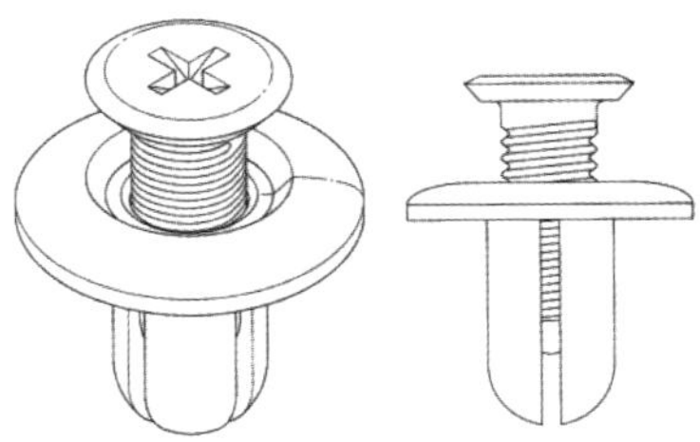

등록디자인
(심결문 이미지, 2009당2706)

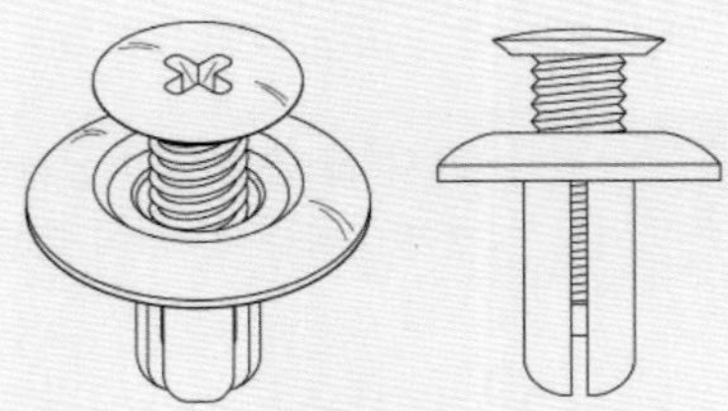

실시디자인
(심결문 이미지, 2009당2706)

결과 A 패소 (디자인권 침해에 해당하지 않음)

법원의 판단

디자인의 유사 여부를 판단함에 있어서는 전체를 대비 및 관찰하여 유사성을 판단하되, 보는 사람의 주의를 가장 끌기 쉬운 부분이 있을 경우 요부를 관찰하여야 하고, 이전부터 흔히 사용되어 왔고 단순하며 여러 디자인이 다양하게 고안되었던 것이나 구조적으로 디자인을 크게 변화시킬 수 없는 것 등에선 디자인의 유사범위를 비교적 좁게 보아야 함

A와 B의 디자인을 비교하여 볼 때, ① 볼트 머리부의 형상에 있어 A의 디자인은 납작한데, B의 디자인은 가운데를 중심으로 둥글게 솟아오른 점, ② 볼트 나사산의 형

상에 있어, A의 디자인은 볼트의 상부 일부를 제외한 나머지에 나사산이 형성되어 있는데, B의 디자인은 볼트 전체에 나사산이 형성되어 있는 점, ③ 리테이너 확장부 하단의 형상에 있어, A의 디자인은 아래로 약간 긴 타원형을 이루고 하단부가 뾰족하게 형성되어 있는데, B의 디자인은 비교적 넓고 뭉툭한 형태의 곡면으로 형성되어 있는 점, ④ 볼트머리의 십자홈 형상에 있어, A의 디자인은 십자홈의 폭이 좁으면서 길게 교차된 형태를 이루며 모서리부분은 직각으로 꺾여있고 중앙의 교차선도 일직선을 이루고 있는데, B의 디자인은 십자홈의 폭이 넓으며 모서리 부분이 곡면을 이루는 뭉툭한 형태고 중앙의 교차선도 원형에 가까운 곡면을 이루고 있는 점에서 차이가 있음

따라서 양 디자인은 볼트 머리부와 나사산의 형상, 리테이너 확장부 하단 및 볼트머리의 십자홈 형상 등 보는 사람의 주의를 끌기 쉬운 특징적인 부분들이 서로 달라 전체적인 심미감에서 차이가 있어 B가 A의 디자인권을 침해한 것으로 볼 수 없음

시사점 **주의를 끌기 쉬운 특징적인 부분이 서로 달라 전체적인 심미감에서 차이가 있을 경우, 대비되는 디자인의 유사성은 부정되어 디자인권 침해에 해당하지 않음**

디자인의 변화에 구조적인 한계가 존재하거나 이전부터 흔하게 사용되어 온 물품 등에 대하여 유사성 판단 범위가 제한적으로 적용된다는 점

대비되는 디자인의 구성부분 중 주의를 끌기 쉬운 부분이 있고, 그런 부분이 전체적인 심미감에 차이를 가져온다면 유사성은 부정된다는 점

판례번호	대법원 2011. 3. 24. 선고 2010도12633 판결
관련조문	디자인보호법 제220조

22

산업디자인 분쟁사례

오일쿨러용 케이스

쟁점 기본적 형상이나 기능적 형상을 포함한 디자인의 유사성 판단

사건개요

오일쿨러용 케이스를 제품으로 하는 A와 B의 디자인에 있어 A는 B의 디자인이 자신이 등록받은 디자인의 권리범위에 속한다고 주장하며 권리범위확인심판을 청구한 사건

A (현대올레아유압 주식회사) ⟷ B (주식회사 아이티엠코리아)

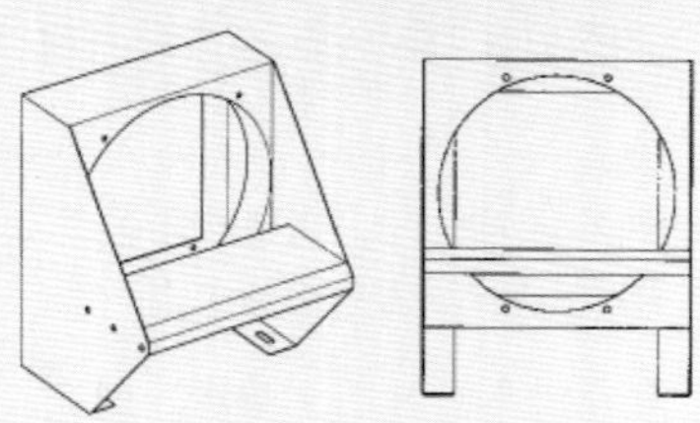

등록디자인
(판례 이미지)

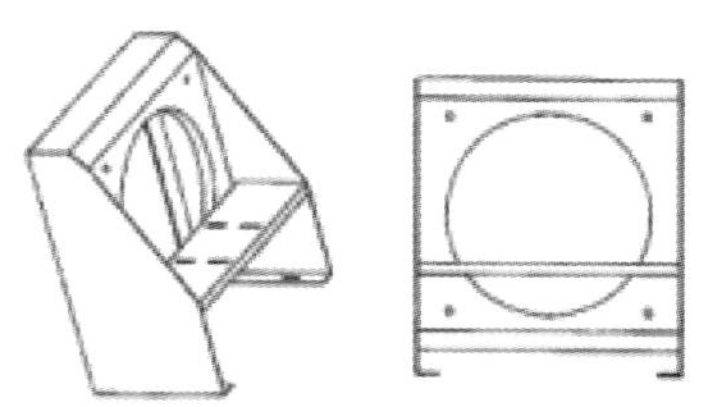

확인대상디자인
(판례 이미지)

결과 A 승소 (A의 권리범위에 속함)

법원의 판단

디자인의 구성 중 물품의 기능을 확보할 수 있는 대체적인 형상이 존재하는 경우에는 물품의 기능 확보를 위한 불가결한 형상이라고 할 수 없어 디자인의 유사 여부 판단에 있어 그 중요도를 낮게 평가할 수 없고, 외관을 전체적으로 대비 및 관찰하여 보는 사람이 상이한 심미감을 느끼는지에 따라 판단하여야 함

양 디자인은 ① 몸체부의 전체 외곽 형상이 정사각형에 가까운 사각형이고, ② 송풍 팬의 장착 부분이 원형의 홀로 형성되어 있는 점, ③ 몸체부의 상판(덮개 부분)이 직사각형의 수평판으로 되어 있고, ④ 중앙의 직하부에 수평의 받침대가 직사각형의 형태로 형성되어 있는 점, ⑤ 양측 세로판은 상판 및 수평의 받침대와 수직으로 결합되어 있으며, ⑥ 수평의 받침대가 결합된 부분이 상판과 결합된 부분보다

폭이 넓은 점 등에서 서로 유사함

양 디자인의 유사부분인 사각 형태의 몸체부 외곽 형상이나 원형의 홀 등이 반드시 이런 형상을 가져야 오일쿨러용 케이스의 기능을 한다고 볼 수 없고, 동일한 기능을 수행하면서도 얼마든지 다르게 구성할 수 있어 유사부분의 형상은 A의 등록디자인 출원 전에 공지된 부분이 아니라 일반 수요자가 느끼는 전체적인 심미감에 영향을 미치는 요소임

따라서 양 디자인이 원형의 홀 내부 및 상판과 받침대 앞면의 모서리 형상, 받침대의 모터 고정용 장공의 유무, 양측 세로판 중하부의 형상, 볼트구멍의 유무 등에서 다소 차이가 있더라도, 이런 차이점은 미세한 차이에 불과하거나 흔히 취할 수 있는 변형에 해당하여 전체적인 심미감에 큰 영향을 미칠 수 없어 양 디자인은 전체적인 심미감에 차이가 없는 유사 디자인에 해당함

시사점

디자인의 기본적 형상이나 기능적 형상도 대체 불가능한 형상이 아닌 한 전체적인 유사성 판단 시 함께 고려되며, 대비되는 디자인의 미세한 차이점은 유사성 판단에 큰 영향을 미치지 않음

제품의 기본적 형상이나 기능적 형상에 해당하더라도 대체 가능한 형상이 존재한다면, 그 형상도 디자인의 유사성 판단 시 대비될 수 있다는 점

대비되는 양 디자인에 차이점이 존재하더라도 미세한 차이거나 사소한 변형에 불과한 정도라면 전체 유사성을 부정할 수 없다는 점

판례번호 대법원 2011. 2. 24. 선고 2010후3240 판결

관련조문 디자인보호법 제33조 제1항

23 산업디자인 분쟁사례
휴대폰 포장상자

쟁점 디자인의 유사성 판단

사건개요

A는 B가 자신의 등록디자인과 유사한 디자인을 실시하자 휴대폰 포장용 상자에 대한 자신의 디자인권을 침해하였다고 주장하며 디자인권 침해금지 등을 청구한 사건

A (주식회사 비원씨앤알) ⟷ B (엘지전자 주식회사)

등록디자인
(판례 이미지)

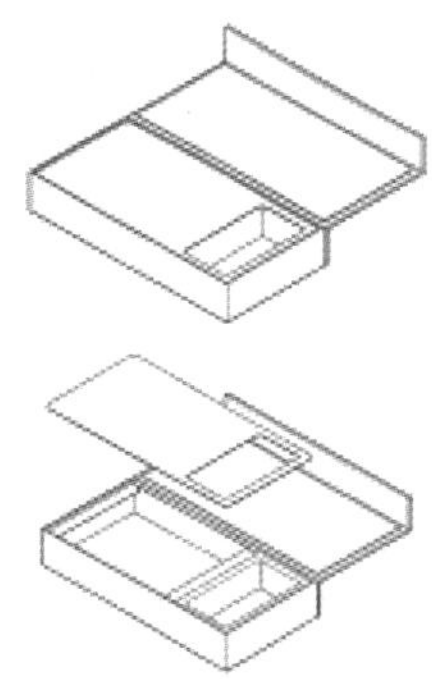

실시디자인
(판례 이미지)

결과 A 승소 (디자인권 침해 인정)

법원의 판단

대비되는 디자인의 대상물품이 기능 내지 속성에 의하여 형태의 변화가 일어나는 경우, 디자인의 유사 여부는 형태의 변화 전후에 따라 서로 같은 상태에서 대비한 다음 전체적인 유사성을 판단하여야 함

양 디자인에 있어 내부덮개와 외부덮개가 모두 닫힌 상태의 형상과 모양은 동일 · 유사한 물품에 관한 선행디자인에 의하여 공지된 것으로 중요도를 높게 평가할 수 없지만, 내부덮개만이 닫힌 상태의 형상과 모양은 휴대폰 포장용 상자에 관한 선행

디자인에선 찾아볼 수 없는 참신한 것으로 전체적 유사성 판단에 있어 중요도를 높게 평가하여야 함

내부덮개만이 닫힌 상태에서도 부속품 수납공간과 휴대폰 수납공간이 따로 분리되어 있고, 가로세로 길이 비율이 대략 2:1이며, 부속품 수납공간만을 가린 내부덮개 및 상단의 일부가 본체를 감쌀 수 있도록 구성된 외부덮개가 형성되어 있다는 점 등이 유사함

내부덮개와 외부덮개가 모두 열린 상태의 경우, B의 디자인은 부속품 수납공간 내부에 격벽이 없고 내부덮개를 본체에서 분리할 수 있으며, 내부덮개가 본체 전부를 덮되 휴대폰만 드러나도록 내부덮개에 직사각형의 빈 곳을 형성하는 점 등에서 A의 디자인과 차이가 있으나, 이런 차이는 흔히 취할 수 있는 변형에 불과하여 새로운 미감적 가치를 창출하는 부분으로 볼 수 없음

양 디자인은 부속품 수납공간의 양쪽 세로 모서리 부분에 형성된 날개 형상 테의 유무, 휴대폰 수납공간의 테두리 형상 및 내부 구조 등에서도 다소 차이가 있으나, 이는 물품을 자세히 볼 때 인식할 수 있는 미세한 차이에 불과함

따라서 A 디자인의 지배적인 특징이 가장 잘 드러나는 내부덮개만이 닫힌 상태의 형상과 모양이 B의 디자인과 유사한 이상, 내부덮개와 외부덮개가 모두 열린 상태의 차이점으로 인하여 전체적인 심미감이 달라진다고 보기는 어려워 양 디자인은 전체적으로 유사한 디자인에 해당함

시사점 **형태가 변화하는 디자인 간에는 형태 변화의 전후 또는 일련의 변화 과정을 기준으로 서로 같은 상태에서 대비하여 전체적인 유사성을 판단함**

형태 변화가 일어나는 디자인의 유사성은 변화 전후에 따라 서로 같은 상태에서 대비하여 판단한다는 점

변화 형태 중 공지된 것에 해당하거나 미세한 차이에 불과한 것은 유사성 판단에서 중요하게 고려되지 않는다는 점

판례번호	대법원 2010. 9. 30. 선고 2010다23739 판결
관련조문	디자인보호법 제33조 제1항 제3호

24

산업디자인 분쟁사례

유아용 젓가락

쟁점 디자인의 유사성 판단

사건개요

A는 B의 디자인이 자신의 등록디자인 권리범위에 속하는 것이라 주장하면서 적극적 권리범위확인심판을 청구한 사건

A	⟷	B
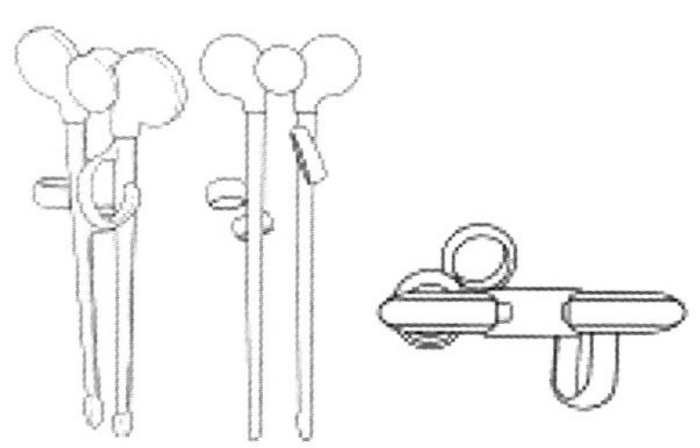 **등록디자인** (판례 이미지)		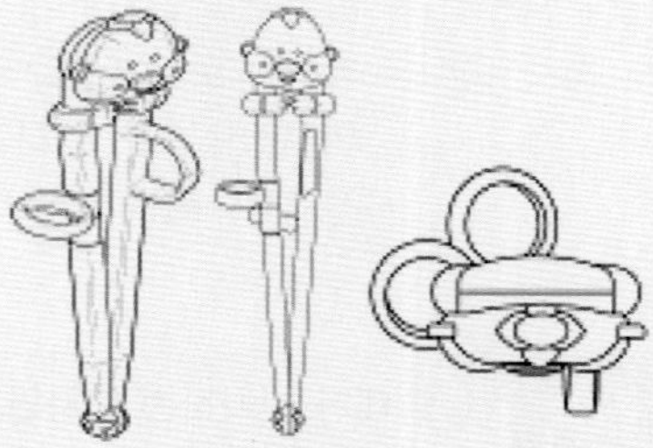 **확인대상디자인** (판례 이미지)

결과 A 패소 (권리범위에 속하지 않음)

법원의 판단

디자인의 유사 여부는 외관을 전체적으로 대비 관찰하여 보는 사람으로 하여금 상이한 심미감을 느끼게 하는지의 여부에 따라 판단하되, 주의를 가장 끌기 쉬운 부분 요부가 있을 경우 그 요부가 심미감에 차이를 만들어 내는지 여부의 관점에서 유사성을 판단하여야 함

A와 B 각각의 디자인의 전체적인 형상과 모양이 잘 나타나는 사시도, 정면도 및 평면도를 대비하여 볼 때 젓가락 몸체에 형성된 손가락 삽입부의 위치와 방향, 형상, 평면에서 본 각도 등에 유사성이 있음

다만, 양 디자인의 캡 부분은 젓가락에서 흔히 있는 형상이 아니고 수요자의 주의를 끄는 요부에 해당한다고 볼 수 있는데, ① A의 디자인은 콩나물 머리모양의 캡이 대칭을 이루고 그 사이에 원형의 연결부재가 설치된 형상인 반면, B의 디자인은 '방귀대장 뿡뿡이' 캐릭터의 얼굴과 그 아래에 손으로 젓가락 몸체를 감아쥔 형상인 점에서 현저한 차이가 있고, ② A의 디자인은 몸체 끝부분이 뭉툭하게 되어 있는 형상인 반면, B의 디자인은 숟가락 형상으로 그 볼록면에 꽃문양이 형성되어 있는 점 등에서도 차이가 있고, 이런 형상의 차이는 전체적인 심미감에 큰 차이를 가져옴

따라서 A와 B의 디자인은 손가락 삽입부의 유사점에도 불구하고 전체적으로 대비·관찰하면 보는 사람으로 하여금 상이한 심미감을 느끼게 하여 동일·유사하지 않고, B의 디자인은 A의 등록디자인 권리범위에 속하는 것으로 볼 수 없음

시사점 **대비되는 디자인의 일부 유사성에도 불구하고 요부의 차이가 전체적인 심미감의 차이를 가져올 경우에는 동일·유사한 디자인으로 볼 수 없음**

대비되는 디자인에 존재하는 요부가 심미감의 차이를 만들어내는지 여부의 관점에서 유사성을 판단한다는 점

대비되는 디자인의 일부가 유사하더라도 요부의 차이로 인하여 전체적인 심미감이 다르게 느껴진다면 두 디자인은 동일·유사한 디자인에 해당하지 않는다는 점

판례번호	대법원 2010. 7. 22. 선고 2010후913 판결
관련조문	디자인보호법 제33조 제1항 제3호

25

산업디자인 분쟁사례

건축배관용 슬리브관

쟁점 디자인의 유사성 판단

사건개요

B는 자사의 건축 배관용 슬리브관 디자인이 A의 등록디자인 권리범위에 속하지 않는다고 주장하며 소극적 권리범위확인심판을 청구한 사건

A (주식회사 코스모) ⟷ B

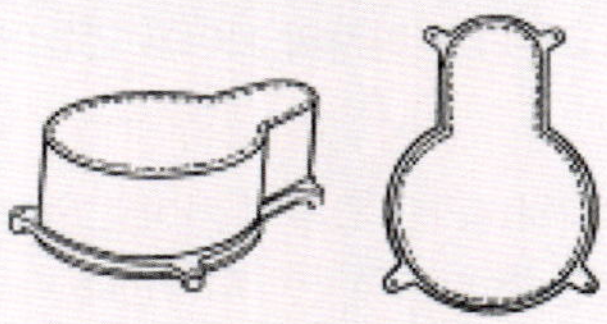

등록디자인
(판례 이미지)

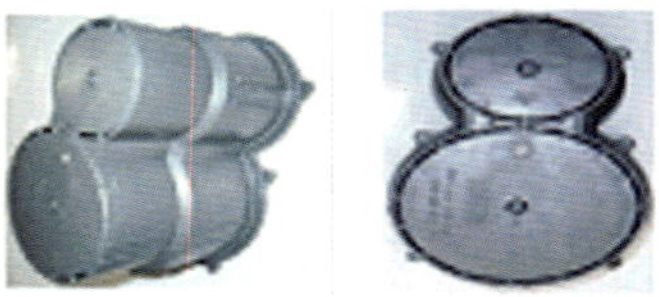

확인대상디자인
(판례 이미지)

결과 A 승소 (권리범위에 속함)

법원의 판단

디자인의 유사 여부는 외관을 전체적으로 대비 관찰하여 보는 사람이 상이한 심미감을 느끼게 하는지에 따라 판단하되, 보는 방향에 따라 느껴지는 미감이 같기도 하고 다르기도 할 경우 미감이 같게 느껴지는 방향으로 두고 이를 대비하여 유사 여부를 판단하여야 함

전체적인 형상과 모양이 잘 나타나는 사시도와 평면도를 미감이 같게 느껴지는 방향으로 두고 이를 대비하여 볼 때, A와 B의 디자인은 전체적으로 ① 작은 원형과 큰 원형으로 이루어진 오뚝이 형상을 하면서 플랜지부까지 기둥을 형성하고 있고, ② 상단부의 외주면이 매끈하게 처리되어 있으며 하단부에는 플랜지부가 구성되어 있고, ③ 플랜지부의 외주면에 다수의 고정보스가 형성되어 있으며 고정보스 하부에는 원기둥 형상의 돌출봉이 형성되어 있는 점 등의 지배적인 특징이 유사함

양 디자인은 몸체부에 형성된 돌출된 띠의 유무, 몸체부 기둥 상하부 구분 여부, 고정보스 개수, 몸체부 상면의 통공 유무 등에서 차이가 있으나, 이런 차이점은 전체적인 심미감에 영향을 미치지 못하는 세부적인 차이에 불과하여, 지배적인 특징이 같아 전체적으로 볼 때 유사한 디자인에 해당함

시사점 대비되는 디자인의 심미감이 동일하게 느껴지는 방향에서 대비 및 관찰할 때 지배적인 특정이 유사하면 유사 디자인에 해당함

방향에 따라 대비되는 디자인의 미감이 다를 경우에는 디자인의 미감이 같게 느껴지는 방향으로 두고 유사성을 판단한다는 점

대비되는 디자인 사이의 미세한 차이만으로는 외관의 전체적인 유사성을 부정할 수 없다는 점

판례번호	대법원 2010. 5. 27. 선고 2010후722 판결
관련조문	디자인보호법 제33조 제1항 제3호

4 기타 디자인 분야 분쟁사례

1
기타 디자인 분야 분쟁사례

과자

쟁점 디자인의 창작비용이성 판단

사건개요

A는 B의 등록디자인이 선행디자인인 자신의 제품과 동일 · 유사하거나 그 제품으로부터 쉽게 창작할 수 있다며 B의 디자인은 무효가 되어야 한다고 주장한 사건

A	⟷	B
 **등록디자인** (판례 이미지)	 **이해를 돕기 위한 실제 제품 이미지** (출처 : 로투스 비스코프 홈페이지)	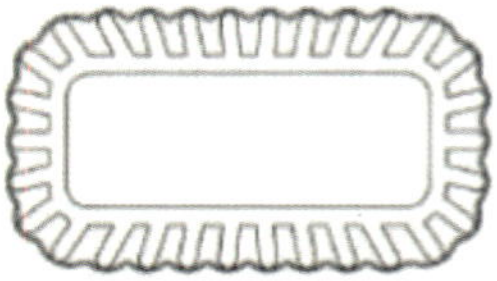 **등록디자인** (판례 이미지)

결과 A 승소 (디자인 등록무효)

법원의 판단

두 제품의 디자인은 ① 전체적인 형상이 직사각형이고 모서리가 약간 둥글다는 점, ② 테두리 부분의 요철 형상이 기울어진 형태로 형성되어 있다는 점, ③ 평면 상부의 중앙 부분에 파진 사각형(요홈)이 형성되어 있다는 점, ④ 요홈이 차지하는 비율과 테두리 요철 형상의 폭이 동일하다는 점 등의 공통점을 가지고 있음

다만, ① A의 디자인은 요철 부분이 동일한 기울기를 가졌지만 B의 디자인은 점진적으로 기울어지는 형태를 가진 점, ② 제품의 각 변의 중심에 A의 디자인은 꽃봉오리 형상을 이루고 있고 B의 디자인은 수직 형태의 요철이 형성되어 있다는 점, ③ A의 디자인은 요홈을 이루는 직사각형 모서리에 영문자 'LOTUS'가 내부에 새겨져 있으나 B의 디자인은 직사각형의 모서리가 약간 둥글려진 형태며 영문자가 없다는 점, ④ A의 디자인은 요철 아랫부분 테두리의 하단이 수직으로 이루어졌지만 B의 디자인은 하단이 상단보다 넓은 경사진 형태라는 점에서 차이가 있음

그럼에도 B의 디자인 요철 부분 기울기와 형태는 통상의 디자이너가 상당한 정도의 창작적 노력 없이도 시도하여 볼 수 있고, A의 디자인에 도드라지게 새겨진 영문자 'LOTUS'를 삭제한 형태는 단순한 상업적 · 기능적 변형에 불과하여 다른 미감적 가치가 인정된다고 볼 수 없으며, 요홈의 모서리가 약간 다르다는 점 역시 디자인 분야에서 흔한 표현방법으로 변경한 것

따라서 B의 디자인은 통상의 디자이너가 A의 디자인으로부터 쉽게 창작할 수 있는 디자인으로 창작비용이성의 요건이 없는 무효사유가 존재함

시사점 상이한 심미감이 존재하더라도 그런 부분이 창착 비용이성을 결여한 디자인이라면 등록이 불가한 디자인으로 무효사유에 해당함

상당한 정도의 창작적 노력 없이 만들어지거나 단순한 상업적 · 기능적 변형에 불과한 디자인은 등록이 불가하다는 점

판례번호	대법원 2019. 6. 27. 선고 2019후10449 판결
관련조문	디자인보호법 제33조 제1항, 제2항

2

기타 디자인 분야 분쟁사례

아이스크림

쟁점 부정경쟁방지법상에서 보호하는 상품의 형태

사건개요

투명한 컵 또는 콘에 담긴 소프트아이스크림 위에 벌집채꿀(벌집 그대로의 상태인 꿀)을 올린 형태로 제품을 판매하는 A는 자신이 판매하는 제품과 거의 동일한 형태의 제품을 판매하는 B의 행위가 부정경쟁방지법상의 상품모방행위에 해당한다고 주장하며 소를 제기한 사건

A (주식회사 소프트리) ⟷	B (주식회사 엠코스타)
 **이해를 돕기 위한 실제 제품 이미지** (출처 : 소프트리 홈페이지)	 **이해를 돕기 위한 실제 제품 이미지** (출처 : 밀크카우 홈페이지)

결과 A 패소 (상품형태모방에 해당하지 않음)

법원의 판단

부정경쟁방지법은 타인이 제작한 상품의 형태를 모방한 상품을 양도 및 대여하는 등의 행위를 부정경쟁행위의 한 유형으로 규정하고 있는데, '상품의 형태'는 일반적으로 상품 자체의 형상 · 모양 · 색채 · 광택 또는 이를 결합한 전체적 외관을 의미하여 수요자가 상품의 외관 자체로 특정 상품임을 인식할 수 있는 형태적 특이성이 있을 뿐 아니라 정형화된 것이어야 함

A의 제품은 ① 공산품이 아니라 매장 직원이 고객으로부터 주문을 받고 즉석에서 만들어 판매하는 것으로 제조·판매방식의 특성상 소프트아이스크림의 높이와 모양, 벌집채꿀의 크기나 모양 및 소프트아이스크림에 놓이는 위치 등이 개별 제품별로 차이가 날 가능성이 크고, ② 실제로 매장에서 판매되는 제품은 벌집채꿀이 A의 주장처럼 2㎝×3㎝×2㎝ 크기의 직육면체라고 보기 어려운 불규칙적 형태의 입체 형상이며, 벌집채꿀이 소프트아이스크림에 놓이는 위치도 다양하여 일정한 형태로 정형화되어 판매되고 있지 않으며, ③ A가 벌집채꿀의 크기나 모양을 균일하게 하기 위한 별도의 대책을 마련한 것으로 보이지도 않는다는 점 등에 비추어 볼 때, A의 제품은 개별 제품마다 상품형태가 달라져 일정한 상품형태를 항상 가지고 있다고 보기 어려움

사회통념으로 볼 때, 상품 사이에 일관된 정형성이 없다면 비록 상품의 형태를 구성하는 아이디어나 착상 또는 특징적 모양이나 기능 등 동일성이 있어도 이를 '상품의 형태'를 모방한 부정경쟁행위의 보호대상에 해당한다고 할 수 없는데, '휘감아 올린 소프트아이스크림 위에 입체 또는 직육면체 모양의 벌집채꿀을 얹은 형태'는 상품의 형태 자체가 아니라 개별 제품의 추상적 특징에 불과하거나 소프트아이스크림과 토핑으로서의 벌집채꿀을 조합하는 제품의 결합방식 또는 판매방식에 관한 아이디어가 공통된 것에 불과하여 A의 제품은 부정경쟁방지법상에서 보호대상이 될 수 없음

시사점	모방상품으로부터 부정경쟁방지법이 보호하는 상품은 정형화된 형태를 가지는 상품에 한정함

부정경쟁방지법상 모방상품으로부터의 보호는 보호받고자 하는 상품의 형태적 특이성이 인정되고 정형화된 형태를 가지고 있는 상품에 한하여 이루어진다는 점

판례번호	대법원 2016. 10. 27. 선고 2015다240454 판결
관련조문	부정경쟁방지 및 영업비밀보호에 관한 법률 제2조 제1호 (자)목

3

기타 디자인 분야 분쟁사례

치료용 약제

쟁점 입체상표의 유사성 판단과 부정경쟁행위 해당 여부

사건개요

A는 심장혈관용, 성기능장애 치료용 약제를 지정상품으로 하여 마름모 도형의 입체적 형상과 푸른색 계열의 색채를 결합하여 구성한 표장으로 상표등록을 하였는데, B가 유사한 형태의 발기부전 치료용 약제를 생산 · 판매 · 광고하고 있다는 이유로 상표권 침해금지 등을 주장한 사건

A (화이자 프로덕츠 인크) ⟷ **B (한미약품 주식회사)**

등록상표
(판례 이미지)

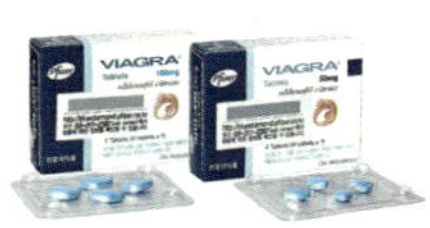

이해를 돕기 위한 실제 제품 이미지
(출처 : 화이자 홈페이지)

제품형태
(판례 이미지)

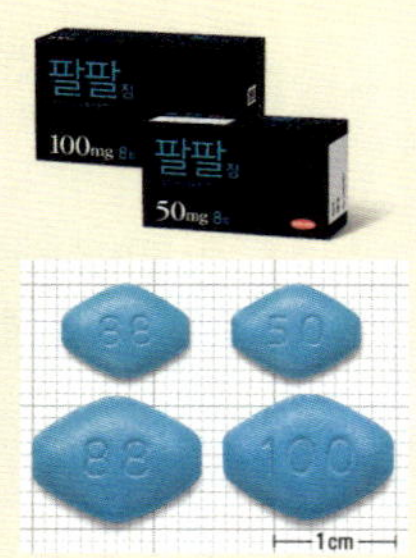

이해를 돕기 위한 실제 제품 이미지
(출처 : 한미약품 홈페이지)

결과 A 패소 (상표권 침해 부정, 부정경쟁행위에 해당하지 않음)

법원의 판단

기능을 확보하는 데 불가결한 입체적 형상만으로 된 상표는 상표등록을 받을 수 없는데, A의 상표는 ① 상품의 판매기간과 판매량, ② 문자 상품표지('Viagra' 및 '비아그라')와 별도로 'Blue diamond is forever' 문구 등을 활용하여 이루어진 지속적인 광고 활동, ③ '블루 다이아몬드' 등으로 지칭되면서 언론 보도 등을 통하여 노출된 빈도, ④ 수요자 인식에 관한 설문조사 결과 등을 종합하여 볼 때, 상표출원 전

에 오랜 기간 특정상품에 사용된 결과 수요자 간에 그 상표가 A의 업무에 관련된 상품을 표시한 것으로 현저하게 인식되어 사용에 의한 식별력을 취득하였다고 볼 수 있음

상표의 유사 여부 판단 시 입체적 형상으로 된 상표는 외관이 주는 지배적 인상이 동일 · 유사하여, 두 상표를 동일 · 유사한 상품에 다 같이 사용하는 경우 수요자가 상품의 출처에 관하여 오인 · 혼동할 우려가 있는지 보아야 하는데, A의 상표와 B의 제품은 형태에 공통된 부분도 있지만 차이점이 존재하고, 전문의약품으로서 대부분 병원에서 의사의 처방에 따라 약사에 의하여 투약되고 있는 B의 제품은 포장, 제품 자체에 기재된 명칭, B의 문자상표 및 상호('PalPalTab', '팔팔정', 'HANMI', '한미약품㈜') 등에 의하여 A의 상표와 구별될 수 있어 수요자가 오인 · 혼동할 우려가 있다고 하기는 어렵다는 점에서 서로 동일 · 유사하지 않음

A와 B의 제품은 전문의약품으로 대부분 병원에서 의사의 처방에 따라 약사에 의하여 투약되어 각각 포장에 기재된 명칭과 문자상표 및 상호 등에 의하여 서로 구별될 수 있어 수요자가 오인 · 혼동할 우려가 없고, B가 자신의 제품을 생산 및 양도하는 등의 행위는 부정경쟁행위에 해당하지 않음

시사점 **수요자가 상품을 오인 · 혼동할 우려가 없는 입체상표는 유사한 것으로 볼 수 없으며, 해당 상표의 사용 역시 부정경쟁행위에 해당하지 않음**

입체상표의 유사성 판단은 외관이 주는 지배적 인상이 수요자가 상품의 출처에 관하여 오인 · 혼동할 우려가 있을 정도로 동일 · 유사한지에 따라 판단한다는 점

일부 형태에 공통된 부분이 있어도 수요자가 상품을 오인 · 혼동하지 않는 상표라면 비유사상표로 이런 상표 사용은 부정경쟁행위에 해당하지 않는다는 점

판례번호	대법원 2015. 10. 15. 선고 2013다84568 판결
관련조문	상표법 제34조 제1항 제15호

4

기타 디자인 분야 분쟁사례

깃털 공예

쟁점 저작권 침해 여부 판단 시 의거성 인정 여부

사건개요

A는 1998년경부터 새의 깃털을 사용하여 핀, 부채, 볼펜 등의 공예품을 제작하고 그 중 일부는 저작권 등록을 하였는데, B가 이와 유사한 새의 깃털을 사용하여 만든 공예품으로 TV에 출연하자 A는 저작권 침해를 주장하고, B는 A가 자신의 명예를 훼손하였다는 이유로 손해배상을 청구한 사건

A	⟷	B

공예품 이미지
(판례 이미지)

공예품 이미지
(판례 이미지)

결과 A 승소 (저작권 침해 인정)

법원의 판단

제작물은 원형 그대로 복제한 것이 아니라 다소 수정, 증감, 변경이 가하여진 것이더라도 새로운 창작성이 더하여지지 않은 정도라면 저작권법상의 복제권 침해를 구성하는데, 복제권의 침해 여부는 실질적 유사성과 의거성이 인정되어야 함

실질적 유사성은 창작적인 표현형식에 해당하는 것을 대비하여 판단하고, 의거성은 대상 저작물이 기존의 저작물에 의거하여 작성되었다는 사실이 직접 인정되지 않아도 기존의 저작물에 대한 접근 가능성과 실질적 유사성 등의 간접사실이 인정되면 의거성이 있는 것으로 추정함

A는 B가 깃털 공예를 시작하기 훨씬 전인 1998년경부터 깃털 공예를 시작하였을 뿐만 아니라 A의 공예품은 모두 1999년부터 2004년경 사이에 제작되었는데, B는 A가 운영하는 금계 농장 부근에서 야생화 농장을 운영하며 A의 집에 드나들면서 A의 공예품에 관심을 보이며 제작기법 등에 관하여 문의한 적이 있다는 점 등을 고려할 때, B의 공예품은 A의 공예품에 의거하여 제작된 것이라고 인정할 수 있음

깃털 자체의 색깔이나 형태의 유사성을 제외하고 대비한 결과, B의 일부 공예품은 A의 일부 공예품의 창작적인 표현형식에 해당하는 부분과 실질적으로 유사하고, B의 공예품에 가하여진 수정, 증감, 변경은 새로운 창작성을 더한 정도에 이르지 않아, 해당 B의 공예품은 A의 공예품에 관한 A의 복제권을 침해하는 물품임

시사점 **저작권의 침해는 실질적 유사성과 의거성이 인정되어야 하며, 의거성은 접근 가능성과 실질적 유사성을 통하여 추정함**

기존 저작물에 대한 일부 수정, 증감, 변경이 가하여진 정도로는 새로운 창작물을 만든 것이라 볼 수 없다는 점

저작권 침해는 두 저작물 사이의 실질적 유사성과 의거성이 인정되어야 한다는 점

원저작물에 대한 접근 가능성과 두 저작물 사이에 실질적 유사성이 인정되는 경우에는 의거성이 있는 것으로 추정한다는 점

판례번호 대법원 2014. 1. 29. 선고 2012다73493, 73509 판결

관련조문 저작권법 제16조 및 제22조

5

기타 디자인 분야 분쟁사례

아이팩마스크

쟁점 기능적 형상이나 공지된 형상이 포함된 디자인의 유사성 판단

사건개요

A가 B의 등록디자인이 기존의 디자인과 유사하고 통상의 디자이너가 쉽게 창작할 수 있는 디자인에 해당한다고 주장하며 등록무효심판을 청구한 사건

A	↔	B
 **비교대상디자인** (판례 이미지)		 **등록디자인** (판례 이미지)

결과 A 승소 (디자인 등록무효)

법원의 판단

디자인의 유사 여부는 외관을 전체적으로 대비 관찰하여 상이한 심미감을 느끼게 하는지에 따라 판단하여 지배적 특징이 유사하다면 세부적인 점에 다소 차이가 있어도 유사하다고 보아야 함

물품의 기능을 확보하는 데 필요하거나 공지된 형상이 포함된 경우, 그 형상이 특별한 심미감을 전혀 불러일으키지 못하는 것이 아니라면 그 부분까지 포함하여 전체적으로 심미감을 판단하여야 하고, 보는 방향에 따라 느껴지는 미감이 같기도 하고 다르기도 할 경우는 미감이 같게 느껴지는 방향으로 두고 이를 대비하여 유사 여부를 판단하여야 함

정면의 형상 또는 모양이 잘 드러나고 미감이 같게 느껴지는 방향에서 본 '정면도'에 따르면, 두 디자인은 상하부를 원호 형상으로 하되, 좌측면은 두껍고 원호의 굽은 부분을 지나 우측면으로 갈수록 폭이 얇아지는 비대칭 형상을 취하고 있는 점과 좌우 양측면의 모서리가 둥글게 처리된 점 등에서 서로 유사하여 보는 사람의 주의를 끄는 특징적인 부분에 해당함

이런 형상은 두 디자인의 대상물품인 '아이팩마스크' 또는 '아이마스크'의 기능 확보를 위하여 꼭 필요한 형상이라 볼 수 없고, 동일한 기능을 수행하면서도 전체적인 미감을 고려하여 정면부 형상이 얼마든지 다르게 구성될 수 있어 일반 수요자가 느끼는 전체적인 심미감에 영향을 미치는 요소에 해당함

두 디자인은 세부적인 점에서 차이가 있더라도 물품을 자세히 볼 때 비로소 인식할 수 있는 미세한 차이에 불과하여 전체적으로 유사한 디자인임

시사점	물품의 기능을 확보하는 데 필요한 형상이나 공지된 형상도 필요성이나 심미감에 따라 유사성 판단 시 함께 고려됨

디자인의 유사성 판단 시, 물품의 기능을 확보하는 데 필요한 형상이나 공지된 형상은 제외되는 것이 일반적이나, 특별한 심미감을 전혀 불러일으키지 않는 것이 아니라면 그 부분까지 포함되어 전체적으로 판단된다는 점

판례번호	대법원 2010. 11. 11. 선고 2010후2209 판결

관련조문	디자인보호법 제33조 제1항, 제2항

Chapter 4

관련 법률

- 디자인보호법
- 상표법
- 저작권법
- 부정경쟁방지 및 영업비밀보호에 관한 법률

1 디자인보호법

제2조(정의) 이 법에서 사용하는 용어의 뜻은 다음과 같다.

1. "디자인"이란 물품[물품의 부분(제42조는 제외한다) 및 글자체를 포함한다. 이하 같다]의 형상 · 모양 · 색채 또는 이들을 결합한 것으로서 시각을 통하여 미감(美感)을 일으키게 하는 것을 말한다.
2. "글자체"란 기록이나 표시 또는 인쇄 등에 사용하기 위하여 공통적인 특징을 가진 형태로 만들어진 한 벌의 글자꼴(숫자, 문장부호 및 기호 등의 형태를 포함한다)을 말한다.
3. "등록디자인"이란 디자인등록을 받은 디자인을 말한다.
4. "디자인등록"이란 디자인심사등록 및 디자인일부심사등록을 말한다.
5. "디자인심사등록"이란 디자인등록출원이 디자인등록요건을 모두 갖추고 있는지를 심사하여 등록하는 것을 말한다.
6. "디자인일부심사등록"이란 디자인등록출원이 디자인등록요건 중 일부만을 갖추고 있는지를 심사하여 등록하는 것을 말한다.
7. "실시"란 디자인에 관한 물품을 생산 · 사용 · 양도 · 대여 · 수출 또는 수입하거나 그 물품을 양도 또는 대여하기 위하여 청약(양도나 대여를 위한 전시를 포함한다. 이하 같다)하는 행위를 말한다.

제3조(디자인등록을 받을 수 있는 자) ① 디자인을 창작한 사람 또는 그 승계인은 이 법에서 정하는 바에 따라 디자인등록을 받을 수 있는 권리를 가진다. 다만, 특허청 또는 특허심판원 직원은 상속 또는 유증(遺贈)의 경우를 제외하고는 재직 중 디자인등록을 받을 수 없다.

② 2명 이상이 공동으로 디자인을 창작한 경우에는 디자인등록을 받을 수 있는 권리를 공유(共有)한다.

제33조(디자인등록의 요건) ① 공업상 이용할 수 있는 디자인으로서 다음 각 호의 어느 하나에 해당하는 것을 제외하고는 그 디자인에 대하여 디자인등록을 받을 수 있다.

1. 디자인등록출원 전에 국내 또는 국외에서 공지(公知)되었거나 공연(公然)히 실시된 디자인
2. 디자인등록출원 전에 국내 또는 국외에서 반포된 간행물에 게재되었거나 전기통신회선을 통하여 공중(公衆)이 이용할 수 있게 된 디자인
3. 제1호 또는 제2호에 해당하는 디자인과 유사한 디자인

② 디자인등록출원 전에 그 디자인이 속하는 분야에서 통상의 지식을 가진 사람이 다음 각 호의 어느 하나에 따라 쉽게 창작할 수 있는 디자인(제1항 각 호의 어느 하나에 해당하는 디자인은 제외한다)은 제1항에도 불구하고 디자인등록을 받을 수 없다.

1. 제1항제1호 · 제2호에 해당하는 디자인 또는 이들의 결합
2. 국내 또는 국외에서 널리 알려진 형상 · 모양 · 색채 또는 이들의 결합

③ 디자인등록출원한 디자인이 그 출원을 한 후에 제52조, 제56조 또는 제90조제3항에 따라 디자인공보에 게재된 다른 디자인등록출원(그 디자인등록출원일 전에 출원된 것으로 한정한다)의 출원서의 기재사항 및 출원서에 첨부된 도면 · 사진 또는 견본에 표현된 디자인의 일부와 동일하거나 유사한 경우에 그 디자인은 제1항에도 불구하고 디자인등록을 받을 수 없다. 다만, 그 디자인등록출원의 출원인과 다른 디자인등록출원의 출원인이 같은 경우에는 그러하지 아니하다.

제34조(디자인등록을 받을 수 없는 디자인) 다음 각 호의 어느 하나에 해당하는 디자인에 대하여는 제33조에도 불구하고 디자인등록을 받을 수 없다.

1. 국기, 국장(國章), 군기(軍旗), 훈장, 포장, 기장(記章), 그 밖의 공공기관 등의 표장과 외국의 국기, 국장 또는 국제기관 등의 문자나 표지와 동일하거나 유사한 디자인
2. 디자인이 주는 의미나 내용 등이 일반인의 통상적인 도덕관념이나 선량한 풍속에 어긋나거나 공공질서를 해칠 우려가 있는 디자인
3. 타인의 업무와 관련된 물품과 혼동을 가져올 우려가 있는 디자인
4. 물품의 기능을 확보하는 데에 불가결한 형상만으로 된 디자인

제35조(관련디자인) ① 디자인권자 또는 디자인등록출원인은 자기의 등록디자인 또는 디자인등록출원한 디자인(이하 "기본디자인"이라 한다)과만 유사한 디자인(이하 "관

련디자인"이라 한다)에 대하여는 그 기본디자인의 디자인등록출원일부터 1년 이내에 디자인등록출원된 경우에 한하여 제33조제1항 각 호 및 제46조제1항 · 제2항에도 불구하고 관련디자인으로 디자인등록을 받을 수 있다.

② 제1항에 따라 디자인등록을 받은 관련디자인 또는 디자인등록출원된 관련디자인과만 유사한 디자인은 디자인등록을 받을 수 없다.

③ 기본디자인의 디자인권에 제97조에 따른 전용실시권(이하 "전용실시권"이라 한다)이 설정되어 있는 경우에는 그 기본디자인에 관한 관련디자인에 대하여는 제1항에도 불구하고 디자인등록을 받을 수 없다.

제36조(신규성 상실의 예외) ① 디자인등록을 받을 수 있는 권리를 가진 자의 디자인이 제33조제1항제1호 또는 제2호에 해당하게 된 경우 그 디자인은 그날부터 12개월 이내에 그 자가 디자인등록출원한 디자인에 대하여 같은 조 제1항 및 제2항을 적용할 때에는 같은 조 제1항제1호 또는 제2호에 해당하지 아니한 것으로 본다. 다만, 그 디자인이 조약이나 법률에 따라 국내 또는 국외에서 출원공개 또는 등록공고된 경우에는 그러하지 아니하다.

② 제1항 본문을 적용받으려는 자는 다음 각 호의 어느 하나의 시기에 해당할 때에 그 취지를 적은 서면과 이를 증명할 수 있는 서류를 특허청장 또는 특허심판원장에게 제출하여야 한다.

1. 제37조에 따른 디자인등록출원서를 제출할 때. 이 경우 증명할 수 있는 서류는 디자인등록출원일부터 30일 이내에 제출하여야 한다.
2. 제62조에 따른 디자인등록거절결정 또는 제65조에 따른 디자인등록결정(이하 "디자인등록여부결정"이라 한다)의 통지서가 발송되기 전까지. 이 경우 증명할 수 있는 서류는 취지를 적은 서면을 제출한 날부터 30일 이내에 제출하되 디자인등록여부결정 전까지 제출하여야 한다.
3. 제68조제3항에 따른 디자인일부심사등록 이의신청에 대한 답변서를 제출할 때
4. 제134조제1항에 따른 심판청구(디자인등록무효심판의 경우로 한정한다)에 대한 답변서를 제출할 때

제37조(디자인등록출원) ① 디자인등록을 받으려는 자는 다음 각 호의 사항을 적은 디자인등록출원서를 특허청장에게 제출하여야 한다.

1. 디자인등록출원인의 성명 및 주소(법인인 경우에는 그 명칭 및 영업소의 소재지)
2. 디자인등록출원인의 대리인이 있는 경우에는 그 대리인의 성명 및 주소나 영업소

의 소재지(대리인이 특허법인 · 특허법인(유한)인 경우에는 그 명칭, 사무소의 소재지 및 지정된 변리사의 성명)

3. 디자인의 대상이 되는 물품 및 제40조제2항에 따른 물품류(이하 "물품류"라 한다)
4. 단독의 디자인등록출원 또는 관련디자인의 디자인등록출원(이하 "관련디자인등록출원"이라 한다) 여부
5. 기본디자인의 디자인등록번호 또는 디자인등록출원번호(제35조제1항에 따라 관련디자인으로 디자인등록을 받으려는 경우만 해당한다)
6. 디자인을 창작한 사람의 성명 및 주소
7. 제41조에 따른 복수디자인등록출원 여부
8. 디자인의 수 및 각 디자인의 일련번호(제41조에 따라 복수디자인등록출원을 하는 경우에만 해당한다)
9. 제51조제3항에 규정된 사항(우선권 주장을 하는 경우만 해당한다)

② 제1항에 따른 디자인등록출원서에는 각 디자인에 관한 다음 각 호의 사항을 적은 도면을 첨부하여야 한다.

1. 디자인의 대상이 되는 물품 및 물품류
2. 디자인의 설명 및 창작내용의 요점
3. 디자인의 일련번호(제41조에 따라 복수디자인등록출원을 하는 경우에만 해당한다)

③ 디자인등록출원인은 제2항의 도면을 갈음하여 디자인의 사진 또는 견본을 제출할 수 있다.

④ 디자인일부심사등록출원을 할 수 있는 디자인은 물품류 구분 중 산업통상자원부령으로 정하는 물품으로 한정한다. 이 경우 해당 물품에 대하여는 디자인일부심사등록출원으로만 출원할 수 있다.

⑤ 제1항부터 제4항까지 규정된 것 외에 디자인등록출원에 필요한 사항은 산업통상자원부령으로 정한다.

제44조(무권리자의 디자인등록출원과 정당한 권리자의 보호) 디자인 창작자가 아닌 자로서 디자인등록을 받을 수 있는 권리의 승계인이 아닌 자(이하 "무권리자"라 한다)가 한 디자인등록출원이 제62조제1항제1호에 해당하여 디자인등록거절결정 또는 거절한다는 취지의 심결이 확정된 경우에는 그 무권리자의 디자인등록출원 후에 한 정당한 권리자의 디자인등록출원은 무권리자가 디자인등록출원한 때에 디자인등록

출원한 것으로 본다. 다만, 디자인등록거절결정 또는 거절한다는 취지의 심결이 확정된 날부터 30일이 지난 후에 정당한 권리자가 디자인등록출원을 한 경우에는 그러하지 아니하다.

제45조(무권리자의 디자인등록과 정당한 권리자의 보호) 무권리자라는 사유로 디자인등록에 대한 취소결정 또는 무효심결이 확정된 경우에는 그 디자인등록출원 후에 한 정당한 권리자의 디자인등록출원은 취소 또는 무효로 된 그 등록디자인의 디자인등록출원 시에 디자인등록출원을 한 것으로 본다. 다만, 취소결정 또는 무효심결이 확정된 날부터 30일이 지난 후에 디자인등록출원을 한 경우에는 그러하지 아니하다.

제46조(선출원) ① 동일하거나 유사한 디자인에 대하여 다른 날에 2 이상의 디자인등록출원이 있는 경우에는 먼저 디자인등록출원한 자만이 그 디자인에 관하여 디자인등록을 받을 수 있다.

② 동일하거나 유사한 디자인에 대하여 같은 날에 2 이상의 디자인등록출원이 있는 경우에는 디자인등록출원인이 협의하여 정한 하나의 디자인등록출원인만이 그 디자인에 대하여 디자인등록을 받을 수 있다. 협의가 성립하지 아니하거나 협의를 할 수 없는 경우에는 어느 디자인등록출원인도 그 디자인에 대하여 디자인등록을 받을 수 없다.

③ 디자인등록출원이 무효 · 취하 · 포기되거나 제62조에 따른 디자인등록거절결정 또는 거절한다는 취지의 심결이 확정된 경우 그 디자인등록출원은 제1항 및 제2항을 적용할 때에는 처음부터 없었던 것으로 본다. 다만, 제2항 후단에 해당하여 제62조에 따른 디자인등록거절결정이나 거절한다는 취지의 심결이 확정된 경우에는 그러하지 아니하다.

④ 무권리자가 한 디자인등록출원은 제1항 및 제2항을 적용할 때에는 처음부터 없었던 것으로 본다.

⑤ 특허청장은 제2항의 경우에 디자인등록출원인에게 기간을 정하여 협의의 결과를 신고할 것을 명하고 그 기간 내에 신고가 없으면 제2항에 따른 협의는 성립되지 아니한 것으로 본다.

제58조(심사관에 의한 심사) ① 특허청장은 심사관에게 디자인등록출원 및 디자인일부심사등록 이의신청을 심사하게 한다.

② 심사관의 자격에 관하여 필요한 사항은 대통령령으로 정한다.

제62조(디자인등록거절결정) ① 심사관은 디자인심사등록출원이 다음 각 호의 어느 하나에 해당하는 경우에는 디자인등록거절결정을 하여야 한다.

1. 제3조제1항 본문에 따른 디자인등록을 받을 수 있는 권리를 가지지 아니하거나 같은 항 단서에 따라 디자인등록을 받을 수 없는 경우
2. 제27조, 제33조부터 제35조까지, 제37조제4항, 제39조부터 제42조까지 및 제46조제1항 · 제2항에 따라 디자인등록을 받을 수 없는 경우
3. 조약에 위반된 경우

② 심사관은 디자인일부심사등록출원이 다음 각 호의 어느 하나에 해당하는 경우에는 디자인등록거절결정을 하여야 한다.

1. 제3조제1항 본문에 따른 디자인등록을 받을 수 있는 권리를 가지지 아니하거나 같은 항 단서에 따라 디자인등록을 받을 수 없는 경우
2. 제27조, 제33조(제1항 각 호 외의 부분 및 제2항제2호만 해당한다), 제34조, 제37조제4항 및 제39조부터 제42조까지의 규정에 따라 디자인등록을 받을 수 없는 경우
3. 조약에 위반된 경우

③ 심사관은 디자인일부심사등록출원으로서 제35조에 따른 관련디자인등록출원이 제2항 각 호의 어느 하나 또는 다음 각 호의 어느 하나에 해당하는 경우에는 디자인등록거절결정을 하여야 한다.

1. 디자인등록을 받은 관련디자인 또는 디자인등록출원된 관련디자인을 기본디자인으로 표시한 경우
2. 기본디자인의 디자인권이 소멸된 경우
3. 기본디자인의 디자인등록출원이 무효 · 취하 · 포기되거나 디자인등록거절결정이 확정된 경우
4. 관련디자인의 디자인등록출원인이 기본디자인의 디자인권자 또는 기본디자인의 디자인등록출원인과 다른 경우
5. 기본디자인과 유사하지 아니한 경우
6. 기본디자인의 디자인등록출원일부터 1년이 지난 후에 디자인등록출원된 경우
7. 제35조제3항에 따라 디자인등록을 받을 수 없는 경우

④ 심사관은 디자인일부심사등록출원에 관하여 제55조에 따른 정보 및 증거가 제공된 경우에는 제2항에도 불구하고 그 정보 및 증거에 근거하여 디자인등록거절결정

을 할 수 있다.

⑤ 복수디자인등록출원에 대하여 제1항부터 제3항까지의 규정에 따라 디자인등록거절결정을 할 경우 일부 디자인에만 거절이유가 있으면 그 일부 디자인에 대하여만 디자인등록거절결정을 할 수 있다.

제65조(디자인등록결정) 심사관은 디자인등록출원에 대하여 거절이유를 발견할 수 없을 때에는 디자인등록결정을 하여야 한다. 이 경우 복수디자인등록출원된 디자인 중 일부 디자인에 대하여 거절이유를 발견할 수 없을 때에는 그 일부 디자인에 대하여 디자인등록결정을 하여야 한다.

제91조(디자인권의 존속기간) ① 디자인권은 제90조제1항에 따라 설정등록한 날부터 발생하여 디자인등록출원일 후 20년이 되는 날까지 존속한다. 다만, 제35조에 따라 관련디자인으로 등록된 디자인권의 존속기간 만료일은 그 기본디자인의 디자인권 존속기간 만료일로 한다.

② 정당한 권리자의 디자인등록출원이 제44조 및 제45조에 따라 디자인권이 설정등록된 경우에는 제1항의 디자인권 존속기간은 무권리자의 디자인등록출원일 다음 날부터 기산한다.

제92조(디자인권의 효력) 디자인권자는 업으로서 등록디자인 또는 이와 유사한 디자인을 실시할 권리를 독점한다. 다만, 그 디자인권에 관하여 전용실시권을 설정하였을 때에는 제97조제2항에 따라 전용실시권자가 그 등록디자인 또는 이와 유사한 디자인을 실시할 권리를 독점하는 범위에서는 그러하지 아니하다.

제93조(등록디자인의 보호범위) 등록디자인의 보호범위는 디자인등록출원서의 기재사항 및 그 출원서에 첨부된 도면 · 사진 또는 견본과 도면에 적힌 디자인의 설명에 따라 표현된 디자인에 의하여 정하여진다.

제94조(디자인권의 효력이 미치지 아니하는 범위) ① 디자인권의 효력은 다음 각 호의 어느 하나에 해당하는 사항에는 미치지 아니한다.

1. 연구 또는 시험을 하기 위한 등록디자인 또는 이와 유사한 디자인의 실시
2. 국내를 통과하는 데에 불과한 선박 · 항공기 · 차량 또는 이에 사용되는 기계 · 기구 · 장치, 그 밖의 물건
3. 디자인등록출원 시부터 국내에 있던 물건

② 글자체가 디자인권으로 설정등록된 경우 그 디자인권의 효력은 다음 각 호의 어

느 하나에 해당하는 경우에는 미치지 아니한다.

1. 타자 · 조판 또는 인쇄 등의 통상적인 과정에서 글자체를 사용하는 경우
2. 제1호에 따른 글자체의 사용으로 생산된 결과물인 경우

제95조(타인의 등록디자인 등과의 관계) ① 디자인권자 · 전용실시권자 또는 통상실시권자는 등록디자인이 그 디자인등록출원일 전에 출원된 타인의 등록디자인 또는 이와 유사한 디자인 · 특허발명 · 등록실용신안 또는 등록상표를 이용하거나 디자인권이 그 디자인권의 디자인등록출원일 전에 출원된 타인의 특허권 · 실용신안권 또는 상표권과 저촉되는 경우에는 그 디자인권자 · 특허권자 · 실용신안권자 또는 상표권자의 허락을 받지 아니하거나 제123조에 따르지 아니하고는 자기의 등록디자인을 업으로서 실시할 수 없다.

② 디자인권자 · 전용실시권자 또는 통상실시권자는 그 등록디자인과 유사한 디자인이 그 디자인등록출원일 전에 출원된 타인의 등록디자인 또는 이와 유사한 디자인 · 특허발명 · 등록실용신안 또는 등록상표를 이용하거나 그 디자인권의 등록디자인과 유사한 디자인이 디자인등록출원일 전에 출원된 타인의 디자인권 · 특허권 · 실용신안권 또는 상표권과 저촉되는 경우에는 그 디자인권자 · 특허권자 · 실용신안권자 또는 상표권자의 허락을 받지 아니하거나 제123조에 따르지 아니하고는 자기의 등록디자인과 유사한 디자인을 업으로서 실시할 수 없다.

③ 디자인권자 · 전용실시권자 또는 통상실시권자는 등록디자인 또는 이와 유사한 디자인이 그 디자인등록출원일 전에 발생한 타인의 저작물을 이용하거나 그 저작권에 저촉되는 경우에는 저작권자의 허락을 받지 아니하고는 자기의 등록디자인 또는 이와 유사한 디자인을 업으로서 실시할 수 없다.

제97조(전용실시권) ① 디자인권자는 그 디자인권에 대하여 타인에게 전용실시권을 설정할 수 있다. 다만, 기본디자인의 디자인권과 관련디자인의 디자인권에 대한 전용실시권은 같은 자에게 동시에 설정하여야 한다.

② 전용실시권을 설정받은 전용실시권자는 그 설정행위로 정한 범위에서 그 등록디자인 또는 이와 유사한 디자인을 업으로서 실시할 권리를 독점한다.

③ 전용실시권자는 실시사업(實施事業)과 같이 이전하는 경우 또는 상속이나 그 밖의 일반승계의 경우를 제외하고는 디자인권자의 동의를 받지 아니하면 그 전용실시권을 이전할 수 없다.

④ 전용실시권자는 디자인권자의 동의를 받지 아니하면 그 전용실시권을 목적으로

하는 질권을 설정하거나 통상실시권을 허락할 수 없다.
⑤ 전용실시권에 관하여는 제96조제2항부터 제4항까지의 규정을 준용한다.
⑥ 기본디자인의 디자인권이 취소, 포기 또는 무효심결 등으로 소멸한 경우 그 기본디자인에 관한 2 이상의 관련디자인의 전용실시권을 설정하려면 같은 자에게 함께 설정하여야 한다.

제98조(디자인권 및 전용실시권 등록의 효력) ① 다음 각 호에 해당하는 사항은 등록하지 아니하면 효력이 발생하지 아니한다.
1. 디자인권의 이전(상속이나 그 밖의 일반승계에 의한 경우는 제외한다), 포기에 의한 소멸 또는 처분의 제한
2. 전용실시권의 설정 · 이전(상속이나 그 밖의 일반승계에 의한 경우는 제외한다) · 변경 · 소멸(혼동에 의한 경우는 제외한다) 또는 처분의 제한
3. 디자인권 또는 전용실시권을 목적으로 하는 질권의 설정 · 이전(상속이나 그 밖의 일반승계에 의한 경우는 제외한다) · 변경 · 소멸(혼동에 의한 경우는 제외한다) 또는 처분의 제한

② 제1항 각 호에 따른 디자인권 · 전용실시권 및 질권의 상속이나 그 밖의 일반승계의 경우에는 지체 없이 그 취지를 특허청장에게 신고하여야 한다.

제120조(디자인등록거절결정 또는 디자인등록취소결정에 대한 심판) 디자인등록거절결정 또는 디자인등록취소결정을 받은 자가 불복할 때에는 그 결정등본을 송달받은 날부터 30일 이내에 심판을 청구할 수 있다.

제121조(디자인등록의 무효심판) ① 이해관계인 또는 심사관은 디자인등록이 다음 각 호의 어느 하나에 해당하는 경우에는 무효심판을 청구할 수 있다. 이 경우 제41조에 따라 복수디자인등록출원된 디자인등록에 대하여는 각 디자인마다 청구하여야 한다.
1. 제3조제1항 본문에 따른 디자인등록을 받을 수 있는 권리를 가지지 아니하거나 같은 항 단서에 따라 디자인등록을 받을 수 없는 경우
2. 제27조, 제33조, 제34조, 제35조제2항 · 제3항, 제39조 및 제46조제1항 · 제2항에 위반된 경우
3. 조약에 위반된 경우
4. 디자인등록된 후 그 디자인권자가 제27조에 따라 디자인권을 누릴 수 없는 자로 되거나 그 디자인등록이 조약에 위반된 경우

② 제1항에 따른 심판은 디자인권이 소멸된 후에도 청구할 수 있다.

③ 디자인등록을 무효로 한다는 심결이 확정된 때에는 그 디자인권은 처음부터 없었던 것으로 본다. 다만, 제1항제4호에 따라 디자인등록을 무효로 한다는 심결이 확정된 경우에는 디자인권은 그 디자인등록이 같은 호에 해당하게 된 때부터 없었던 것으로 본다.

④ 심판장은 제1항의 심판이 청구된 경우에는 그 취지를 해당 디자인권의 전용실시권자나 그 밖에 디자인에 관한 권리를 등록한 자에게 통지하여야 한다.

제122조(권리범위 확인심판) 디자인권자 · 전용실시권자 또는 이해관계인은 등록디자인의 보호범위를 확인하기 위하여 디자인권의 권리범위 확인심판을 청구할 수 있다. 이 경우 제41조에 따라 복수디자인등록출원된 디자인등록에 대하여는 각 디자인마다 청구하여야 한다.

2 상표법

제2조(정의) ① 이 법에서 사용하는 용어의 뜻은 다음과 같다.

1. "상표"란 자기의 상품(지리적 표시가 사용되는 상품의 경우를 제외하고는 서비스 또는 서비스의 제공에 관련된 물건을 포함한다. 이하 같다)과 타인의 상품을 식별하기 위하여 사용하는 표장(標章)을 말한다.
2. "표장"이란 기호, 문자, 도형, 소리, 냄새, 입체적 형상, 홀로그램 · 동작 또는 색채 등으로서 그 구성이나 표현방식에 상관없이 상품의 출처(出處)를 나타내기 위하여 사용하는 모든 표시를 말한다.
3. "단체표장"이란 상품을 생산 · 제조 · 가공 · 판매하거나 서비스를 제공하는 자가 공동으로 설립한 법인이 직접 사용하거나 그 소속 단체원에게 사용하게 하기 위한 표장을 말한다.
4. "지리적 표시"란 상품의 특정 품질 · 명성 또는 그 밖의 특성이 본질적으로 특정 지역에서 비롯된 경우에 그 지역에서 생산 · 제조 또는 가공된 상품임을 나타내는 표시를 말한다.
5. "동음이의어 지리적 표시"란 같은 상품에 대한 지리적 표시가 타인의 지리적 표시와 발음은 같지만 해당 지역이 다른 지리적 표시를 말한다.
6. "지리적 표시 단체표장"이란 지리적 표시를 사용할 수 있는 상품을 생산 · 제조 또는 가공하는 자가 공동으로 설립한 법인이 직접 사용하거나 그 소속 단체원에게 사용하게 하기 위한 표장을 말한다.
7. "증명표장"이란 상품의 품질, 원산지, 생산방법 또는 그 밖의 특성을 증명하고 관리하는 것을 업(業)으로 하는 자가 타인의 상품에 대하여 그 상품이 품질, 원산지, 생산방법 또는 그 밖의 특성을 충족한다는 것을 증명하는 데 사용하는 표장을 말한다.
8. "지리적 표시 증명표장"이란 지리적 표시를 증명하는 것을 업으로 하는 자가 타인의 상품에 대하여 그 상품이 정해진 지리적 특성을 충족한다는 것을 증명하는

데 사용하는 표장을 말한다.

9. "업무표장"이란 영리를 목적으로 하지 아니하는 업무를 하는 자가 그 업무를 나타내기 위하여 사용하는 표장을 말한다.

10. "등록상표"란 상표등록을 받은 상표를 말한다.

11. "상표의 사용"이란 다음 각 목의 어느 하나에 해당하는 행위를 말한다.

가. 상품 또는 상품의 포장에 상표를 표시하는 행위

나. 상품 또는 상품의 포장에 상표를 표시한 것을 양도 또는 인도하거나 양도 또는 인도할 목적으로 전시·수출 또는 수입하는 행위

다. 상품에 관한 광고·정가표(定價表)·거래서류, 그 밖의 수단에 상표를 표시하고 전시하거나 널리 알리는 행위

② 제1항제11호 각 목에 따른 상표를 표시하는 행위에는 다음 각 호의 어느 하나의 방법으로 표시하는 행위가 포함된다.

1. 표장의 형상이나 소리 또는 냄새로 상표를 표시하는 행위

2. 전기통신회선을 통하여 제공되는 정보에 전자적 방법으로 표시하는 행위

③ 단체표장·증명표장 또는 업무표장에 관하여는 이 법에서 특별히 규정한 것을 제외하고는 상표에 관한 규정을 적용한다.

④ 지리적 표시 증명표장에 관하여는 이 법에서 특별히 규정한 것을 제외하고는 지리적 표시 단체표장에 관한 규정을 적용한다.

제3조(상표등록을 받을 수 있는 자) ① 국내에서 상표를 사용하는 자 또는 사용하려는 자는 자기의 상표를 등록받을 수 있다. 다만, 특허청 직원과 특허심판원 직원은 상속 또는 유증(遺贈)의 경우를 제외하고는 재직 중에 상표를 등록받을 수 없다.

② 상품을 생산·제조·가공·판매하거나 서비스를 제공하는 자가 공동으로 설립한 법인(지리적 표시 단체표장의 경우에는 그 지리적 표시를 사용할 수 있는 상품을 생산·제조 또는 가공하는 자로 구성된 법인으로 한정한다)은 자기의 단체표장을 등록받을 수 있다.

③ 상품의 품질, 원산지, 생산방법 또는 그 밖의 특성을 증명하고 관리하는 것을 업으로 할 수 있는 자는 타인의 상품에 대하여 그 상품이 정해진 품질, 원산지, 생산방법 또는 그 밖의 특성을 충족하는 것을 증명하는 데 사용하기 위해서만 증명표장을 등록받을 수 있다. 다만, 자기의 영업에 관한 상품에 사용하려는 경우에는 증명표장의 등록을 받을 수 없다.

④ 제3항에도 불구하고 상표 · 단체표장 또는 업무표장을 출원(出願)하거나 등록을 받은 자는 그 상표 등과 동일 · 유사한 표장을 증명표장으로 등록받을 수 없다.
⑤ 증명표장을 출원하거나 등록을 받은 자는 그 증명표장과 동일 · 유사한 표장을 상표 · 단체표장 또는 업무표장으로 등록을 받을 수 없다.
⑥ 국내에서 영리를 목적으로 하지 아니하는 업무를 하는 자는 자기의 업무표장을 등록받을 수 있다.

제33조(상표등록의 요건) ① 다음 각 호의 어느 하나에 해당하는 상표를 제외하고는 상표등록을 받을 수 있다.

1. 그 상품의 보통명칭을 보통으로 사용하는 방법으로 표시한 표장만으로 된 상표
2. 그 상품에 대하여 관용(慣用)하는 상표
3. 그 상품의 산지(産地) · 품질 · 원재료 · 효능 · 용도 · 수량 · 형상 · 가격 · 생산방법 · 가공방법 · 사용방법 또는 시기를 보통으로 사용하는 방법으로 표시한 표장만으로 된 상표
4. 현저한 지리적 명칭이나 그 약어(略語) 또는 지도만으로 된 상표
5. 흔히 있는 성(姓) 또는 명칭을 보통으로 사용하는 방법으로 표시한 표장만으로 된 상표
6. 간단하고 흔히 있는 표장만으로 된 상표
7. 제1호부터 제6호까지에 해당하는 상표 외에 수요자가 누구의 업무에 관련된 상품을 표시하는 것인가를 식별할 수 없는 상표

② 제1항제3호부터 제6호까지에 해당하는 상표라도 상표등록출원 전부터 그 상표를 사용한 결과 수요자 간에 특정인의 상품에 관한 출처를 표시하는 것으로 식별할 수 있게 된 경우에는 그 상표를 사용한 상품에 한정하여 상표등록을 받을 수 있다.
③ 제1항제3호(산지로 한정한다) 또는 제4호에 해당하는 표장이라도 그 표장이 특정 상품에 대한 지리적 표시인 경우에는 그 지리적 표시를 사용한 상품을 지정상품(제38조제1항에 따라 지정한 상품 및 제86조제1항에 따라 추가로 지정한 상품을 말한다. 이하 같다)으로 하여 지리적 표시 단체표장등록을 받을 수 있다.

제34조(상표등록을 받을 수 없는 상표) ① 제33조에도 불구하고 다음 각 호의 어느 하나에 해당하는 상표에 대해서는 상표등록을 받을 수 없다.

1. 국가의 국기(國旗) 및 국제기구의 기장(記章) 등으로서 다음 각 목의 어느 하나에 해당하는 상표

가. 대한민국의 국기, 국장(國章), 군기(軍旗), 훈장, 포장(褒章), 기장, 대한민국이나 공공기관의 감독용 또는 증명용 인장(印章)·기호와 동일·유사한 상표

나. 「공업소유권의 보호를 위한 파리 협약」(이하 "파리협약"이라 한다) 동맹국, 세계무역기구 회원국 또는 「상표법조약」 체약국(이하 이 항에서 "동맹국등"이라 한다)의 국기와 동일·유사한 상표

다. 국제적십자, 국제올림픽위원회 또는 저명(著名)한 국제기관의 명칭, 약칭, 표장과 동일·유사한 상표. 다만, 그 기관이 자기의 명칭, 약칭 또는 표장을 상표등록출원한 경우에는 상표등록을 받을 수 있다.

라. 파리협약 제6조의3에 따라 세계지식재산기구로부터 통지받아 특허청장이 지정한 동맹국등의 문장(紋章), 기(旗), 훈장, 포장 또는 기장이나 동맹국등이 가입한 정부 간 국제기구의 명칭, 약칭, 문장, 기, 훈장, 포장 또는 기장과 동일·유사한 상표. 다만, 그 동맹국등이 가입한 정부 간 국제기구가 자기의 명칭·약칭, 표장을 상표등록출원한 경우에는 상표등록을 받을 수 있다.

마. 파리협약 제6조의3에 따라 세계지식재산기구로부터 통지받아 특허청장이 지정한 동맹국등이나 그 공공기관의 감독용 또는 증명용 인장·기호와 동일·유사한 상표로서 그 인장 또는 기호가 사용되고 있는 상품과 동일·유사한 상품에 대하여 사용하는 상표

2. 국가·인종·민족·공공단체·종교 또는 저명한 고인(故人)과의 관계를 거짓으로 표시하거나 이들을 비방 또는 모욕하거나 이들에 대한 평판을 나쁘게 할 우려가 있는 상표

3. 국가·공공단체 또는 이들의 기관과 공익법인의 비영리 업무나 공익사업을 표시하는 표장으로서 저명한 것과 동일·유사한 상표. 다만, 그 국가 등이 자기의 표장을 상표등록출원한 경우에는 상표등록을 받을 수 있다.

4. 상표 그 자체 또는 상표가 상품에 사용되는 경우 수요자에게 주는 의미와 내용 등이 일반인의 통상적인 도덕관념인 선량한 풍속에 어긋나는 등 공공의 질서를 해칠 우려가 있는 상표

5. 정부가 개최하거나 정부의 승인을 받아 개최하는 박람회 또는 외국정부가 개최하거나 외국정부의 승인을 받아 개최하는 박람회의 상패·상장 또는 포장과 동일·유사한 표장이 있는 상표. 다만, 그 박람회에서 수상한 자가 그 수상한 상품에 관하여 상표의 일부로서 그 표장을 사용하는 경우에는 상표등록을 받을 수 있다.

6. 저명한 타인의 성명 · 명칭 또는 상호 · 초상 · 서명 · 인장 · 아호(雅號) · 예명(藝名) · 필명(筆名) 또는 이들의 약칭을 포함하는 상표. 다만, 그 타인의 승낙을 받은 경우에는 상표등록을 받을 수 있다.
7. 선출원(先出願)에 의한 타인의 등록상표(등록된 지리적 표시 단체표장은 제외한다)와 동일 · 유사한 상표로서 그 지정상품과 동일 · 유사한 상품에 사용하는 상표
8. 선출원에 의한 타인의 등록된 지리적 표시 단체표장과 동일 · 유사한 상표로서 그 지정상품과 동일하다고 인식되어 있는 상품에 사용하는 상표
9. 타인의 상품을 표시하는 것이라고 수요자들에게 널리 인식되어 있는 상표(지리적 표시는 제외한다)와 동일 · 유사한 상표로서 그 타인의 상품과 동일 · 유사한 상품에 사용하는 상표
10. 특정 지역의 상품을 표시하는 것이라고 수요자들에게 널리 인식되어 있는 타인의 지리적 표시와 동일 · 유사한 상표로서 그 지리적 표시를 사용하는 상품과 동일하다고 인정되어 있는 상품에 사용하는 상표
11. 수요자들에게 현저하게 인식되어 있는 타인의 상품이나 영업과 혼동을 일으키게 하거나 그 식별력 또는 명성을 손상시킬 염려가 있는 상표
12. 상품의 품질을 오인하게 하거나 수요자를 기만할 염려가 있는 상표
13. 국내 또는 외국의 수요자들에게 특정인의 상품을 표시하는 것이라고 인식되어 있는 상표(지리적 표시는 제외한다)와 동일 · 유사한 상표로서 부당한 이익을 얻으려 하거나 그 특정인에게 손해를 입히려고 하는 등 부정한 목적으로 사용하는 상표
14. 국내 또는 외국의 수요자들에게 특정 지역의 상품을 표시하는 것이라고 인식되어 있는 지리적 표시와 동일 · 유사한 상표로서 부당한 이익을 얻으려 하거나 그 지리적 표시의 정당한 사용자에게 손해를 입히려고 하는 등 부정한 목적으로 사용하는 상표
15. 상표등록을 받으려는 상품 또는 그 상품의 포장의 기능을 확보하는 데 꼭 필요한(서비스의 경우에는 그 이용과 목적에 꼭 필요한 경우를 말한다) 입체적 형상, 색채, 색채의 조합, 소리 또는 냄새만으로 된 상표
16. 세계무역기구 회원국 내의 포도주 또는 증류주의 산지에 관한 지리적 표시로서 구성되거나 그 지리적 표시를 포함하는 상표로서 포도주 또는 증류주에 사용하려는 상표. 다만, 지리적 표시의 정당한 사용자가 해당 상품을 지정상품으로 하여 제36조제5항에 따른 지리적 표시 단체표장등록출원을 한 경우에는 상표등록을

받을 수 있다.

17. 「식물신품종 보호법」 제109조에 따라 등록된 품종명칭과 동일 · 유사한 상표로서 그 품종명칭과 동일 · 유사한 상품에 대하여 사용하는 상표
18. 「농수산물 품질관리법」 제32조에 따라 등록된 타인의 지리적 표시와 동일 · 유사한 상표로서 그 지리적 표시를 사용하는 상품과 동일하다고 인정되는 상품에 사용하는 상표
19. 대한민국이 외국과 양자간(兩者間) 또는 다자간(多者間)으로 체결하여 발효된 자유무역협정에 따라 보호하는 타인의 지리적 표시와 동일 · 유사한 상표 또는 그 지리적 표시로 구성되거나 그 지리적 표시를 포함하는 상표로서 지리적 표시를 사용하는 상품과 동일하다고 인정되는 상품에 사용하는 상표
20. 동업 · 고용 등 계약관계나 업무상 거래관계 또는 그 밖의 관계를 통하여 타인이 사용하거나 사용을 준비 중인 상표임을 알면서 그 상표와 동일 · 유사한 상표를 동일 · 유사한 상품에 등록출원한 상표
21. 조약당사국에 등록된 상표와 동일 · 유사한 상표로서 그 등록된 상표에 관한 권리를 가진 자와의 동업 · 고용 등 계약관계나 업무상 거래관계 또는 그 밖의 관계에 있거나 있었던 자가 그 상표에 관한 권리를 가진 자의 동의를 받지 아니하고 그 상표의 지정상품과 동일 · 유사한 상품을 지정상품으로 하여 등록출원한 상표

② 제1항 및 상표등록출원인(이하 "출원인"이라 한다)이 해당 규정의 타인에 해당하는지는 다음 각 호의 어느 하나에 해당하는 결정(이하 "상표등록여부결정"이라 한다)을 할 때를 기준으로 하여 결정한다. 다만, 제1항제11호 · 제13호 · 제14호 · 제20호 및 제21호의 경우는 상표등록출원을 한 때를 기준으로 하여 결정한다.

1. 제54조에 따른 상표등록거절결정
2. 제68조에 따른 상표등록결정

③ 상표권자 또는 그 상표권자의 상표를 사용하는 자는 제119조제1항제1호부터 제3호까지 및 제5호부터 제9호까지의 규정에 해당한다는 이유로 상표등록의 취소심판이 청구되고 그 청구일 이후에 다음 각 호의 어느 하나에 해당하게 된 경우 그 상표와 동일 · 유사한 상표[동일 · 유사한 상품(지리적 표시 단체표장의 경우에는 동일하다고 인정되는 상품을 말한다)을 지정상품으로 하여 다시 등록받으려는 경우로 한정한다]에 대해서는 그 해당하게 된 날부터 3년이 지난 후에 출원해야만 상표등록을 받을 수 있다.

1. 존속기간이 만료되어 상표권이 소멸한 경우

2. 상표권자가 상표권 또는 지정상품의 일부를 포기한 경우
3. 상표등록 취소의 심결(審決)이 확정된 경우

④ 동음이의어 지리적 표시 단체표장 상호 간에는 제1항제8호 및 제10호를 적용하지 아니한다.

제35조(선출원) ① 동일·유사한 상품에 사용할 동일·유사한 상표에 대하여 다른 날에 둘 이상의 상표등록출원이 있는 경우에는 먼저 출원한 자만이 그 상표를 등록받을 수 있다.

② 동일·유사한 상품에 사용할 동일·유사한 상표에 대하여 같은 날에 둘 이상의 상표등록출원이 있는 경우에는 출원인의 협의에 의하여 정하여진 하나의 출원인만이 그 상표에 관하여 상표등록을 받을 수 있다. 협의가 성립하지 아니하거나 협의를 할 수 없는 때에는 특허청장이 행하는 추첨에 의하여 결정된 하나의 출원인만이 상표등록을 받을 수 있다.

③ 상표등록출원이 다음 각 호의 어느 하나에 해당되는 경우에는 그 상표등록출원은 제1항 및 제2항을 적용할 때에 처음부터 없었던 것으로 본다.

1. 포기 또는 취하된 경우
2. 무효로 된 경우
3. 제54조에 따른 상표등록거절결정 또는 거절한다는 취지의 심결이 확정된 경우

④ 특허청장은 제2항의 경우에는 출원인에게 기간을 정하여 협의의 결과를 신고할 것을 명하고, 그 기간 내에 신고가 없는 경우에는 제2항에 따른 협의는 성립되지 아니한 것으로 본다.

⑤ 제1항 및 제2항은 다음 각 호의 어느 하나에 해당하는 경우에는 적용하지 아니한다.

1. 동일(동일하다고 인정되는 경우를 포함한다)하지 아니한 상품에 대하여 동일·유사한 표장으로 둘 이상의 지리적 표시 단체표장등록출원 또는 지리적 표시 단체표장등록출원과 상표등록출원이 있는 경우
2. 서로 동음이의어 지리적 표시에 해당하는 표장으로 둘 이상의 지리적 표시 단체표장등록출원이 있는 경우

제36조(상표등록출원) ① 상표등록을 받으려는 자는 다음 각 호의 사항을 적은 상표등록출원서를 특허청장에게 제출하여야 한다.

1. 출원인의 성명 및 주소(법인인 경우에는 그 명칭 및 영업소의 소재지를 말한다)

2. 출원인의 대리인이 있는 경우에는 그 대리인의 성명 및 주소나 영업소의 소재지 [대리인이 특허법인·특허법인(유한)인 경우에는 그 명칭, 사무소의 소재지 및 지정된 변리사의 성명을 말한다]
3. 상표
4. 지정상품 및 산업통상자원부령으로 정하는 상품류(이하 "상품류"라 한다)
5. 제46조제3항에 따른 사항(우선권을 주장하는 경우만 해당한다)
6. 그 밖에 산업통상자원부령으로 정하는 사항

② 상표등록을 받으려는 자는 제1항 각 호의 사항 외에 산업통상자원부령으로 정하는 바에 따라 그 표장에 관한 설명을 상표등록출원서에 적어야 한다.

③ 단체표장등록을 받으려는 자는 제1항 각 호의 사항 외에 대통령령으로 정하는 단체표장의 사용에 관한 사항을 정한 정관을 단체표장등록출원서에 첨부하여야 한다.

④ 증명표장등록을 받으려는 자는 제1항 각 호의 사항 외에 대통령령으로 정하는 증명표장의 사용에 관한 사항을 정한 서류(법인인 경우에는 정관을 말하고, 법인이 아닌 경우에는 규약을 말하며, 이하 "정관 또는 규약"이라 한다)와 증명하려는 상품의 품질, 원산지, 생산방법이나 그 밖의 특성을 증명하고 관리할 수 있음을 증명하는 서류를 증명표장등록출원서에 첨부하여야 한다.

⑤ 지리적 표시 단체표장등록이나 지리적 표시 증명표장등록을 받으려는 자는 제3항 또는 제4항의 서류 외에 대통령령으로 정하는 바에 따라 지리적 표시의 정의에 일치함을 증명할 수 있는 서류를 지리적 표시 단체표장등록출원서 또는 지리적 표시 증명표장등록출원서에 첨부하여야 한다.

⑥ 업무표장등록을 받으려는 자는 제1항 각 호의 사항 외에 그 업무의 경영 사실을 증명하는 서류를 업무표장등록출원서에 첨부하여야 한다.

제50조(심사관에 의한 심사) ① 특허청장은 심사관에게 상표등록출원 및 이의신청을 심사하게 한다.

② 심사관의 자격에 관하여 필요한 사항은 대통령령으로 정한다.

제54조(상표등록거절결정) 심사관은 상표등록출원이 다음 각 호의 어느 하나에 해당하는 경우에는 상표등록거절결정을 하여야 한다.

1. 제2조제1항에 따른 상표, 단체표장, 지리적 표시, 지리적 표시 단체표장, 증명표장, 지리적 표시 증명표장 또는 업무표장의 정의에 맞지 아니하는 경우
2. 조약에 위반된 경우

3. 제3조, 제27조, 제33조부터 제35조까지, 제38조제1항, 제48조제2항 후단, 같은 조 제4항 또는 제6항부터 제8항까지의 규정에 따라 상표등록을 할 수 없는 경우
4. 제3조에 따른 단체표장, 증명표장 및 업무표장의 등록을 받을 수 있는 자에 해당하지 아니한 경우
5. 지리적 표시 단체표장등록출원의 경우에 그 소속 단체원의 가입에 관하여 정관에 의하여 단체의 가입을 금지하거나 정관에 충족하기 어려운 가입조건을 규정하는 등 단체의 가입을 실질적으로 허용하지 아니한 경우
6. 제36조제3항에 따른 정관에 대통령령으로 정하는 단체표장의 사용에 관한 사항의 전부 또는 일부를 적지 아니하였거나 같은 조 제4항에 따른 정관 또는 규약에 대통령령으로 정하는 증명표장의 사용에 관한 사항의 전부 또는 일부를 적지 아니한 경우
7. 증명표장등록출원의 경우에 그 증명표장을 사용할 수 있는 자에 대하여 정당한 사유 없이 정관 또는 규약으로 사용을 허락하지 아니하거나 정관 또는 규약에 충족하기 어려운 사용조건을 규정하는 등 실질적으로 사용을 허락하지 아니한 경우

제68조(상표등록결정) 심사관은 상표등록출원에 대하여 거절이유를 발견할 수 없는 경우에는 상표등록결정을 하여야 한다.

제82조(상표권의 설정등록) ① 상표권은 설정등록에 의하여 발생한다.

② 특허청장은 다음 각 호의 어느 하나에 해당하는 경우에는 상표권을 설정하기 위한 등록을 하여야 한다.

1. 제72조제3항 또는 제74조에 따라 상표등록료(제72조제1항 각 호 외의 부분 후단에 따라 분할납부하는 경우에는 1회차 상표등록료를 말하며, 이하 이 항에서 같다)를 낸 경우
2. 제76조제2항에 따라 상표등록료를 보전하였을 경우
3. 제77조제1항에 따라 상표등록료를 내거나 보전하였을 경우

③ 특허청장은 제2항에 따라 등록한 경우에는 상표권자의 성명 · 주소 및 상표등록번호 등 대통령령으로 정하는 사항을 상표공보에 게재하여 등록공고를 하여야 한다.

제83조(상표권의 존속기간) ① 상표권의 존속기간은 제82조제1항에 따라 설정등록이 있는 날부터 10년으로 한다.

② 상표권의 존속기간은 존속기간갱신등록신청에 의하여 10년씩 갱신할 수 있다.

③ 제1항 및 제2항에도 불구하고 다음 각 호의 어느 하나에 해당하는 경우에는 상표

권의 설정등록일 또는 존속기간갱신등록일부터 5년이 지나면 상표권이 소멸한다.

1. 제72조제3항 또는 제74조에 따른 납부기간 내에 상표등록료(제72조제1항 각 호 외의 부분 후단에 따라 상표등록료를 분할납부하는 경우로서 2회차 상표등록료를 말한다. 이하 이 항에서 같다)를 내지 아니한 경우
2. 제76조제1항에 따라 상표등록료의 보전을 명한 경우로서 그 보전기간 내에 보전하지 아니한 경우
3. 제77조제1항에 해당하는 경우로서 그 해당 기간 내에 상표등록료를 내지 아니하거나 보전하지 아니한 경우

제89조(상표권의 효력) 상표권자는 지정상품에 관하여 그 등록상표를 사용할 권리를 독점한다. 다만, 그 상표권에 관하여 전용사용권을 설정한 때에는 제95조제3항에 따라 전용사용권자가 등록상표를 사용할 권리를 독점하는 범위에서는 그러하지 아니하다.

제90조(상표권의 효력이 미치지 아니하는 범위) ① 상표권(지리적 표시 단체표장권은 제외한다)은 다음 각 호의 어느 하나에 해당하는 경우에는 그 효력이 미치지 아니한다.

1. 자기의 성명 · 명칭 또는 상호 · 초상 · 서명 · 인장 또는 저명한 아호 · 예명 · 필명과 이들의 저명한 약칭을 상거래 관행에 따라 사용하는 상표
2. 등록상표의 지정상품과 동일 · 유사한 상품의 보통명칭 · 산지 · 품질 · 원재료 · 효능 · 용도 · 수량 · 형상 · 가격 또는 생산방법 · 가공방법 · 사용방법 및 시기를 보통으로 사용하는 방법으로 표시하는 상표
3. 입체적 형상으로 된 등록상표의 경우에는 그 입체적 형상이 누구의 업무에 관련된 상품을 표시하는 것인지 식별할 수 없는 경우에 등록상표의 지정상품과 동일 · 유사한 상품에 사용하는 등록상표의 입체적 형상과 동일 · 유사한 형상으로 된 상표
4. 등록상표의 지정상품과 동일 · 유사한 상품에 대하여 관용하는 상표와 현저한 지리적 명칭 및 그 약어 또는 지도로 된 상표
5. 등록상표의 지정상품 또는 그 지정상품 포장의 기능을 확보하는 데 불가결한 형상, 색채, 색채의 조합, 소리 또는 냄새로 된 상표

② 지리적 표시 단체표장권은 다음 각 호의 어느 하나에 해당하는 경우에는 그 효력이 미치지 아니한다.

1. 제1항제1호 · 제2호(산지에 해당하는 경우는 제외한다) 또는 제5호에 해당하는 상표
2. 지리적 표시 등록단체표장의 지정상품과 동일하다고 인정되어 있는 상품에 대하여 관용하는 상표
3. 지리적 표시 등록단체표장의 지정상품과 동일하다고 인정되어 있는 상품에 사용하는 지리적 표시로서 해당 지역에서 그 상품을 생산 · 제조 또는 가공하는 것을 업으로 영위하는 자가 사용하는 지리적 표시 또는 동음이의어 지리적 표시
4. 선출원에 의한 등록상표가 지리적 표시 등록단체표장과 동일 · 유사한 지리적 표시를 포함하고 있는 경우에 상표권자, 전용사용권자 또는 통상사용권자가 지정상품에 사용하는 등록상표

③ 제1항제1호는 상표권의 설정등록이 있은 후에 부정경쟁의 목적으로 자기의 성명 · 명칭 또는 상호 · 초상 · 서명 · 인장 또는 저명한 아호 · 예명 · 필명과 이들의 저명한 약칭을 사용하는 경우에는 적용하지 아니한다.

제91조(등록상표 등의 보호범위) ① 등록상표의 보호범위는 상표등록출원서에 적은 상표 및 기재사항에 따라 정해진다.

② 지정상품의 보호범위는 상표등록출원서 또는 상품분류전환등록신청서에 기재된 상품에 따라 정해진다.

제92조(타인의 디자인권 등과의 관계) ① 상표권자 · 전용사용권자 또는 통상사용권자는 그 등록상표를 사용할 경우에 그 사용상태에 따라 그 상표등록출원일 전에 출원된 타인의 특허권 · 실용신안권 · 디자인권 또는 그 상표등록출원일 전에 발생한 타인의 저작권과 저촉되는 경우에는 지정상품 중 저촉되는 지정상품에 대한 상표의 사용은 특허권자 · 실용신안권자 · 디자인권자 또는 저작권자의 동의를 받지 아니하고는 그 등록상표를 사용할 수 없다.

② 상표권자 · 전용사용권자 또는 통상사용권자는 그 등록상표의 사용이 「부정경쟁방지 및 영업비밀보호에 관한 법률」 제2조제1호차목에 따른 부정경쟁행위에 해당하는 경우에는 같은 목에 따른 타인의 동의를 받지 아니하고는 그 등록상표를 사용할 수 없다.

제116조(거절결정에 대한 심판) 제54조에 따른 상표등록거절결정, 지정상품추가등록거절결정 또는 상품분류전환등록 거절결정(이하 "거절결정"이라 한다)을 받은 자가 불복하는 경우에는 그 거절결정의 등본을 송달받은 날부터 30일 이내에 심판을 청

구할 수 있다.

제117조(상표등록의 무효심판) ① 이해관계인 또는 심사관은 상표등록 또는 지정상품의 추가등록이 다음 각 호의 어느 하나에 해당하는 경우에는 무효심판을 청구할 수 있다. 이 경우 등록상표의 지정상품이 둘 이상인 경우에는 지정상품마다 청구할 수 있다.

1. 상표등록 또는 지정상품의 추가등록이 제3조, 제27조, 제33조부터 제35조까지, 제48조제2항 후단, 같은 조 제4항 및 제6항부터 제8항까지, 제54조제1호 · 제2호 및 제4호부터 제7호까지의 규정에 위반된 경우
2. 상표등록 또는 지정상품의 추가등록이 그 상표등록출원에 의하여 발생한 권리를 승계하지 아니한 자가 한 것인 경우
3. 지정상품의 추가등록이 제87조제1항제3호에 위반된 경우
4. 상표등록 또는 지정상품의 추가등록이 조약에 위반된 경우
5. 상표등록된 후 그 상표권자가 제27조에 따라 상표권을 누릴 수 없는 자로 되거나 그 등록상표가 조약에 위반된 경우
6. 상표등록된 후 그 등록상표가 제33조제1항 각 호의 어느 하나에 해당하게 된 경우(같은 조 제2항에 해당하게 된 경우는 제외한다)
7. 제82조에 따라 지리적 표시 단체표장등록이 된 후 그 등록단체표장을 구성하는 지리적 표시가 원산지 국가에서 보호가 중단되거나 사용되지 아니하게 된 경우

② 제1항에 따른 무효심판은 상표권이 소멸된 후에도 청구할 수 있다.

③ 상표등록을 무효로 한다는 심결이 확정된 경우에는 그 상표권은 처음부터 없었던 것으로 본다. 다만, 제1항제5호부터 제7호까지의 규정에 따라 상표등록을 무효로 한다는 심결이 확정된 경우에는 상표권은 그 등록상표가 같은 호에 해당하게 된 때부터 없었던 것으로 본다.

④ 제3항 단서를 적용하는 경우에 등록상표가 제1항제5호부터 제7호까지의 규정에 해당하게 된 때를 특정할 수 없는 경우에는 해당 상표권은 제1항에 따른 무효심판이 청구되어 그 청구내용이 등록원부에 공시(公示)된 때부터 없었던 것으로 본다.

⑤ 심판장은 제1항의 무효심판이 청구된 경우에는 그 취지를 해당 상표권의 전용사용권자와 그 밖에 상표에 관한 권리를 등록한 자에게 통지하여야 한다.

제119조(상표등록의 취소심판) ① 등록상표가 다음 각 호의 어느 하나에 해당하는 경우에는 그 상표등록의 취소심판을 청구할 수 있다.

1. 상표권자가 고의로 지정상품에 등록상표와 유사한 상표를 사용하거나 지정상품과 유사한 상품에 등록상표 또는 이와 유사한 상표를 사용함으로써 수요자에게 상품의 품질을 오인하게 하거나 타인의 업무와 관련된 상품과 혼동을 불러일으키게 한 경우
2. 전용사용권자 또는 통상사용권자가 지정상품 또는 이와 유사한 상품에 등록상표 또는 이와 유사한 상표를 사용함으로써 수요자에게 상품의 품질을 오인하게 하거나 타인의 업무와 관련된 상품과의 혼동을 불러일으키게 한 경우. 다만, 상표권자가 상당한 주의를 한 경우는 제외한다.
3. 상표권자 · 전용사용권자 또는 통상사용권자 중 어느 누구도 정당한 이유 없이 등록상표를 그 지정상품에 대하여 취소심판청구일 전 계속하여 3년 이상 국내에서 사용하고 있지 아니한 경우
4. 제93조제1항 후단, 같은 조 제2항 및 같은 조 제4항부터 제7항까지의 규정에 위반된 경우
5. 상표권의 이전으로 유사한 등록상표가 각각 다른 상표권자에게 속하게 되고 그 중 1인이 자기의 등록상표의 지정상품과 동일 · 유사한 상품에 부정경쟁을 목적으로 자기의 등록상표를 사용함으로써 수요자에게 상품의 품질을 오인하게 하거나 타인의 업무와 관련된 상품과 혼동을 불러일으키게 한 경우
6. 제92조제2항에 해당하는 상표가 등록된 경우에 그 상표에 관한 권리를 가진 자가 해당 상표등록일부터 5년 이내에 취소심판을 청구한 경우
7. 단체표장과 관련하여 다음 각 목의 어느 하나에 해당하는 경우
   가. 소속 단체원이 그 단체의 정관을 위반하여 단체표장을 타인에게 사용하게 한 경우나 소속 단체원이 그 단체의 정관을 위반하여 단체표장을 사용함으로써 수요자에게 상품의 품질 또는 지리적 출처를 오인하게 하거나 타인의 업무와 관련된 상품과 혼동을 불러일으키게 한 경우. 다만, 단체표장권자가 소속 단체원의 감독에 상당한 주의를 한 경우는 제외한다.
   나. 단체표장의 설정등록 후 제36조제3항에 따른 정관을 변경함으로써 수요자에게 상품의 품질을 오인하게 하거나 타인의 업무와 관련된 상품과 혼동을 불러일으키게 할 염려가 있는 경우
   다. 제3자가 단체표장을 사용하여 수요자에게 상품의 품질이나 지리적 출처를 오인하게 하거나 타인의 업무와 관련된 상품과 혼동을 불러일으키게 하였음에도 단체표장권자가 고의로 적절한 조치를 하지 아니한 경우

8. 지리적 표시 단체표장과 관련하여 다음 각 목의 어느 하나에 해당하는 경우
   가. 지리적 표시 단체표장등록출원의 경우에 그 소속 단체원의 가입에 관하여 정관에 의하여 단체의 가입을 금지하거나 정관에 충족하기 어려운 가입조건을 규정하는 등 단체의 가입을 실질적으로 허용하지 아니하거나 그 지리적 표시를 사용할 수 없는 자에게 단체의 가입을 허용한 경우
   나. 지리적 표시 단체표장권자나 그 소속 단체원이 제223조를 위반하여 단체표장을 사용함으로써 수요자에게 상품의 품질을 오인하게 하거나 지리적 출처에 대한 혼동을 불러일으키게 한 경우
9. 증명표장과 관련하여 다음 각 목의 어느 하나에 해당하는 경우
   가. 증명표장권자가 제36조제4항에 따라 제출된 정관 또는 규약을 위반하여 증명표장의 사용을 허락한 경우
   나. 증명표장권자가 제3조제3항 단서를 위반하여 증명표장을 자기의 상품에 대하여 사용하는 경우
   다. 증명표장의 사용허락을 받은 자가 정관 또는 규약을 위반하여 타인에게 사용하게 한 경우 또는 사용을 허락받은 자가 정관 또는 규약을 위반하여 증명표장을 사용함으로써 수요자에게 상품의 품질, 원산지, 생산방법이나 그 밖의 특성에 관하여 혼동을 불러일으키게 한 경우. 다만, 증명표장권자가 사용을 허락받은 자에 대한 감독에 상당한 주의를 한 경우는 제외한다.
   라. 증명표장권자가 증명표장의 사용허락을 받지 아니한 제3자가 증명표장을 사용하여 수요자에게 상품의 품질, 원산지, 생산방법이나 그 밖의 상품의 특성에 관한 혼동을 불러일으키게 하였음을 알면서도 적절한 조치를 하지 아니한 경우
   마. 증명표장권자가 그 증명표장을 사용할 수 있는 자에 대하여 정당한 사유 없이 정관 또는 규약으로 사용을 허락하지 아니하거나 정관 또는 규약에 충족하기 어려운 사용조건을 규정하는 등 실질적으로 사용을 허락하지 아니한 경우

② 제1항제3호에 해당하는 것을 사유로 취소심판을 청구하는 경우 등록상표의 지정상품이 둘 이상 있는 경우에는 일부 지정상품에 관하여 취소심판을 청구할 수 있다.

③ 제1항제3호에 해당하는 것을 사유로 취소심판이 청구된 경우에는 피청구인이 해당 등록상표를 취소심판청구에 관계되는 지정상품 중 하나 이상에 대하여 그 심판청구일 전 3년 이내에 국내에서 정당하게 사용하였음을 증명하지 아니하면 상표권

자는 취소심판청구와 관계되는 지정상품에 관한 상표등록의 취소를 면할 수 없다. 다만, 피청구인이 사용하지 아니한 것에 대한 정당한 이유를 증명한 경우에는 그러하지 아니하다.

④ 제1항(같은 항 제4호 및 제6호는 제외한다)에 해당하는 것을 사유로 취소심판을 청구한 후 그 심판청구사유에 해당하는 사실이 없어진 경우에도 취소사유에 영향이 미치지 아니한다.

⑤ 제1항에 따른 취소심판은 누구든지 청구할 수 있다. 다만, 제1항제4호 및 제6호에 해당하는 것을 사유로 하는 심판은 이해관계인만이 청구할 수 있다.

⑥ 상표등록을 취소한다는 심결이 확정되었을 경우에는 그 상표권은 그때부터 소멸된다. 다만, 제1항제3호에 해당하는 것을 사유로 취소한다는 심결이 확정된 경우에는 그 심판청구일에 소멸하는 것으로 본다.

⑦ 심판장은 제1항의 심판이 청구된 경우에는 그 취지를 해당 상표권의 전용사용권자와 그 밖에 상표에 관한 권리를 등록한 자에게 통지하여야 한다.

제121조(권리범위 확인심판) 상표권자, 전용사용권자 또는 이해관계인은 등록상표의 권리범위를 확인하기 위하여 상표권의 권리범위 확인심판을 청구할 수 있다. 이 경우 등록상표의 지정상품이 둘 이상 있는 경우에는 지정상품마다 청구할 수 있다.

3 저작권법

제2조(정의) 이 법에서 사용하는 용어의 뜻은 다음과 같다.

1. "저작물"은 인간의 사상 또는 감정을 표현한 창작물을 말한다.
2. "저작자"는 저작물을 창작한 자를 말한다.
3. "공연"은 저작물 또는 실연·음반·방송을 상연·연주·가창·구연·낭독·상영·재생 그 밖의 방법으로 공중에게 공개하는 것을 말하며, 동일인의 점유에 속하는 연결된 장소 안에서 이루어지는 송신(전송을 제외한다)을 포함한다.
4. "실연자"는 저작물을 연기·무용·연주·가창·구연·낭독 그 밖의 예능적 방법으로 표현하거나 저작물이 아닌 것을 이와 유사한 방법으로 표현하는 실연을 하는 자를 말하며, 실연을 지휘, 연출 또는 감독하는 자를 포함한다.
5. "음반"은 음(음성·음향을 말한다. 이하 같다)이 유형물에 고정된 것(음을 디지털화한 것을 포함한다)을 말한다. 다만, 음이 영상과 함께 고정된 것을 제외한다.
6. "음반제작자"는 음반을 최초로 제작하는 데 있어 전체적으로 기획하고 책임을 지는 자를 말한다.
7. "공중송신"은 저작물, 실연·음반·방송 또는 데이터베이스(이하 "저작물등"이라 한다)를 공중이 수신하거나 접근하게 할 목적으로 무선 또는 유선통신의 방법에 의하여 송신하거나 이용에 제공하는 것을 말한다.
8. "방송"은 공중송신 중 공중이 동시에 수신하게 할 목적으로 음·영상 또는 음과 영상 등을 송신하는 것을 말한다.

8의2. "암호화된 방송 신호"란 방송사업자나 방송사업자의 동의를 받은 자가 정당한 권한 없이 방송(유선 및 위성 통신의 방법에 의한 방송에 한한다)을 수신하는 것을 방지하거나 억제하기 위하여 전자적으로 암호화한 방송 신호를 말한다.

9. "방송사업자"는 방송을 업으로 하는 자를 말한다.
10. "전송(傳送)"은 공중송신 중 공중의 구성원이 개별적으로 선택한 시간과 장소에서 접근할 수 있도록 저작물등을 이용에 제공하는 것을 말하며, 그에 따라 이루

어지는 송신을 포함한다.

11. "디지털음성송신"은 공중송신 중 공중으로 하여금 동시에 수신하게 할 목적으로 공중의 구성원의 요청에 의하여 개시되는 디지털 방식의 음의 송신을 말하며, 전송을 제외한다.
12. "디지털음성송신사업자"는 디지털음성송신을 업으로 하는 자를 말한다.
13. "영상저작물"은 연속적인 영상(음의 수반여부는 가리지 아니한다)이 수록된 창작물로서 그 영상을 기계 또는 전자장치에 의하여 재생하여 볼 수 있거나 보고 들을 수 있는 것을 말한다.
14. "영상제작자"는 영상저작물의 제작에 있어 그 전체를 기획하고 책임을 지는 자를 말한다.
15. "응용미술저작물"은 물품에 동일한 형상으로 복제될 수 있는 미술저작물로서 그 이용된 물품과 구분되어 독자성을 인정할 수 있는 것을 말하며, 디자인 등을 포함한다.
16. "컴퓨터프로그램저작물"은 특정한 결과를 얻기 위하여 컴퓨터 등 정보처리능력을 가진 장치(이하 "컴퓨터"라 한다) 내에서 직접 또는 간접으로 사용되는 일련의 지시·명령으로 표현된 창작물을 말한다.
17. "편집물"은 저작물이나 부호·문자·음·영상 그 밖의 형태의 자료(이하 "소재"라 한다)의 집합물을 말하며, 데이터베이스를 포함한다.
18. "편집저작물"은 편집물로서 그 소재의 선택·배열 또는 구성에 창작성이 있는 것을 말한다.
19. "데이터베이스"는 소재를 체계적으로 배열 또는 구성한 편집물로서 개별적으로 그 소재에 접근하거나 그 소재를 검색할 수 있도록 한 것을 말한다.
20. "데이터베이스제작자"는 데이터베이스의 제작 또는 그 소재의 갱신·검증 또는 보충(이하 "갱신등"이라 한다)에 인적 또는 물적으로 상당한 투자를 한 자를 말한다.
21. "공동저작물"은 2인 이상이 공동으로 창작한 저작물로서 각자의 이바지한 부분을 분리하여 이용할 수 없는 것을 말한다.
22. "복제"는 인쇄·사진촬영·복사·녹음·녹화 그 밖의 방법으로 일시적 또는 영구적으로 유형물에 고정하거나 다시 제작하는 것을 말하며, 건축물의 경우에는 그 건축을 위한 모형 또는 설계도서에 따라 이를 시공하는 것을 포함한다.
23. "배포"는 저작물등의 원본 또는 그 복제물을 공중에게 대가를 받거나 받지 아니

하고 양도 또는 대여하는 것을 말한다.

24. "발행"은 저작물 또는 음반을 공중의 수요를 충족시키기 위하여 복제·배포하는 것을 말한다.
25. "공표"는 저작물을 공연, 공중송신 또는 전시 그 밖의 방법으로 공중에게 공개하는 경우와 저작물을 발행하는 경우를 말한다.
26. "저작권신탁관리업"은 저작재산권자, 배타적발행권자, 출판권자, 저작인접권자 또는 데이터베이스제작자의 권리를 가진 자를 위하여 그 권리를 신탁받아 이를 지속적으로 관리하는 업을 말하며, 저작물등의 이용과 관련하여 포괄적으로 대리하는 경우를 포함한다.
27. "저작권대리중개업"은 저작재산권자, 배타적발행권자, 출판권자, 저작인접권자 또는 데이터베이스제작자의 권리를 가진 자를 위하여 그 권리의 이용에 관한 대리 또는 중개행위를 하는 업을 말한다.
28. "기술적 보호조치"란 다음 각 목의 어느 하나에 해당하는 조치를 말한다.
    가. 저작권, 그 밖에 이 법에 따라 보호되는 권리의 행사와 관련하여 이 법에 따라 보호되는 저작물등에 대한 접근을 효과적으로 방지하거나 억제하기 위하여 그 권리자나 권리자의 동의를 받은 자가 적용하는 기술적 조치
    나. 저작권, 그 밖에 이 법에 따라 보호되는 권리에 대한 침해 행위를 효과적으로 방지하거나 억제하기 위하여 그 권리자나 권리자의 동의를 받은 자가 적용하는 기술적 조치
29. "권리관리정보"는 다음 각 목의 어느 하나에 해당하는 정보나 그 정보를 나타내는 숫자 또는 부호로서 각 정보가 저작권, 그 밖에 이 법에 따라 보호되는 권리에 의하여 보호되는 저작물등의 원본이나 그 복제물에 부착되거나 그 공연·실행 또는 공중송신에 수반되는 것을 말한다.
    가. 저작물등을 식별하기 위한 정보
    나. 저작권, 그 밖에 이 법에 따라 보호되는 권리를 가진 자를 식별하기 위한 정보
    다. 저작물등의 이용 방법 및 조건에 관한 정보
30. "온라인서비스제공자"란 다음 각 목의 어느 하나에 해당하는 자를 말한다.
    가. 이용자가 선택한 저작물등을 그 내용의 수정 없이 이용자가 지정한 지점 사이에서 정보통신망(「정보통신망 이용촉진 및 정보보호 등에 관한 법률」 제2조제1항제1호의 정보통신망을 말한다. 이하 같다)을 통하여 전달하기 위하

여 송신하거나 경로를 지정하거나 연결을 제공하는 자

나. 이용자들이 정보통신망에 접속하거나 정보통신망을 통하여 저작물등을 복제·전송할 수 있도록 서비스를 제공하거나 그를 위한 설비를 제공 또는 운영하는 자

31. "업무상저작물"은 법인·단체 그 밖의 사용자(이하 "법인등"이라 한다)의 기획하에 법인등의 업무에 종사하는 자가 업무상 작성하는 저작물을 말한다.
32. "공중"은 불특정 다수인(특정 다수인을 포함한다)을 말한다.
33. "인증"은 저작물등의 이용허락 등을 위하여 정당한 권리자임을 증명하는 것을 말한다.
34. "프로그램코드역분석"은 독립적으로 창작된 컴퓨터프로그램저작물과 다른 컴퓨터프로그램과의 호환에 필요한 정보를 얻기 위하여 컴퓨터프로그램저작물코드를 복제 또는 변환하는 것을 말한다.
35. "라벨"이란 그 복제물이 정당한 권한에 따라 제작된 것임을 나타내기 위하여 저작물등의 유형적 복제물·포장 또는 문서에 부착·동봉 또는 첨부되거나 그러한 목적으로 고안된 표지를 말한다.
36. "영화상영관등"이란 영화상영관, 시사회장, 그 밖에 공중에게 영상저작물을 상영하는 장소로서 상영자에 의하여 입장이 통제되는 장소를 말한다.

제4조(저작물의 예시 등) ① 이 법에서 말하는 저작물을 예시하면 다음과 같다.

1. 소설·시·논문·강연·연설·각본 그 밖의 어문저작물
2. 음악저작물
3. 연극 및 무용·무언극 그 밖의 연극저작물
4. 회화·서예·조각·판화·공예·응용미술저작물 그 밖의 미술저작물
5. 건축물·건축을 위한 모형 및 설계도서 그 밖의 건축저작물
6. 사진저작물(이와 유사한 방법으로 제작된 것을 포함한다)
7. 영상저작물
8. 지도·도표·설계도·약도·모형 그 밖의 도형저작물
9. 컴퓨터프로그램저작물

제16조(복제권) 저작자는 그의 저작물을 복제할 권리를 가진다.

제17조(공연권) 저작자는 그의 저작물을 공연할 권리를 가진다.

제18조(공중송신권) 저작자는 그의 저작물을 공중송신할 권리를 가진다.

제19조(전시권) 저작자는 미술저작물등의 원본이나 그 복제물을 전시할 권리를 가진다.

제20조(배포권) 저작자는 저작물의 원본이나 그 복제물을 배포할 권리를 가진다. 다만, 저작물의 원본이나 그 복제물이 해당 저작재산권자의 허락을 받아 판매 등의 방법으로 거래에 제공된 경우에는 그러하지 아니하다.

제21조(대여권) 제20조 단서에도 불구하고 저작자는 상업적 목적으로 공표된 음반(이하 "상업용 음반"이라 한다)이나 상업적 목적으로 공표된 프로그램을 영리를 목적으로 대여할 권리를 가진다.

제22조(2차적저작물작성권) 저작자는 그의 저작물을 원저작물로 하는 2차적저작물을 작성하여 이용할 권리를 가진다.

제39조(보호기간의 원칙) ① 저작재산권은 이 관에 특별한 규정이 있는 경우를 제외하고는 저작자가 생존하는 동안과 사망한 후 70년간 존속한다.

② 공동저작물의 저작재산권은 맨 마지막으로 사망한 저작자가 사망한 후 70년간 존속한다.

제53조(저작권의 등록) ① 저작자는 다음 각 호의 사항을 등록할 수 있다.

1. 저작자의 실명 · 이명(공표 당시에 이명을 사용한 경우에 한한다) · 국적 · 주소 또는 거소
2. 저작물의 제호 · 종류 · 창작연월일
3. 공표의 여부 및 맨 처음 공표된 국가 · 공표연월일
4. 그 밖에 대통령령으로 정하는 사항

② 저작자가 사망한 경우 저작자의 특별한 의사표시가 없는 때에는 그의 유언으로 지정한 자 또는 상속인이 제1항 각 호의 규정에 따른 등록을 할 수 있다.

③ 제1항 및 제2항에 따라 저작자로 실명이 등록된 자는 그 등록저작물의 저작자로, 창작연월일 또는 맨 처음의 공표연월일이 등록된 저작물은 등록된 연월일에 창작 또는 맨 처음 공표된 것으로 추정한다. 다만, 저작물을 창작한 때부터 1년이 경과한 후에 창작연월일을 등록한 경우에는 등록된 연월일에 창작된 것으로 추정하지 아니한다.

4 부정경쟁방지 및 영업비밀보호에 관한 법률

제2조(정의) 이 법에서 사용하는 용어의 뜻은 다음과 같다.

1. "부정경쟁행위"란 다음 각 목의 어느 하나에 해당하는 행위를 말한다.

가. 국내에 널리 인식된 타인의 성명, 상호, 상표, 상품의 용기 · 포장, 그 밖에 타인의 상품임을 표시한 표지(標識)와 동일하거나 유사한 것을 사용하거나 이러한 것을 사용한 상품을 판매 · 반포(頒布) 또는 수입 · 수출하여 타인의 상품과 혼동하게 하는 행위

나. 국내에 널리 인식된 타인의 성명, 상호, 표장(標章), 그 밖에 타인의 영업임을 표시하는 표지(상품 판매 · 서비스 제공방법 또는 간판 · 외관 · 실내장식 등 영업제공 장소의 전체적인 외관을 포함한다)와 동일하거나 유사한 것을 사용하여 타인의 영업상의 시설 또는 활동과 혼동하게 하는 행위

다. 가목 또는 나목의 혼동하게 하는 행위 외에 비상업적 사용 등 대통령령으로 정하는 정당한 사유 없이 국내에 널리 인식된 타인의 성명, 상호, 상표, 상품의 용기 · 포장, 그 밖에 타인의 상품 또는 영업임을 표시한 표지(타인의 영업임을 표시하는 표지에 관하여는 상품 판매 · 서비스 제공방법 또는 간판 · 외관 · 실내장식 등 영업제공 장소의 전체적인 외관을 포함한다)와 동일하거나 유사한 것을 사용하거나 이러한 것을 사용한 상품을 판매 · 반포 또는 수입 · 수출하여 타인의 표지의 식별력이나 명성을 손상하는 행위

라. 상품이나 그 광고에 의하여 또는 공중이 알 수 있는 방법으로 거래상의 서류 또는 통신에 거짓의 원산지의 표지를 하거나 이러한 표지를 한 상품을 판매 · 반포 또는 수입 · 수출하여 원산지를 오인(誤認)하게 하는 행위

마. 상품이나 그 광고에 의하여 또는 공중이 알 수 있는 방법으로 거래상의 서류 또는 통신에 그 상품이 생산 · 제조 또는 가공된 지역 외의 곳에서 생산 또는 가공된 듯이 오인하게 하는 표지를 하거나 이러한 표지를 한 상품을 판매 · 반포 또는 수입 · 수출하는 행위

바. 타인의 상품을 사칭(詐稱)하거나 상품 또는 그 광고에 상품의 품질, 내용, 제조방법, 용도 또는 수량을 오인하게 하는 선전 또는 표지를 하거나 이러한 방법이나 표지로써 상품을 판매 · 반포 또는 수입 · 수출하는 행위

사. 다음의 어느 하나의 나라에 등록된 상표 또는 이와 유사한 상표에 관한 권리를 가진 자의 대리인이나 대표자 또는 그 행위일 전 1년 이내에 대리인이나 대표자이었던 자가 정당한 사유 없이 해당 상표를 그 상표의 지정상품과 동일하거나 유사한 상품에 사용하거나 그 상표를 사용한 상품을 판매 · 반포 또는 수입 · 수출하는 행위

(1) 「공업소유권의 보호를 위한 파리협약」(이하 "파리협약"이라 한다) 당사국

(2) 세계무역기구 회원국

(3) 「상표법 조약」의 체약국(締約國)

아. 정당한 권원이 없는 자가 다음의 어느 하나의 목적으로 국내에 널리 인식된 타인의 성명, 상호, 상표, 그 밖의 표지와 동일하거나 유사한 도메인이름을 등록 · 보유 · 이전 또는 사용하는 행위

(1) 상표 등 표지에 대하여 정당한 권원이 있는 자 또는 제3자에게 판매하거나 대여할 목적

(2) 정당한 권원이 있는 자의 도메인이름의 등록 및 사용을 방해할 목적

(3) 그 밖에 상업적 이익을 얻을 목적

자. 타인이 제작한 상품의 형태(형상 · 모양 · 색채 · 광택 또는 이들을 결합한 것을 말하며, 시제품 또는 상품소개서상의 형태를 포함한다. 이하 같다)를 모방한 상품을 양도 · 대여 또는 이를 위한 전시를 하거나 수입 · 수출하는 행위. 다만, 다음의 어느 하나에 해당하는 행위는 제외한다.

(1) 상품의 시제품 제작 등 상품의 형태가 갖추어진 날부터 3년이 지난 상품의 형태를 모방한 상품을 양도 · 대여 또는 이를 위한 전시를 하거나 수입 · 수출하는 행위

(2) 타인이 제작한 상품과 동종의 상품(동종의 상품이 없는 경우에는 그 상품과 기능 및 효용이 동일하거나 유사한 상품을 말한다)이 통상적으로 가지는 형태를 모방한 상품을 양도 · 대여 또는 이를 위한 전시를 하거나 수입 · 수출하는 행위

차. 사업제안, 입찰, 공모 등 거래교섭 또는 거래과정에서 경제적 가치를 가지는 타인의 기술적 또는 영업상의 아이디어가 포함된 정보를 그 제공목적에 위반하여 자신 또는 제3자의 영업상 이익을 위하여 부정하게 사용하거나 타인

에게 제공하여 사용하게 하는 행위. 다만, 아이디어를 제공받은 자가 제공받을 당시 이미 그 아이디어를 알고 있었거나 그 아이디어가 동종 업계에서 널리 알려진 경우에는 그러하지 아니하다.

카. 그 밖에 타인의 상당한 투자나 노력으로 만들어진 성과 등을 공정한 상거래 관행이나 경쟁질서에 반하는 방법으로 자신의 영업을 위하여 무단으로 사용함으로써 타인의 경제적 이익을 침해하는 행위

2. "영업비밀"이란 공공연히 알려져 있지 아니하고 독립된 경제적 가치를 가지는 것으로서, 비밀로 관리된 생산방법, 판매방법, 그 밖에 영업활동에 유용한 기술상 또는 경영상의 정보를 말한다.

3. "영업비밀 침해행위"란 다음 각 목의 어느 하나에 해당하는 행위를 말한다.

가. 절취(竊取), 기망(欺罔), 협박, 그 밖의 부정한 수단으로 영업비밀을 취득하는 행위(이하 "부정취득행위"라 한다) 또는 그 취득한 영업비밀을 사용하거나 공개(비밀을 유지하면서 특정인에게 알리는 것을 포함한다. 이하 같다)하는 행위

나. 영업비밀에 대하여 부정취득행위가 개입된 사실을 알거나 중대한 과실로 알지 못하고 그 영업비밀을 취득하는 행위 또는 그 취득한 영업비밀을 사용하거나 공개하는 행위

다. 영업비밀을 취득한 후에 그 영업비밀에 대하여 부정취득행위가 개입된 사실을 알거나 중대한 과실로 알지 못하고 그 영업비밀을 사용하거나 공개하는 행위

라. 계약관계 등에 따라 영업비밀을 비밀로서 유지하여야 할 의무가 있는 자가 부정한 이익을 얻거나 그 영업비밀의 보유자에게 손해를 입힐 목적으로 그 영업비밀을 사용하거나 공개하는 행위

마. 영업비밀이 라목에 따라 공개된 사실 또는 그러한 공개행위가 개입된 사실을 알거나 중대한 과실로 알지 못하고 그 영업비밀을 취득하는 행위 또는 그 취득한 영업비밀을 사용하거나 공개하는 행위

바. 영업비밀을 취득한 후에 그 영업비밀이 라목에 따라 공개된 사실 또는 그러한 공개행위가 개입된 사실을 알거나 중대한 과실로 알지 못하고 그 영업비밀을 사용하거나 공개하는 행위

4. "도메인이름"이란 인터넷상의 숫자로 된 주소에 해당하는 숫자 · 문자 · 기호 또는 이들의 결합을 말한다.

제15조(다른 법률과의 관계) ① 「특허법」, 「실용신안법」, 「디자인보호법」, 「상표법」, 「농수산물 품질관리법」 또는 「저작권법」에 제2조부터 제6조까지 및 제18조제3항과 다른 규정이 있으면 그 법에 따른다.

② 「독점규제 및 공정거래에 관한 법률」, 「표시 · 광고의 공정화에 관한 법률」, 「하도급거래 공정화에 관한 법률」 또는 「형법」 중 국기 · 국장에 관한 규정에 제2조제1호라목부터 바목까지, 차목 및 카목, 제3조부터 제6조까지 및 제18조제3항과 다른 규정이 있으면 그 법에 따른다.

| 집필진(가나다순) **|**

김광식 | 서경대학교 디자인연구소 전임연구원

김지인 | 서경대학교 디자인학부 조교수, 서경대학교 디자인연구소 소장

박혜신 | 서경대학교 디자인학부 교수

윤수인 | 서경대학교 디자인학부 조교수

이지현 | 서경대학교 디자인연구소 전임연구원

| 감수 |

김기훈 | 특허법인(유한) 해담 대표 변리사

[자료정리 및 진행]

김서현 | 이화여자대학교 박사과정

오지현 | 이화여자대학교 박사과정

박해란 | 이화여자대학교 석사과정

이지원 | 이화여자대학교 석사과정

이혜진 | 이화여자대학교 석사과정

김민우 | 명지대학교 법학과

디자인 전공생이 알아야 할

디자인분쟁

2021년 2월 20일 1판 1쇄 인쇄

2021년 2월 25일 1판 1쇄 발행

저 자 | 김광식 · 김지인 · 박혜신 · 윤수인 · 이지현

발 행 인 | 이수영

발 행 처 | 도서출판 청람

서울시 마포구 독막로 288(대흥동, 세양상가 109호)

전 화 | 02) 3272 – 2601~2

팩 스 | 02) 3272 – 2603

홈페이지 | http://www.crbooks.co.kr

이 메 일 | crbooks@daum.net

등 록 | 2000년 8월 26일 제6 – 0509호

ISBN 978-89-5972-796-4 93360 [정가 28,000원]